国家自然科学基金资助项目资助（70772058、71172175、71472135、71602144）

天津市教委社会科学重大项目资助（2016JWZU22、2017JWZU15）

天津市人文社科重点研究基地"投资与工程造价研究中心"资助

天津市"中国重大工程技术走出去投资模式与管控智库"资助

U0722597

工程经济与管理系列丛书

重大工程投资总控理论与实践

——以广州地铁11号线为例

主　编　袁亮亮　吴　敏　尹　航

主　审　尹贻林　竺维斌　张志良　刘　靖

中国建筑工业出版社

图书在版编目（CIP）数据

重大工程投资总控理论与实践——以广州地铁11
号线为例／袁亮亮，吴敏，尹航主编. —北京：中国
建筑工业出版社，2019.4
（工程经济与管理系列丛书）
ISBN 978-7-112-23239-0

Ⅰ．① 重… Ⅱ．① 袁… ② 吴… ③ 尹… Ⅲ．① 地
下铁道-铁路工程-工程投资-控制-研究-广州
Ⅳ．① U231

中国版本图书馆CIP数据核字（2019）第021010号

本书是国内第一本论述大型项目投资总控的著作，作者依据我国进入新时代的特点及其团队进行的大型项目投资管控的经验总结提炼投资总控的理论体系，并首次提出了基于信任的柔性投资总控系统。本书主要内容包括：重大工程投资总控理论概述、广州地铁现状与大标段投资模式的应用、基于初始信任的广州地铁11号线项目招标管理研究、基于再谈判机制的施工总承包合同条款的拟定、基于控制权下沉的权利分配机制、基于田野实验的履约行为观测预设。

该书填补了国内投资管控领域的空白，将对我国实施"一带一路"倡议和配合政府投资项目投资管理提供全方位的操作建议及分析，必将对国内乃至世界重大工程管理理论与实践产生深远的影响。

责任编辑：赵晓菲　朱晓瑜
书籍设计：锋尚设计
责任校对：焦　乐

工程经济与管理系列丛书
重大工程投资总控理论与实践——以广州地铁11号线为例
主　编　袁亮亮　吴　敏　尹　航
主　审　尹贻林　竺维斌　张志良　刘　靖
*
中国建筑工业出版社出版、发行（北京海淀三里河路9号）
各地新华书店、建筑书店经销
北京锋尚制版有限公司制版
北京市密东印刷有限公司印刷
*
开本：787×1092毫米　1/16　印张：14　字数：317千字
2019年7月第一版　　2019年7月第一次印刷
定价：45.00元
ISBN 978-7-112-23239-0
（33535）

本书编审人员

主　　编：袁亮亮　吴　敏　尹　航

副 主 编：孙成伟　邹　东　李　奕　肖湘花　杨明芬　林芳红　李明亮　邓斌超

　　　　　陈梦龙

主　　审：尹贻林　竺维斌　张志良　刘　靖

主编单位：广州地铁集团有限公司

　　　　　天津理工大学

　　　　　金中证项目管理有限公司

编　　委：李剑锋　杨渝莎　张北雁　何君茹　王亦元　付　亮　彭　靖　胡标峰

　　　　　张芹见　陈　瑜　赵　诚　陈洁洋　李增亮　林　庆　李孝林　蔡俊峰

　　　　　高　天　郑江飞　邓子瑜　于翔鹏　刘琦娟　尚应应　陈雨薇　阳　涛

　　　　　张祝栋　李志钦

序 一

随着中国社会经济发展进入新常态，国家基础设施投资形式从规模速度型转向质量效益集约型增长。在投资额度大、建设周期长、制约条件多、技术性复杂等多重因素下，如何提升投资效率以及投资管理质量显得尤为重要，在很大程度下也决定了重大建设项目的成效。

从要素投资驱动转向创新驱动，在建设领域内投融资模式及承发包模式持续革新的今日，如何提高投资效益、防范化解重大风险成为重要且急迫的研究课题。城市轨道交通建设作为我国重大工程项目建设的代表，2017年中国内地完成投资4762亿元、在建线路6246km，可研批复投资额累计38756亿元，以城市轨道交通工程投资为研究对象符合本书的研究目的。

截至2018年底，广州地铁运营线路达15条、总里程478km，线网里程居全国第三、世界前十，客流强度全国第一。本书以广州地铁11号线为例，其兴建对城市发展及行业建设模式成熟均具有重要影响：其一，11号线是广州地铁首条环线，44.2km贯穿市中心五区，32座车站与14条地铁线路换乘，形成环线及放射线的织网结构，有效推动城市结构优化与发展升级；其二，当前广州地铁建设以施工总承包模式为主，11号线是广州地铁采用此模式的首条线路，包括多年来广州地铁建设投资管理的经验积累与新模式的合同各方磨合总结，其带动及辐射效应明显，有利于高质量推进新线网建设。

我相信，随着粤港澳大湾区国家战略规划的逐步落地，地铁、城际、高铁等互联互通，将形成轨道交通上的大湾区，成为区域发展的重要引擎和动力。轨道交通的建设同时，也将带动更多重大工程建设项目落地生根——广州地铁11号线投资总控研究项目，才具有普遍性和典型性，才有更广阔、更现实的研究意义。

广州地铁集团有限公司党委书记　董事长

丁建隆

序 二

大型项目投资总控——从被动控制到主动控制

《重大工程投资总控理论与实践——以广州地铁11号线为例》一书写成了，这是第一本论述大型项目投资总控的著作，是袁亮亮先生带领的投资管理团队根据近年从事大型项目投资控制的经验，提出"投资总控"理念后再实践、再认识后主持编写的。这部专著的理论意义，在于首次提出了基于信任的柔性投资总控系统；其实践意义，在于为国内大规模基本建设投资管控建立了便于操作的标杆。

纠偏是管控的主旋律。古典控制论鼻祖维纳提出了反馈设计，信息反馈是指控制系统把投资实施过程中的数据输送到判断器，又把判断结论返送回来的动作。政府投资评审系统就是一种典型的古典控制系统，其本质是通过信息反馈来揭示实际与计划之间的差异，并采取纠偏措施，使政府投资稳定在预定的计划状态内。事实上，全球投资管控都是循着反馈纠偏控制的思路设计的控制系统。

上述传统的投资管控方法虽然有效，但已不能适应进入新时代后中国大规模基本建设投资管控之需求。这种新的需求表现为：第一，新时代合作共赢的思维方式，将改变传统的承发包双方零和博弈导致的对抗性思维；第二，新时代构建信任型社会的基本要求，促使建筑业向EPC工程总承包和全过程工程咨询方向深化改革；第三，互联网时代的商业模式和黑硬科技的迅猛发展，为柔性投资管控提供了强有力的支撑。

基于上述转变，袁亮亮先生等主编的《重大工程投资总控理论与实践——以广州地铁11号线为例》一书审时度势，根据我国进入新时代的特点和其团队进行大型项目投资管控的经验，总结提炼了投资总控的理论体系，给出了可供实操的对标规范，填补了国内投资管控领域的空白，是一部高水平的著作。可以预见，未来大型项目投资管控的趋势，必然沿着基于信任的柔性总控方向发展；该投资管控团队提出的"大型项目柔性总控"理论有广阔的实操前景，也必将对行业内重大工程管理理论完善与实践产生积极的影响。

教授、博士生导师、国家级教学名师
天津理工大学公共项目与工程造价研究所（IPPCE）所长

目 录 | CONTENTS

第五章

基于控制权下沉的权利分配机制

第一章

重大工程投资总控理论概述

本章拓展了以地铁建设项目为代表的重大工程项目的内涵,从不完全契约理论视角解构出重大工程项目合同不完备程度高、事后再谈判频繁以及履约过程中不可证实状态多的特征,并指出重大工程项目绩效目标的实现直接来自承包方高质量的履约行为,因此需要通过治理来确保重大工程承包方的良好的履约行为,而治理的本质即是通过经济手段来激励或控制承包方的工作行为,由此引出重大工程投资总控概念(图1-1)。

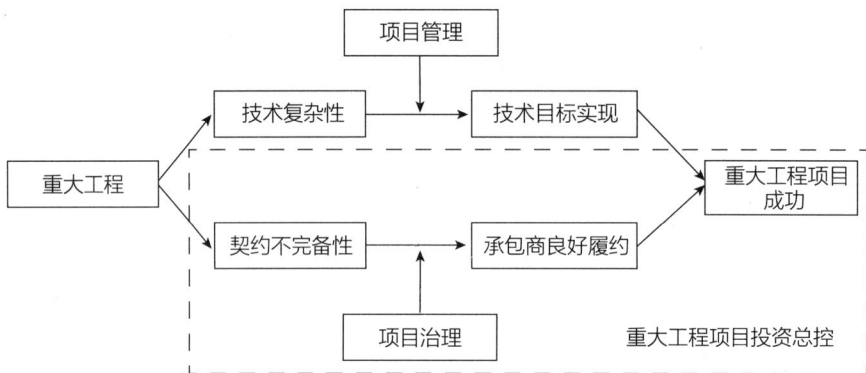

图1-1 重大工程投资总控概念模型

第一节 重大工程概念的提出与演进

一、重大工程概念的提出

随着全球人口的增多,施工技术水平的提高,建设项目趋于向项目目标集成化、复杂化,建设体量庞大化,建设周期长期化,建设投资巨额化等方向发展。项目管理领域一个新的概念开始逐渐受到学界与实务界的关注——重大工程。

本书中的重大工程是指由政府主导的投资规模大、在国民经济和社会发展中具有重大影响的大型工程项目,其范围包括交通、水利、城市建设等大型基础设施建设项目[1]。由于重大工程在社会经济中具有举足轻重的影响和地位,因而重大工程的管理一直是管理科学领域中的研究热点之一。

对于重大工程而言,科学且有效的项目管理显得尤为重要,然而重大工程体量大、投资大、技术复杂等特征,给项目管理工作带来了诸多的难度与挑战。首先,重大工程巨大的投资额、较长的建设周期以及建设过程中充斥着多种不可控的因素为项目管理带来了诸多不确定性;其次,较长的设计周期以及复杂的建设过程对于项目实施期间的技术能力以及项目的质量要求更高。最后，由于重大工程涉及的项目利益相关者众多，业主在管理上需统筹考虑不同利益主体的需求，并实现不同利益主体之间的协同工作[2]。

1．投资主体特殊

重大工程往往要动用巨大的资源来建设，追求的是中长期社会和经济发展目标，不以盈利为根本诉求。其在项目的建设和运营过程中注重减少公共成本的额外浪费，提升社会福利水平。

2．投资规模特别巨大

重大工程通常使用公共资金，投资规模通常超过1亿美元或者占国民生产总值（GDP）0.01%以上[3]，建设的目的在于创造更大的发展平台。

3．前期论证时间特别长

重大工程前期论证需要对宏观经济、社会、自然等层面分析和决策，论证时需要平衡各相关方的资源配置状况，往往需多次论证，周期一般较长。

4．建设内容特别多

重大工程建设内容和建设层次特别多，已不仅仅是项目自身单一物质形态的建设，还包括一定地域范围内经济、社会、生态发展的重新建设和重新规划。

5．项目组织管理形态特别庞大

重大工程通常采用松散型组织管理，传统意义上的项目经理已经无法"一竿子"管到底。

6．建设难度特别巨大

重大工程技术难题比较多，不可避免要攻克重大的技术难题。重大工程常被描述为具备较高技术复杂性特征的一类项目，规模巨大、设计以及施工繁琐、实施过程复杂的建设项目。这一类项目趋向于采用更为先进的技术手段，诸如BIM技术、节能技术、新型建筑材料以及复杂的项目管理[4]。很多学者已经指出重大工程中所涵盖的多种复杂技术的表现，如采用技术的多样性与复杂性、对新型技术的依赖性、项目技术系统与外部环境的交互以及高难度技术采用时的风险[5~8]。

7．组织复杂

重大工程组织的复杂性特征在近二十年中受到了学者们的关注，学者们认为项目组织中人员的建设经验、组织内科层结构与层级数、项目中不同功能组织之间的沟通与联系都影响着项目的复杂性[9]。

重大工程由于涉及众多的机构、部门、主体和大量的外部项目干系人，在建设周期的不同阶段，涉及大量具有相互协作且相互之间的关联程度比较高的参与组织[8]，并且重大工程作为社会公共财产，往往会引起社会公众的高度关注和政府的干预控制，因此，外部协调也是重大工程项目管理的关键，且重大工程的沟通协调工作将远远多于传统项目[15]。

8．目标复杂

建设项目的三大基本目标，质量、造价、工期构成了项目管理的靶向。随着项目的体量的增加，项目技术难度的增加，项目所要实现的目标也趋于复杂化，目标与目标之间的联系也趋于系统化。重大工程中，项目目标不仅包含了传统项目管理的三大目标（质量、造价、工期），还包括了管理目标、功能目标、环保目标、安全目标等多种相互联系的目标体系[10]。

9. 环境复杂

环境复杂性是指重大工程建设过程中所处环境的情景特征，如客观的自然环境、市场环境、政策环境等[17]。在此基础上，Bosch Rekveldt[13]等人认为环境的复杂性同样也会受到项目利益相关者的影响，他们认为不同利益相关者利益诉求的差异会加剧项目所处环境的复杂性从而加剧重大工程的复杂程度。

10. 文化复杂

Brockmann和Girmscheid指出文化的复杂性也是重大工程的一个重要特征，他们将文化维度的复杂性划分为了三个层次，即项目所地的国家文化、行业文化以及组织文化。他们认为，文化的复杂性会大大增加项目管理的难度，同时降低了项目管理措施的使用效果[11]。

11. 信息复杂

重大工程中信息管理具有高度的复杂性，如信息系统接结构体系的复杂程度高，信息传递与信息获取的效率较低以及信息获取的程度不高等特征[17]。

12. 决策复杂

重大工程中的决策非常复杂，主要由于决策既要关注社会、民生、经济发展等重大问题，又要承担更广泛意义上的社会责任。同时，涉及很多知识、技术领域的复杂问题[12]。重大工程的投资决策做得正确，就能产生巨大的经济效益和社会效益；反之，就会带来巨大的损失。即重大工程在带来巨大收益的同时，也伴随着巨大的风险。陆佑楣指出，对于大型或特大型的工程，它的决策不是工程师的责任，而是哲学家、政治家的责任[9]。

13. 投入产出复杂性

重大工程投入产出复杂性是指重大工程不同于一般项目，其投入产出不仅种类繁多，而且量纲各异，无法直接用效益费用分析进行评价[7, 8]。

基于文献研究，重大工程的投入不仅包括资金方面，还包括诸如自然、科技、人力、政策等各类资源[13-15]。重大工程的产出效益不同于一般项目的以经济效益为主导，除了经济方面外，更具有极强的社会性，能够为社会发展提供物质支撑，改变人们的生活方式与生活理念，推进社会经济结构的优化与更新，改变资源的利用方式，推进社会公平与正义等。

由此可知，重大工程往往具备投资主体特殊、投资规模特别巨大、设计周期长、建设周期长、项目使用寿命长、目标复杂、技术复杂、环境复杂、信息复杂、决策复杂、参与主体众多、实施地域广阔、动态性及变化性等特征，建设期间不确定性以及风险因素多，以及发承包双方之间信息不对称程度高等特点，如图1-2所示。

重大工程
├─ 组织特征
│   ├─ 项目组织管理形态特别庞大
│   └─ 信息量特别大
├─ 主体特征
│   ├─ 投资主体特殊
│   ├─ 参与主体特别多
│   └─ 发承包双方信息不对称程度高
├─ 建设特征
│   ├─ 建设技术极其复杂
│   ├─ 建设内容特别多
│   ├─ 建设难度特别大
│   ├─ 建设环境特别复杂
│   └─ 建设风险因素特别多
└─ 其他特征
     ├─ 决策、设计周期长
     ├─ 使用周期长
     ├─ 目标众多且复杂
     ├─ 文化复杂性
     └─ 投入产出难以量化

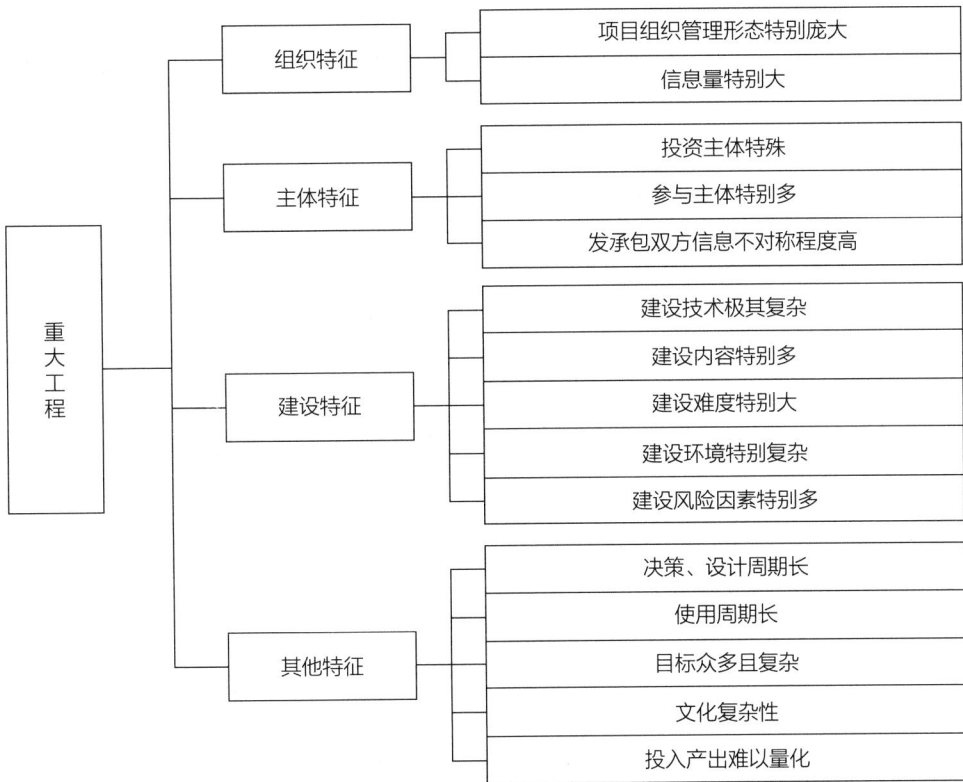

图1-2　技术视角下重大工程特征

二、重大工程概念的演进

目前，学术界与实务界趋向于从技术的视角来归纳重大工程的特征。根据对重大工程定义以及特征的分析可知，现阶段学者对于重大工程概念的界定基本从两个层面进行解构：

（1）层面一：从项目本身层面，将重大工程视为具有投资额巨大、项目体量庞大、项目技术难度高、建设工期长等特点的建设项目。

（2）层面二：基于重大工程的特征，从项目管理视角对重大工程管理的特征进行归纳，如技术复杂性、组织复杂性等，由此可知，现阶段对于重大工程界定以及研究是在项目管理范式下进行的，目的在于通过管理手段来提高项目管理绩效。

然而，基于技术范式下的研究，并不能解决重大工程在建设过程中所遇到的所有问题。重大工程实施过程中，业主与承包方之间的委托代理关系，意味着项目业主并不是直接参与项目建设中来，而是将项目的建设等一系列工作发包给专业的承包方来进行，这就需要业主对承包方进行有效的治理，以实现项目目标的成功。由于双方之间的信息不对称，产生诸多经济学方面的问题，折损了业主的项目管理绩效。因此需从新的视角重新解构重大工程以及重大工程的管理问题。

重大工程作为一种典型的交易物，发承包双方在项目建设完成之前需要签订明确双方责权利的合同。然而，重大工程由于建设周期长、不确定事件众多等诸多因素的存在，使得发承包双方不可能在项目建设之前签订一份完备的合同，这就需要双方在交易（建设）过程中根据实际的项目情况对原合同进行动态的调整。因此，基于经济学的视角，重大工程的特征得到了拓展。首先，经济学视角下重大工程的本质表现为一种交易关系，是发承包双方围绕最终的重大工程成果建立的基于建设合同的横向一体化关系；其次，基于重大工程的交易属性，由于项目周期长，交易过程中不确定事件众多，发承包双方不可能在项目建设前签订一个完备的合同；最后，重大工程合同的不完备性，必然在交易过程中带来诸多的再谈判问题。

根据对重大工程概念的演进可知，经济学视角下，重大工程不仅仅代表着投资额巨大、建设规模巨型、影响作用深远的一类项目，是一种基于典型不完备合同，需要多次进行再谈判的建设项目。基于经济学视角，重大工程还具有以下特征：

1. 合同的不完备性显著

由于重大工程交易周期长，期间不确定事件多，交易双方将交易过程中所有可能的情况纳入合同条款中既不可能也不经济。因此，相对于一般建设项目，重大工程合同的不完备性更为显著。

2. 交易过程中再谈判较多

由于重大工程合同的不完备性，发承包双方交易的顺利完成离不开交易过程中对原合同的不断纠偏与修正。这种纠偏是基于已经明确的自然状态的基础上的，依据Hart等人的研究，这种基于明确自然状态的谈判即为合同再谈判。因此，重大工程交易过程中另一个典型特征即为需要通过较多的再谈判来保证合同顺利履行。

3. 诸多自然状态难以证实

合同的一个典型特征在于履行依赖于自然状态，然而重大工程交易过程中存在大量不可证实的自然状态，不可证实自然状态的存在阻碍了合同条款的执行。具体而言，所谓不可证实的自然状态一般指第三方仲裁机构无法确认的状态，进而无法强制合同任一方执行相应的合同条款。由于重大工程中充斥着大量不可证实的自然状态，会降低合同的履行效果。

4. 承包方需要有效的激励

Hart等人的研究将合同当事人的行为因素引入不完全契约研究的领域中，他们的研究发现，交易双方在交易起始点签订的合同构成双方在交易过程中重要的参照点。当交易一方认为自己获得了初始合同中约定的权利时，他将提高自己的绩效，相反当其认为未能获得预期的收益时，其将减少一部分绩效。由此可见，由于重大工程合同的不完备性以及合同履行过程中再谈判的存在，必须对承包人进行必要的激励，以确保其合法、合理利润的获取以保证重大工程绩效目标的实现。

基于上述经济学视角下分析，重大工程的概念以及特征得到了拓展，如图1-3所示。

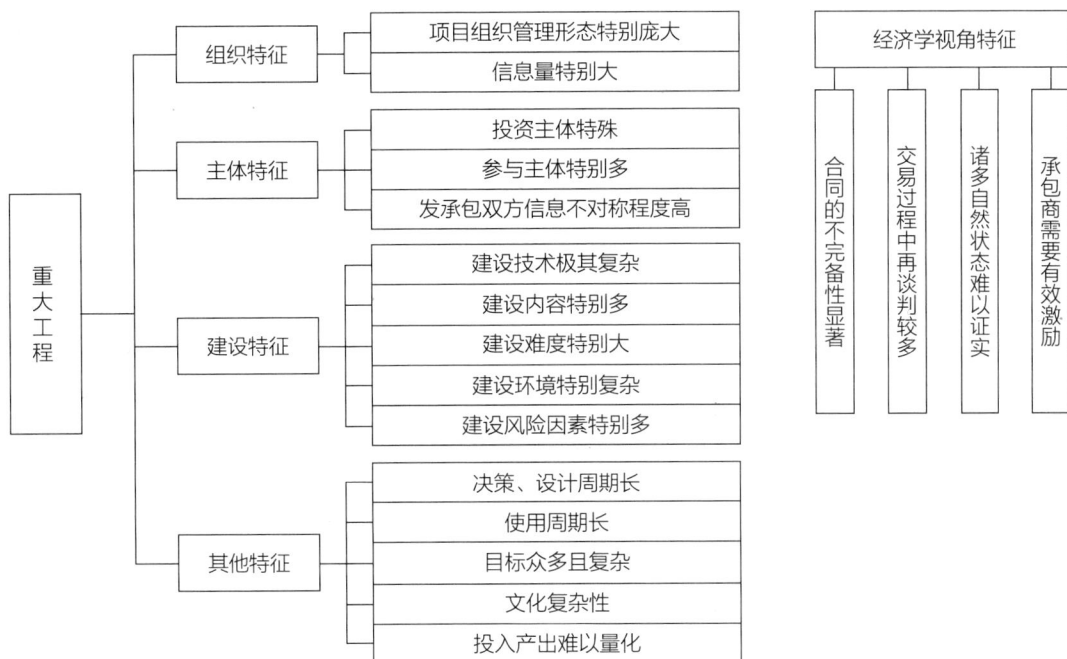

图1-3 "拓展"后的重大工程特征图

第二节 重大工程投资总控概念提出的现实背景

一、中国重大工程建设推进迅猛

中国作为前进中的世界工程大国，中国的重大工程建设呈现出前所未有的繁荣景象，水利、铁路、航空航天、石油等方面的重大工程层出不穷，诸如南水北调工程、青藏铁路、火车的提速、神舟九号与天宫一号的对接、"蛟龙"号深潜以及南水北调、西气东输、大飞机制造、"一带一路"沿线国家工程、遍布全国的高铁工程与地铁工程等重大工程活动已经或必将深刻地影响中国。这些重大工程的实施，不仅改变了中国资源、能源的空间分布格局与利用结构，而且对区域经济乃至全球经济发展发挥了举足轻重的作用。同时，重大工程作为国家发展的强大引擎，有助于维持经济高速运转和促进综合国力提升。

重大工程的涌现为中国从工程大国向工程强国转变提供了难得的机遇，也给工程界提出了新的挑战。由于重大工程是涉及自然生态、人文环境、政治经济以及工程本身的建设技术和基础科学的复杂问题，传统的项目管理理论已经不能完全解决重大工程活动中的某些问题。此外，重大工程大规模的活动，使它突破了一般项目只是站在项目层面管理项目活动的局限，重大工程管理必须站在社会、国家（区域）的层面上，更加重视各种技术和资源的优化组合与集成，强调外部系统对项目管理的重要影响。

二、建设项目承发包模式多样化

随着社会的不断发展，工程项目管理体制得到改革，相关法律也不断完善，建设项目承发包模式也在日益多样化。国内外形成了多种承发包模式类型。

国外普遍采用的发包模式归纳起来有七种，即传统模式、管理承包模式、施工管理模式、设计施工一体化模式、伙伴模式、IPD模式和PMC模式。

1．DBB模式（Design-Bid-Build）

DBB模式，即设计—招标—建造模式，是一种传统的工程管理模式，世界银行、亚洲开发银行贷款项目及采用国际咨询工程师联合会（FIDIC）合同条件的项目均采用该模式。该模式强调项目的实施必须按"设计—招标—建造"的顺序进行，只有一个阶段结束后另一个阶段方可开始。DBB模式的组织结构如图1-4所示。

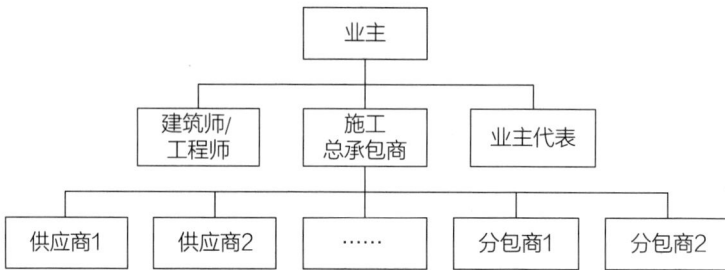

图1-4　DBB模式的组织结构简图

（1）DBB模式优点

参与项目的三方，业主、设计及施工方在各自合同的约定下，分别行使自身的权利，履行自身的义务。在该模式下，三方的权利、责任和利益分配明确，避免了相互之间的责任推诿。

（2）DBB模式缺点

分析采用传统DBB模式的项目可以发现，该模式主要缺点如下：①衔接不畅：设计基本完成后，才可以进行施工招标，对于一些工期紧张的项目较为不利；②协调困难：设计与施工分属不同单位，业主协调较为困难；③变更频繁：根据国内项目的经验，DBB模式项目变更极多；④责任不清：出现工程事故后，各方会出现互相推诿的情况。

2．管理承包模式（Management Contracting）和施工管理模式（Construction Management）

如果在设计工作完成之前就要确定承包方来参与设计工作并负责施工管理，业主就可以选择管理承包模式或施工管理模式。这两种发包模式的组织结构图分别见图1-5和图1-6。

从图1-5和图1-6的组织结构图可以看出，这两种模式的主要区别在于：在管理承包模式中，承包方与分包商签订合同；而在施工管理模式中，分包商直接和业主发生合同关系。

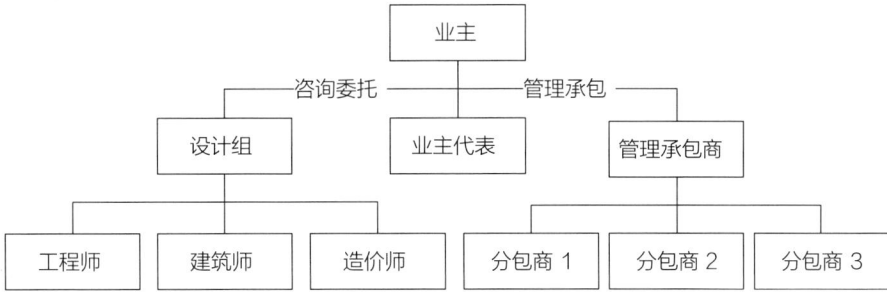

图1-5 管理承包模式的组织结构简图

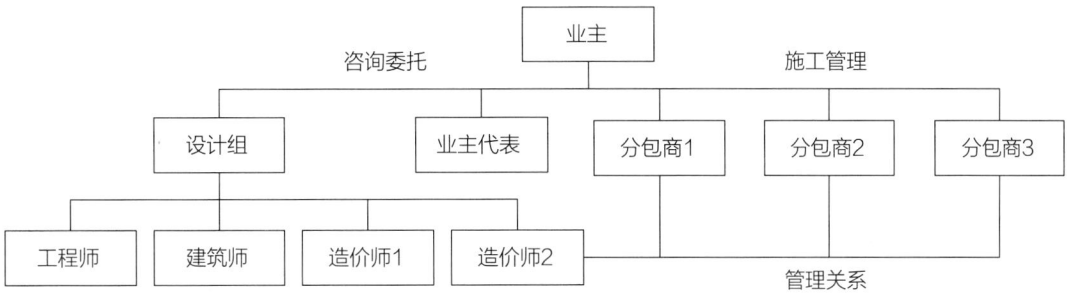

图1-6 施工管理模式的组织结构简图

管理承包模式和施工管理模式的相同之处表现在以下两个方面：

（1）承包方能从业主处得到一笔管理费，用于支付项目管理人员费用，工地办公室费用，临时设施费用，健康、安全和环境管理费用等。

（2）项目被分解成为许多"工作包"，实质性工作由承接这些"工作包"的分包商完成。而且，该分包商对自己所承担的"工作包"负责。

3. 设计施工一体化模式

所谓设计施工一体化模式是指业主通过招投标以合同的方式任命承包方，该承包方根据业主的要求负责设计和施工。

设计施工一体化模式的组织结构特点如图1-7所示。

通过对图1-7的分析不难发现，与传统的DBB发包模式相比（图1-4），在设计施工一体化模式中设计班子对承包方负责而不是对业主负责，这样承包方就可以根据工程的特点和自己的优势直接参与和干涉设计工作。节约资金和时间是这种发包模式的主要优点。

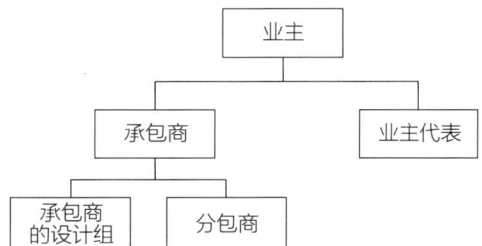

图1-7 设计施工一体化模式组织结构简图

4. 伙伴发包模式

伙伴关系，即Partnering模式，于20世纪80

年代中期首先在美国出现，到20世纪90年代中后期，已逐渐扩大应用到英国、澳大利亚、新加坡、中国香港等国家和地区，越来越受到建筑工程界的重视。从国内工程实践和工程项目管理发展来看，我国引入Partnering模式有助于提高工程项目管理水平。国内专家学者对Partnering模式从各方面进行过研究，论文主要集中在业主与承包方之间的关系探讨，比如郭超红的《建设项目管理模式Partnering的研究与探索》，易继伟《Partnering：一种新的建设管理模式》，吕文学、马萍萍、张连营《国际工程项目管理新模式——伙伴关系》等。

美国建筑业协会（CII）提出："伙伴关系是在两个或两个以上的组织之间为了获取特定的商业利益，充分利用各方资源而做出的一种相互承诺。参与项目的各方共同组建一个工作团队，通过工作团队的运作来确保各方的共同目标和利益得到实现。"英国国家经济发展委员会认为："伙伴关系是在双方或者更多的组织之间，通过所有参与方最大的努力，为了达到特定目标的一种长期的义务和承诺。"

总结可知，伙伴关系的核心理念是：建筑业各参与方之间应尽可能达成某种合作协议，相互信任，资源共享，建立共同目标，组建项目团队，共同谋求生存和发展。

建立伙伴关系需要具备六项要素：协议双方自愿达成承诺；明确角色和责任；共同分担风险；充分的沟通与反馈；客观评价履约行为；公平奖惩。

尽管Partnering模式源于实践，但其有着坚实的理论基础，主要是经济学、管理学以及价值链三大理论。从经济学角度讲，Partnering模式节约了交易成本，挖掘了合作资源的潜在价值；从管理学角度讲，Partnering模式将项目组织融合成一个协作系统，实现了组织的效力和效率。

伙伴发包模式着重介绍价值链理论。价值链理论是哈佛大学商学院教授迈克尔·波特于1985年在其所著的《竞争优势》一书中首先提出的。波特指出它是对增加一个企业的产品或服务的实用性或价值的一系列作业活动的描述，主要包括企业内部价值链、竞争对手价值链和行业价值链三部分。行业价值链分析是指企业应从行业角度，站在战略的高度看待自己与供应商和经销商的关系，寻求利用行业价值链来降低成本的方法。建筑市场竞争越来越激烈，市场份额有限，但参与角逐企业众多，为保证各自的竞争优势，具有相同或相似价值观的总分包企业唯有形成联盟、加强深入合作、互通有无，才能发挥出巨大的成本竞争优势，击败行业内其他单打独斗的企业。从价值链角度讲，Partnering模式提高了项目价值链上每个环节的工作效率，使整个项目价值链上的企业实现最大限度的增值。

伙伴发包模式的运作程序如图1-8所示。从节点1到节点8，拟采用伙伴发包模式的各参与方结成伙伴关系，确定共同的目标、利益，制定规则。通过对各有关阶层进行培训、组织研讨会、解决问题等形式，鼓励相互信任，贯彻项目的战略决策。在此种模式中，中期评估是一个重要的里程碑，后期评估通常在项目结束时进行，目的是为将来提供参考。

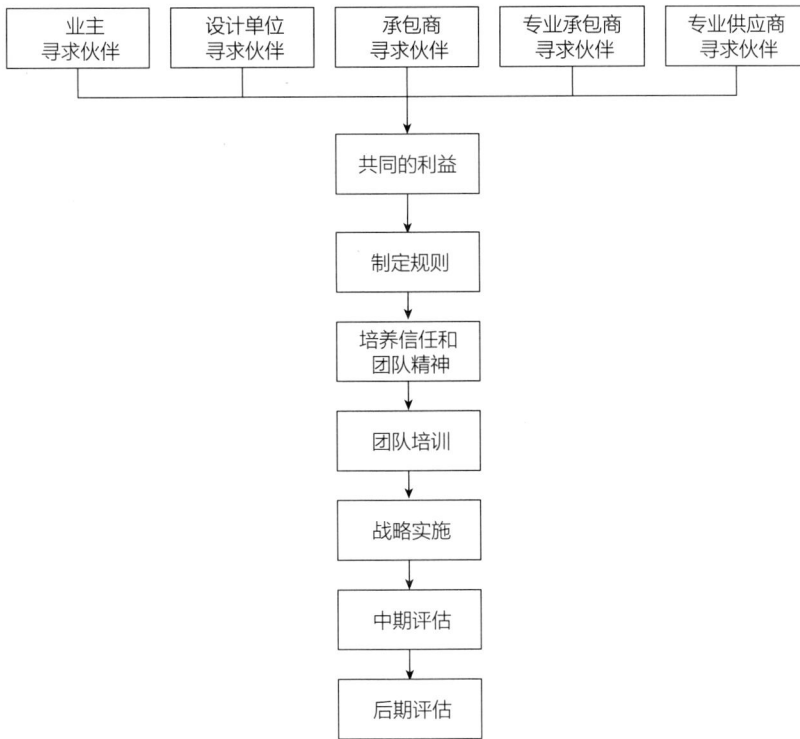

图1-8　伙伴发包模式运作程序简图

5．PMC模式

PMC模式是指专业项目管理承包方运用工程技术和管理经验，对工程项目进行计划、组织、指挥、协调和控制，代表业主对勘察单位、设计单位、施工企业、供货单位等是否履行合同进行管理，以实现预期的建设目标。

PMC单位除完成项目管理服务的全部工作内容外，还可以负责完成合同约定的工程初步设计（基础工程设计）等工作。对于需要完成工程初步设计（基础工程设计）工作的工程项目管理企业，应当具有相应的工程设计资质。工程项目管理企业一般应当按照合同约定承担一定的管理风险和经济责任。

按照PMC承包方承担的职责与风险的不同，PMC模式可分为风险型PMC模式和代理型PMC模式两类。

（1）风险型PMC模式

风险型PMC模式下，可充分发挥PMC承包方在项目管理方面的专业技能，统一协调和管理项目的设计与施工，减少矛盾与争议；PMC承包方负责管理整个施工前准备阶段和施工阶段，因此有利于减少设计变更；可方便地采用阶段发包，有利于缩短工期。

但是在风险型PMC模式下，业主与施工承包方没有合同关系，因而业主控制施工的难度较大；与传统模式相比，增加了一个管理层，增加了一笔管理费；PMC承包方与设计单位之间的目标差异可能影响相互间的协调。

（2）代理型PMC模式

代理型PMC模式下，业主与PMC承包方签订合同，由PMC承包方负责项目全过程的管理，施工承包方与业主签订合同，具体负责项目的实施工作；PMC承包方与施工承包方之间没有合同关系，只是管理协调关系。

PMC承包方的选择至关重要，如选择不当，可能招致严重的失误。

6．IPD模式

美国建筑师协会（The American Institute of Architects，AIA）在2007年给出了IPD模式的定义：在一个项目中集合人力资源、工程体系、商业结构和实践等各方面因素，通过有效协作来利用所有参与方的智慧和洞察力，从而优化各个项目阶段，减少浪费的项目交付模式。

IPD模式突出的特点就是要求包括业主、设计方、承包方、咨询方、供应商、各级分包商等在内的项目各参与方在工程项目最初时期就介入项目，进行密切的协作，并对工程项目承担责任，直至项目交付。运用基于建筑信息模型（Building Information Modeling，BIM）的3D、4D等多维可视技术帮助项目参与各方更好地实现对项目设计、建造等过程的控制和管理。

IPD作为一种新型项目交付模式，在美国、英国、澳大利亚、加拿大等国的项目中创造了很多瞩目的成绩。据统计，2004~2009年澳大利亚采用IPD模式的项目投资额至少32亿美元。2004年开始，美国陆续开始在实际项目中应用IPD。在AIA 2011年的调查中调查了42个使用IPD模式交付的项目，其中24%是医疗项目、14%是单栋家庭住宅、12%是政府建筑、10%是办公建筑。为了更好地实施IPD，AIA于2010年、2012年陆续进行了IPD案例的总结与分析。IPD在实施的过程中提高了设计的绩效，成本预测也更加准确；同时采用了大量的精益建造技术，如末位者计划系统、A4报告等，提高了建筑效率，并且与BIM技术可以进行很好地结合。

建设项目承发包模式不断创新的背景下，再用传统项目管理理论与方法解决现阶段不同承发包模式的问题已显得捉襟见肘。因此，在实践中迫切需要实现包括项目投资控制模式在内的项目管理认识和方法上质的飞跃，根据不同的承发包模式制定不同的项目投资管控模式。

三、轨道交通建设管理模式变革推动投资控制模式变革

从1965年北京开始建设我国第一条地铁线开始，我国城市轨道交通事业已走过了50多年的历程，轨道交通经历了单线阶段和网络阶段，相应地，城市轨道交通的建设管理模式也先后经历了建设指挥部模式、建设集团模式、建设公司加运营公司模式、项目公司模式的转变。

1．建设指挥部模式

建设指挥部模式是指政府针对单线城市轨道交通项目建设需要，专门成立项目指挥

部，招聘项目管理人员（主要是从本系统各单位借调技术管理人员），对地铁工程的前期规划、投融资、建设管理、运营管理和经营开发进行全方位的管理。

（1）背景

建设指挥部模式根植于我国计划经济的基本国情。1961年4月，国家计委正式发出《关于成立基本建设指挥部》的通知，规定重点项目都要组织建设单位、设计单位、施工单位成立"基本建设指挥部"，统一指挥重点项目的建设。

（2）典型组织结构

该模式下，单线的地铁指挥部的主要职能是负责统一指挥、协调解决地铁工程建设和运营中的各种矛盾和困难。地铁总公司直属市政府领导，与指挥部合署办公，具体负责地铁的建设、运营、综合开发等各项工作。典型的组织结构如图1-9所示。

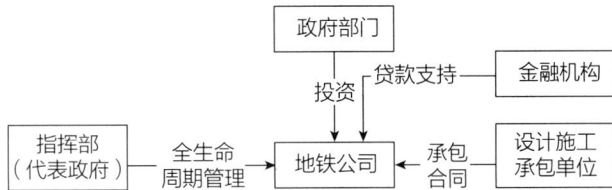

图1-9　建设指挥部模式典型组织结构图

（3）特征

该模式最突出的特点是政府在其中扮演了非常重要的角色，即政府负责投资、建设及管理。该模式有利于在建设初期统一思想、集中力量，完成大规模、高强度的建设任务，但不利于项目管理的专业化、社会化和市场化，缺乏激励和约束机制，不利于调动项目管理部门和人员的积极性。

（4）应用举例

深圳地铁1号线采用的是政府直接管理的指挥部模式，建设资金主要由财政解决。2005年11月22日，深圳市政府决定成立深圳市轨道交通建设指挥部及办公室，随后，深圳市轨道交通建设指挥部统筹了深圳地铁1号线的建设。图1-10是深圳地铁1号线指挥部模式简图。

在图1-10中，深圳市轨道交通建设指挥部统筹深圳地铁1号线的规划设计、投资融资、建设、运营、监管等方面工作。深圳地铁1号线地铁一期工程1号线首期17.446km，

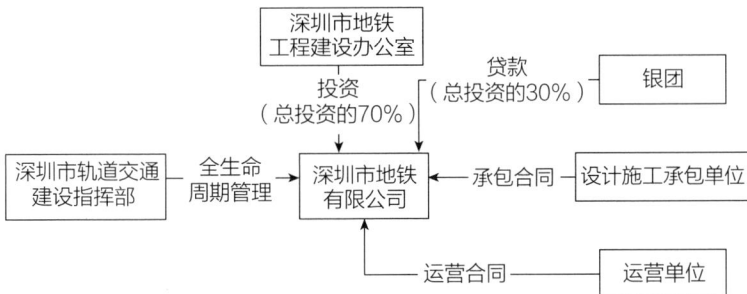

图1-10　深圳地铁1号线指挥部组织结构图

4号线南段4km，概算总投资115亿元，经竣工决算审计后的总造价106.53亿元，深圳市财政投入70%的建设资金，其余30%的建设资金由深圳地铁以基准利率下浮10%的银团贷款解决。

2．建设公司加运营公司模式

建设公司加运营公司模式是指由专门的投资公司组建项目公司，将地铁工程的建设权与运营权分别委托给建设公司与运营公司，由建设公司作为建设总承包方，运营公司作为运营总承包方，分别负责地铁的建设管理和运营管理工作。

（1）背景

随着中国经济、社会的发展特别是改革开放以来，中国社会对重大工程的需求不断提高，依靠政府投资为主的投融资模式无法满足大量的项目建设对资金的需求，融资能力明显不足，而此时城市轨道交通市场逐渐成熟和分化，多元投资结构的融资功能可以较好地实现，建设公司加运营公司模式较好地适合了这种时代背景。

（2）典型组织结构

该模式的组织结构如图1-11所示。

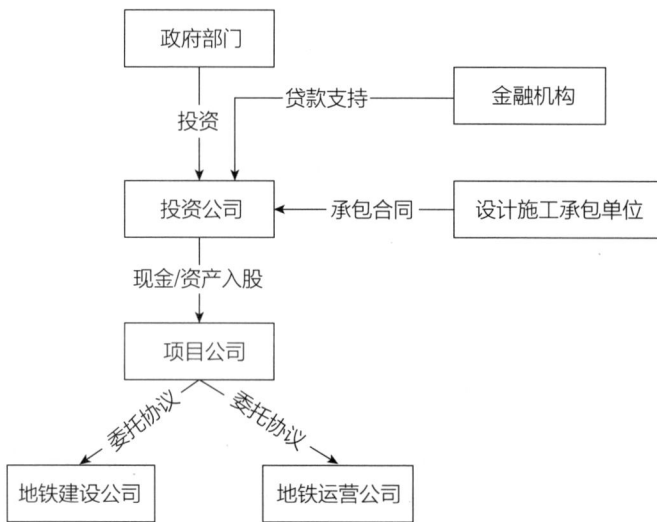

图1-11　建设公司加运营公司模式典型组织结构图

（3）特征

该模式是基于运营与投资、建设相分离的思想，它最显著的特点是在建设管理和运营管理中引入了竞争机制，一定程度上实现了地铁工程项目管理的市场化，有利于管理的专业化。但由于建设管理单位和运营管理单位不同，建设不能充分考虑运营，多条线路建设时，易出现建设标准不统一，导致不同线路设备兼容性差、设施连通不畅等问题。

（4）应用举例

2000年开始上海地铁全面实施地铁投资、建设、运营、监管"四分开"结构改革，进入建设公司加运营公司模式阶段，其项目建设公司、运营公司随后呈现主体多元的特征。

在建设方面，上海城市轨道交通采用"建管中心+项目公司"的建设模式，目前已有6家建设公司参与过上海城市轨道交通的建设；运营管理方面，上海城市轨道交通采用"1+5"的运营管理模式——上海城市轨道交通运营管理中心负责整体网络运营，5家运营公司负责各自的客车及车站设施等。上海城市轨道交通的建设公司、运营公司及其建设运营的线路如表1-1所示。

上海城市轨道交通采用"建管中心+项目公司"的基本线路情况　　　　表1-1

公司类别	公司名称	建设/运营的线路
建设公司	申嘉线项目公司	11号线华侨段及迪士尼段
		15号线
	12号线项目公司	12号线
		18号线
	10号线项目公司	10号线2期
		14号线
		17号线
	16号线项目公司	16号线
		8号线3期
	13号线项目公司	13号线
		3/4号线改造工程
	申松线项目公司	9号线3期
		5号线3期南延线
运营公司	上海地铁第一运营有限公司	1号线
		5号线
		9号线
		10号线
	上海地铁第二运营有限公司	2号线
		11号线
		10号线
	上海地铁第三运营有限公司	3号线
		4号线
		7号线
	上海地铁第四运营有限公司	6号线
		8号线
		12号线
	上海磁悬浮交通发展有限公司	磁悬浮
		16号线

3．建设集团模式

建设集团模式是指由政府出资成立的国有独资公司——地铁建设集团，经所属地政府批准并予授权，负责城市轨道交通投融资、建设、运营、管理和国有资产保值增值。

（1）背景

城市轨道交通在发展到一定线路之后，随着线路的增多，不同线路的各种接口问题也越多，一体化结构的特点能够较好克服这些问题。"四分开"结构由于管理的责任、权利主体缺位，通常无法满足项目全寿命周期集成管理的需求，加剧接口问题，导致项目全寿命周期成本的增加。由此，建设集团的模式适应了这种要求，得到迅速发展。

（2）典型组织结构

该模式的组织结构如图1-12所示。

（3）特征

该模式最突出的特点是组建了专业化的地铁集团，实现了地铁工程项目投资建设运营及管理的一体化。该模式的缺点是其内部高度统一的管理和运作，不利于地铁工程项目管理的专业化和社会化，缺乏竞争机制。

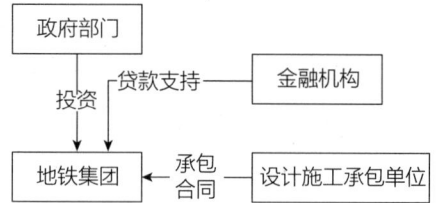

图1-12　建设集团模式典型组织结构图

（4）应用举例

广州地铁集团有限公司（以下简称"广州地铁集团"）的管理为轨道交通建设、运营、经营开发"一体化"的管理模式（即建设集团模式），其特点是多条线路运营统一管理、多条线路经营统一管理、多条线路建设统一管理（图1-13）。下设建设事业总部、运营事业总部、资源与房地产开发事业总部三大事业总部，实现了建设、管理、经营三者的高度统一与一体化运作。除此之外，广州地铁集团拥有广州地铁设计研究院有限公司、广州地铁监理有限公司、广州有轨电车有限责任公司等全资子公司，以及广州中咨城轨工程咨询有限公司、城市轨道交通培训学院、广州南车城市轨道交通装备有限公司等合作子公司。

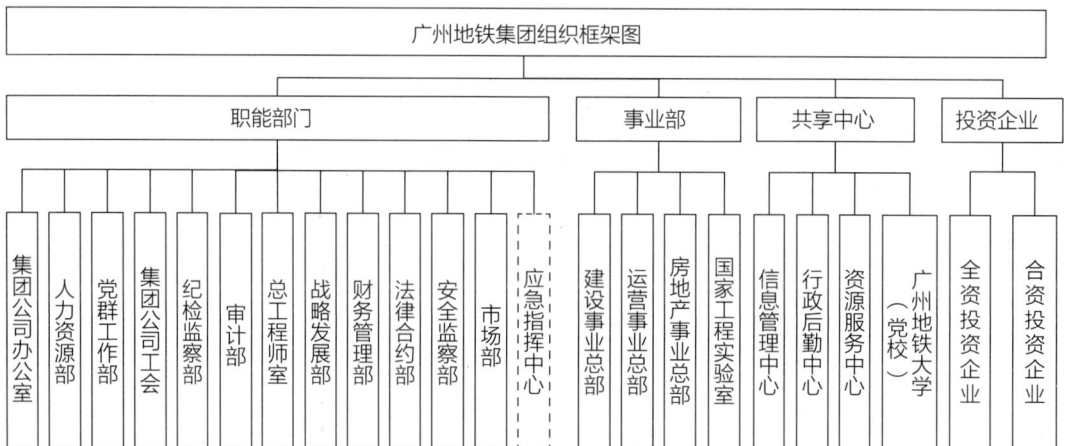

图1-13　广州地铁集团组织架构图

4．项目公司模式

项目公司模式是指由政府和社会投资者联合或由社会投资者联合，为地铁工程建设及运营专门设立项目公司，负责从项目融资、设计、建设和运营直至最后移交等全过程运作。

（1）背景

轨道交通形成网络化运营之后，大多数单线项目已处于常规营运状态，技术难度、不确定性下降，各条线路的建设标准逐渐统一，接口问题已经不是主要问题，此时在地铁工程建设管理中引入竞争机制，以期能够通过市场化、专业化运作降低建设、投资、运营成本。

（2）典型组织结构

该模式的组织结构见图1-14。

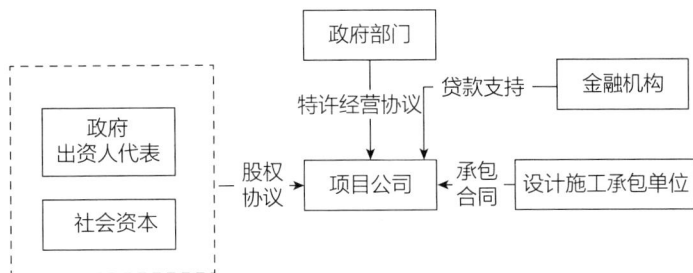

图1-14　项目公司模式典型组织结构图

（3）特征

该模式最突出的特点是地铁工程项目的投融资主体的多元化，其中社会投资者的比重比其他几种模式都要大，通常社会投资者拥有控股权。但该模式在我国地铁工程中的运用目前还有许多障碍和难点，主要包括建设及运营期间项目风险的评估及合理分担、项目公司股权结构以及地铁工程项目监管等问题。

（4）应用举例

青岛市红岛至胶南（井冈山路—大珠山段）轨道交通工程R3线是采用PPP模式投资建设的轨道交通项目，项目总投资135.5亿元，工程位于青岛市西海岸经济新区，线路全长28.9km，其中地下线15.75km，高架线12.85km，全线设车站12座，其中地下站7座，高架站5座，设大珠山车辆段与综合基地1处，设置灵山卫停车场1处。经过公开招标，青岛地铁集团有限公司与中国交通建设股份有限公司签订合作协议，就本项目的投资、建设、运营和移交事宜达成一致，双方共同出资成立项目公司，由项目公司负责融资、建设青岛地铁R3线，在项目建成后运营、管理和维护R3线项目设施，合作期满后将项目无偿移交给政府。

项目管理是一个更大的范畴，包含了对项目的范围、质量、进度、安全、人力资源、风险等要素进行管理。在进行项目管理的过程中，需运用各种相关技能、方法与工具，满足或超越项目有关各方对项目的要求与期望而开展各种计划、组织、领导、控制等方面的

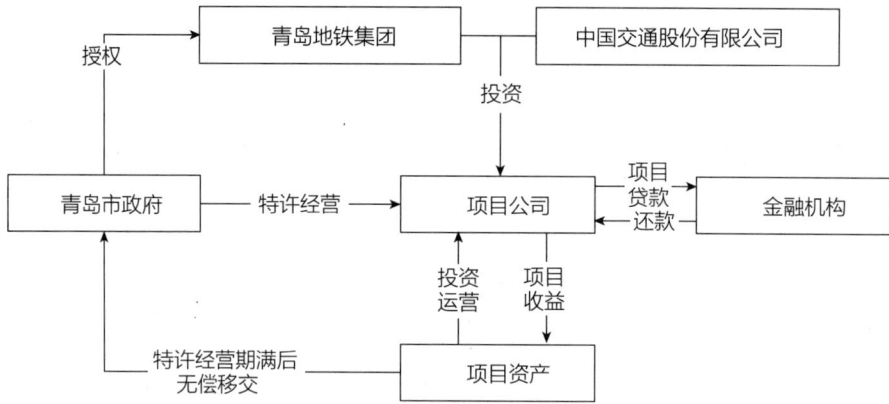

图1-15 青岛地铁R3线项目公司组织结构图

活动。基于此，相比项目投资控制模式，项目管理模式是一个更大的范畴，不同的项目管理模式必然对应不同的项目投资控制模式，而轨道交通项目管理控制模式的发展对投资控制模式提出了新的现实要求。

四、广州地铁项目业主创新建设组织管理模式现实需求

广州地铁11号线具有拆迁难度大、建设任务重、工期要求紧、投资控制风险高等特点，并且在多条线路同时建设的情况下，若采取小标段平行发包模式，必将给业主（广州地铁集团）带来巨大的管理压力，因此，业主具有创新建设组织管理模式的需求。

（1）拆迁难度大，业主须减少施工管理工作，集中力量推进拆迁工作。

广州地铁11号线穿越五大中心城区，设车站31座，征地拆迁难度巨大。为确保拆迁工作按时完成，业主需将11号线项目施工质量、进度、造价等任务委托给专业团队或机构进行精细管理，减少业主施工管理工作，从而集中精力与区政府、拆迁户沟通协调，全力推进拆迁工作。

（2）建设体量巨大、施工界面复杂，衔接困难，需进行集成化管理模式。

广州地铁11号线全长44.2km，设车站31座，其中换乘站19座，施工体量巨大，如采用传统的小标段平行发包模式，则项目界面管理复杂，衔接困难，不利于工程施工顺利推进。广州地铁公司需创新发承包模式，如采用大标段施工总承包，将具体的施工管理和协调工作交由专业的总承包方进行集成化管理，化解衔接和协调障碍。

（3）工期紧，需采用能有效提供施工效率和缩短工期的建设组织模式。

广州地铁11号线建设体量巨大，而工期仅有5年半，传统的小标段平行发承包模式会使业主承担繁重的管理协调工作，难以满足11号线工期要求，急需采用能有效提高管理组织效率和缩短工期的工程组织管理模式。

（4）工程造价高，投资管控风险大，需有效转移业主风险。

广州地铁11号线投资估算超过400亿元，投资管控风险巨大，业主需采取有力的投资

管控措施，并有效转移投资风险。

（5）传统模式下业主协调困难，管理压力大，需将控制权下沉以减轻业主负担。

目前，广州地铁多条线路同时施工，业主管理技术团队人手已紧缺。而11号线拆迁难度高、建设体量大、工期紧、造价高，若继续采取传统承发包模式，势必给广州地铁公司工程管理团队带来难以承受的管理和协调任务与压力。而在国企改革、精减人员的形势下，广州地铁集团须借鉴国内有关城市地铁建设经验，充分利用市场资源，聘用经验丰富的施工和管理团队，将施工管理控制权下沉，减轻业主负担。

总之，重大工程巨大规模的投入，在社会发展、民生改善上起到的作用以及对国民经济的长远影响等远非一般项目能够比拟，这使得对重大工程投入的管理必须更加科学谨慎，不能简单套用传统项目管理的方法。而且管理者需基于决策三原则对重大工程投入一种全新的理解，必须认识到重大工程的投入是以决策三原则为目的，需用新的思想和方法有效管理其投入。在重大工程中，传统投资控制必须进行转变以适应重大工程诸多复杂特点，从成本节约向以实现项目价值增值，提升项目的"边际效应"转变，即"投资总控"。

第三节　投资总控理论背景与概念

一、投资总控理论背景

（一）从项目管理理论到项目治理理论

1. 项目管理范式

从20世纪90年代开始，现代项目管理进入了理论分化阶段。所谓分化是指现代项目管理理论的研究进入了多种范式并行、共同发展的新局面。若将20世纪80年代发展起来的现代项目管理称为广义的项目管理，由其分化出的项目管理理论可称为狭义的项目管理，它强调在管理层面从技术方法的角度对现代项目管理进一步完善和发展，属于管理技术范式。

项目管理是为项目而生的，根据项目概念"为完成临时性、独特性任务并满足其各利益相关方需求而构建的社会网络平台"，对应的项目管理可以定义为"对项目利益相关方所处的社会网络平台进行管理，完成项目成果并使项目利益相关方满意的过程"。

在《项目管理知识体系》（PMBOK）中项目被定义为：为创造独特的产品、服务或结果而进行的一次性努力，而项目管理被定义为是在项目活动中运用知识、技能、工具和技术来实现项目要求。根据项目管理的定义得知，项目管理涉及项目的需求、各种工具以及不同需求和期望的相关人。

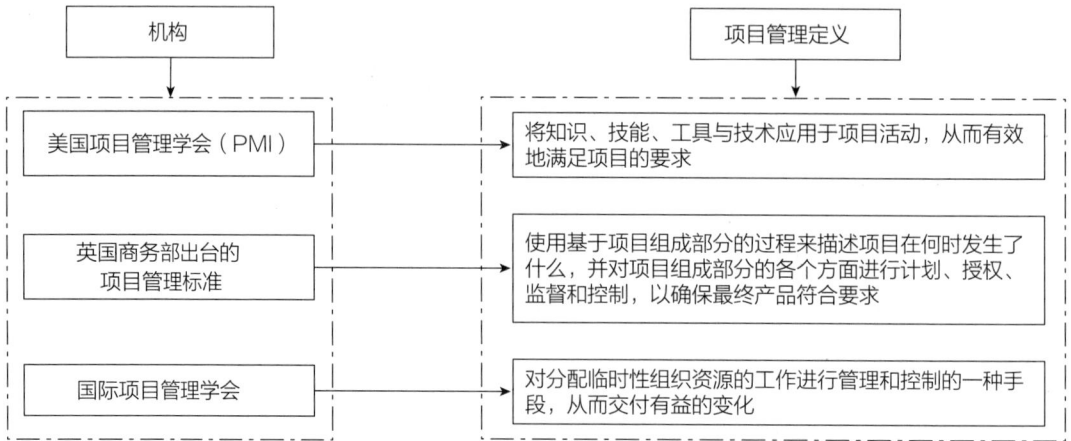

图1-16 不同学术机构对项目管理的定义

根据不同学术机构对项目管理的定义绘制图1-16。

根据项目管理的定义得知其包含项目综合管理、项目范围管理、项目时间管理、项目成本管理、项目质量控制、项目人力资源管理、项目沟通管理、项目风险管理、项目采购管理等。

以工程项目中的管理参与主体不同，可将工程项目的管理活动划分为项目政府规制层、项目治理层、项目管理层以及施工管理层。对于重大工程项目而言，其施工管理层对应为施工总承包方内部的科层管理层。其中，政府规制层主要涉及项目政府对项目主体的监管问题，项目治理层主要涉及合同双方的控制权界定及制度安排问题，项目管理层主要涉及项目实施过程中管理方对造价、质量、工期等维度的控制改善问题。

2. 项目管理理论范式转换

总体上看，一方面各西方发达国家对于公共项目的管理都有适合其环境的管理制度，另一方面各国公共项目制度层面的创新和改革也引发了公共项目管理方式的变革和创新。国外关于公共项目管理制度和管理方式的研究具有以下几个方面的特点。

（1）对于公共项目的范围界定十分清楚。大多数集中在为社会发展服务的、非营利性的公益性项目上，目的是满足社会公共需要，因此他们界定公共项目是公共部门项目，即政府部门是公共项目的业主，公共项目的资金直接由政府财政供给或法定代理机构控制资金的使用。

（2）西方发达国家把公共项目作为政府采购制度的一部分，这样，对公共项目制度层面的研究很大一部分集中在对政府采购制度的研究上。针对政府采购中运行效率、腐败等问题，布坎南和他的公共选择学派提出必须制定周密而严格的采购程序，如规定尽可能实行公开招标，实行公平竞争的招标程序和严谨的支付办法，从制度上最大限度地防止政府采购中的贪污腐败现象的发生，还要求公众对它实施有效的监督。人们还认识到，公共采购与私人采购的最重要的区别在于公共采购部门履行的是托管人的职能。因此非营利机构或政府采购职能就成为一个受管制的然而却透明的过程，受到无数法规和条例、司法或行政决定以及政策和程序的限定和控制。因此如何对政府采购进行管理，总结运行中的规律成为人们关注的问题。加之信息经济学的兴起，在分析理论和方法上有了更多突破。

针对政府采购中的腐败问题，Micknney着重论述了政府采购部门或采购代理机构中的舞弊问题及其控制与防范对策，主张从健全内部控制角度入手加以防范与治理。他认为内部控制的两个基本要素是行政控制和会计控制。行政控制指坚持管理达到组织目标的程序和记录；会计控制指程序、记录和报告，它是为保护资产和提高财务记录和报告的可信性而设计的，即支出经过适当授权，并与法律和规章相适应。

（3）从项目管理技术研究到项目理论研究的转变。在完善的政府采购制度条件下，西方发达国家对公共项目管理制度的研究从宏观层面监督和政府部门权力制衡制度设计转向了对项目治理的各种机制的研究。即研究视角从对项目管理技术转向了项目理论。这种转变与项目管理理论范式转换有很大关系，见图1-17。

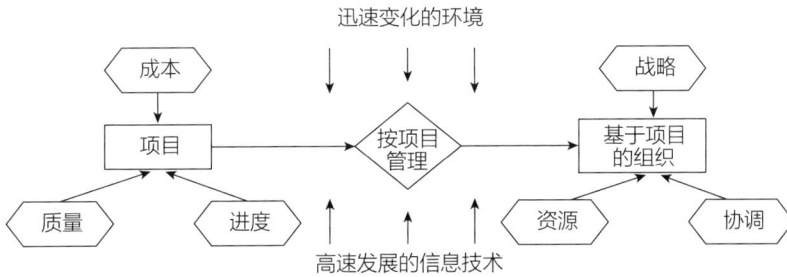

图1-17　项目管理范式演化

（4）传统的项目管理将项目看作是在时间、成本、质量约束下的一次性任务，但是在将组织理论引入项目以后，现代项目管理发生了革命性变化，项目作为临时性契约组织就会有参与项目组织的各利益相关主体对投入项目的资源的配置和利用。如果说传统项目理论强调生产功能发展了项目管理技术，而现代项目理论则将项目看作是一种契约组织，将经济学理论、组织理论，甚至哲学理论都引入项目理论的研究中来，从各个不同的角度来审视项目。

3．项目治理范式

自从20世纪50年代项目管理技术发源以来，项目管理的方法和技术日益丰富，逐渐形成了完善的知识体系。然而，项目不仅是一项管理方式，也是一种资源配置的方式，对项目做出经济学解释和分析也逐渐发展起来。随着项目理论的发展，人们的研究不仅仅关注项目技术层面，也有大量文献开始从制度层次等探讨项目治理问题。就发展来看，国外已完成从项目管理技术研究到项目理论研究的转变。在完善的政府采购制度条件下，西方发达国家对公共项目管理制度的研究从宏观层面监督和政府部门权力制衡制度设计转向了对项目治理的各种机制的研究。即研究视角从对项目管理技术转向了项目理论。

Bowley早在1966年就采用制度经济学的分析方法，对建筑工业商业系统的制度进行分析。Winch提出了项目治理（Project Governance）的概念，首次把治理引入建设项目的微观分析层次。这里的项目治理仍然是以交易费用经济学为理论基础，着重分析建设项目的交易治理。他还首次提出项目生命周期的全过程交易治理，并指出专业人士制度（Professional Institutions）、复杂契约（Complex Contracts）和控制参与者（Control Actors）在项目进程治理中发挥着不同作用。在这个框架下，还分析了包括供应链、分包商的选择、合资公司和人力资源供应等的治理问题，他认为治理的最终目标是向用户交付有价值的产品。Turner也把目光投向了项目治理机制的研究，不过他更关注的是基于项目的组织（Project-based Organization）的治理。虽然同样是基于Williamson的交易费用经济学，Turner对治理的理解更倾向于"基于项目的组织不同治理模式"，如市场治理、层级治理和二者混合治理模式的比较分析。他通过对基于项目的组织比较分析，发现不管是在市场中管理项目，还是在科层组织中管理项目都会采用相同的治理结构——混合治理结构（Hybrid Governance Structures），而且还会有两个不同的角色即面向客户的经纪人（Broker）和面向项目组织的干事（Steward）。

Keith Lambert 也提出了项目治理的概念，他认为项目治理是指围绕项目的一系列结构、系统和过程，确保项目有效的交付使用，彻底达到充分效用和利益实现，并强调风险管理方法是项目治理的一个方面。他还认为保持技术的可行性和组织能力的平衡是相当重要的。2004年英国的APM（网址：www.apm.ork.uk）发布了《项目管理的治理》报告，提出在项目型组织中存在着三个治理层次和不同的治理机制。该报告列出了项目治理的四个主要因素：项目组合（Project Portfolio）的有效性及效率；项目发起人（Project Sponsorship）的有效性及效率；项目管理（Project Management）的有效性及效率；项目信息披露和报告（Project Disclosure and Reporting）。这四大要素分别包含若干关键问题形成对项目管理的治理的看法。Abednego和Ogunlana在对印度尼西亚采用PPP模式的基础设施项目的研究中，提出为了实现合理的风险分担必须建立良好的项目治理观念，项目治理是提高项目绩效的重要途径之一。

综上国外研究，对项目管理的治理已经形成新的理论范式，利用项目治理机制解决全生命周期项目管理各阶段所产生的问题，这为将经济学中的委托代理理论、交易成本理论、产权理论等作为研究工具引入提供了崭新的视角，也形成了与原有项目管理研究范式的互补。

4. 项目管理与项目治理的对比

项目治理和项目管理是处于两个不同层面的概念。一定程度上可以将项目治理理解成"项目管理的管理"，不论是站在国家还是企业的角度项目治理都是属于制度层面；而项目管理是运营层面的，主要利用计划、控制、组织等手段来实现项目管理目标。项目治理的责仕是提供项目管理的目标、资源和制度环境，而项目管理的责任则是在这些制度环境内有效运用资源去实现项目目标。关于项目管理与项目治理的区别和联系如图1-18所示。

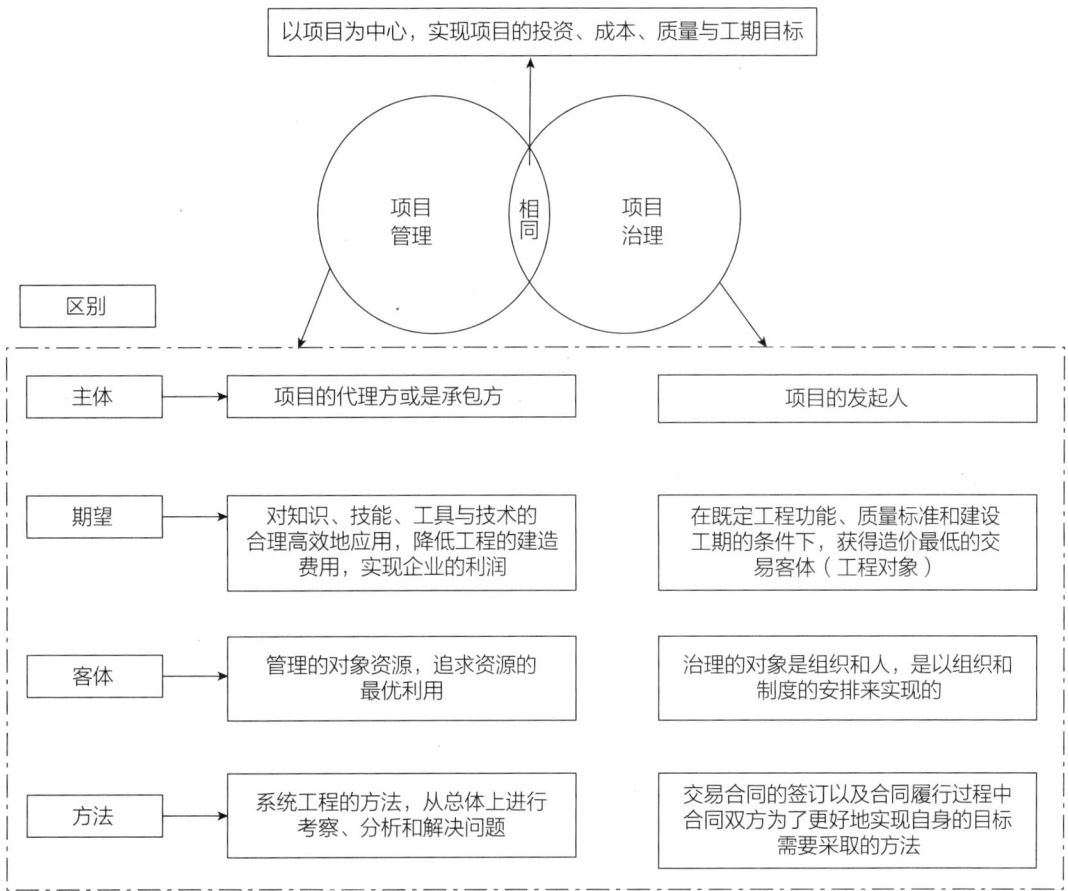

以项目为中心，实现项目的投资、成本、质量与工期目标

项目
管理

相同

项目
治理

区别

主体	项目的代理方或是承包方	项目的发起人
期望	对知识、技能、工具与技术的合理高效地应用，降低工程的建造费用，实现企业的利润	在既定工程功能、质量标准和建设工期的条件下，获得造价最低的交易客体（工程对象）
客体	管理的对象资源，追求资源的最优利用	治理的对象是组织和人，是以组织和制度的安排来实现的
方法	系统工程的方法，从总体上进行考察、分析和解决问题	交易合同的签订以及合同履行过程中合同双方为了更好地实现自身的目标需要采取的方法

图1-18　项目管理与项目治理的区别与联系

（二）从项目治理理论到投资总控理论

1．投资总控理论是项目治理理论分支

项目治理理论中项目治理机制分为内部治理和外部治理，其中内部治理机制分为报酬激励机制和风险分担机制，外部治理机制分为声誉机制和市场选择机制。报酬激励机制以项目剩余索取权为作用方式，以期实现对当期行为的激励，对短期行为的约束。投资总控理论中，核心就是实现对承包方的激励，使其减少短期行为，实现完美履约，这与项目治理理论中内部治理机制的项目目标一致，因此，投资总控理论是项目治理理论的一个重要分支。

2．投资总控理论需借助项目治理理论的核心手段

投资总控理论的支点是项目治理理论中的契约、合同等一系列正式的治理手段，以对总承包方施以初始信任以激励承包方完美履约为核心，以期其主动实现项目的投资约束，达成项目目标。然而，现实中承包方并不一定总是按照发包方的想法去完美履约，在放松合同条款的限制条件下，承包方违约的或有风险居高。因此需要在契约中明确控制权下沉的条款以实现对承包方的有效控制。

在重大工程中，传统的投资控制模式已经不能适应重大工程的复杂的特点和项目的进度、投资约束及业主对项目的其他需求，因此，迫切需要新的项目投资控制模式来实现投资约束。投资总控理论作为项目治理理论的一个分支，为实现投资约束提供了很好的实现路径。而投资总控理论能够适应重大工程复杂的需求，实现投资约束、满足业主需求。

二、投资总控理论概念

（一）投资总控的概念

在我国现阶段的建筑市场环境下，重大工程的业主往往既是项目的投资者，又是项目实施的组织者和开发者，或者进一步说甚至是项目实施的总集成者，因此，业主必须具有很强的组织能力、综合管理能力和总体协调能力，业主的管理集成和控制能力是项目建设成败的关键。20世纪80年代，美国John Byng主编的《项目管理》一书明确提出项目管理工期、成本、质量等三大控制目标，以及网络计划技术、工作分解结构和文件分发表等三大控制工具，支撑起了我国项目管理早期的普及和发展。丁士昭的《建筑工程项目管理》则介绍了德国的施工项目管理，详细论述了项目管理组织和项目控制方法，据此向上海市和住房城乡建设部建议实行"建设监理制"并先后被采纳。1987年中国正式实施建设监理制，与项目法人责任制、项目合同制、招投标制并称我国工程建设领域的"四制"。后来随鲁布革水电站项目引进项目法施工的兴起，我国已经形成了业主的项目管理即工程监理制，承包方的项目管理为项目法施工。

项目总控是以项目管理、企业控制论和现代信息技术为基础发展起来的，项目总控与项目管理有本质的不同，控制的思想不限于狭义的纠偏，而是一种运用现代信息技术为业主方的最高决策者提供战略性、宏观性和总体性服务的新型组织模式[15]。20世纪90年代德国GIB工程事务所的Peter Greiner首先提出了项目总控模式，并成功地应用于德国统一后的铁路改造和慕尼黑机场等大型工程[16]。1997年Peter Greiner来华进行学术交流时介绍了一种全新的大型建设工程组织模式——项目总控。同济大学工程管理研究所将项目总控定义为以现代信息技术为手段，对大中型建设工程进行信息的收集、加工和传输，用经过处理的信息流指导和控制项目建设的物质流，支持项目最高决策者进行策划、协调和控制的管理组织模式[16]，并在厦门国际会展中心首次使用试点。

天津理工大学公共项目与工程造价研究所（IPPCE）团队在深入研究项目总控理论的基础上，结合国内外有关投资控制的理论和实践研究，提出了投资总控的概念。投资总控是以总体策划为先导，在工程项目合同签订、执行、再谈判过程中注入信任、优化合同柔性、合理分配控制权等激励方式改善承包人履约绩效，最终实现业主投资目标的项目管理模式。

基于上述概念，合同是控制项目的具体组织模式及具体治理机制的载体。因此所谓总控，即对合同进行全面的控制与管理，既包括合同制定过程中控制权的配置以及激励约束机制的设计，也包括履行过程中对承包人履行合同情况的监管。

（二）投资总控的目标

传统的投资控制虽一定程度上实现了项目的成本目标，但也应关注到一味地节约投资所引发的一系列质量问题。首先，传统投资控制忽略了承包人的行为因素，若发包方一味地节省项目成本，必然造成承包方收益的受损，委托代理关系下，双方信息的不对称，承包方将趋向于采取机会主义行为以降低收益中的要素价格，从而折损项目绩效；另一方面，传统投资控制，忽略了价值工程中成本与项目功能的关联特性，项目成本与项目质量、功能之间的制约关系，使得一味降低成本产生了不利于项目质量、功能目标实现的"连锁效应"。

综上所述，在重大工程中，传统投资控制必须进行转变以适应重大工程诸多复杂特点，从成本节约向以实现项目价值增值，提升项目的"边际效应"转变，为"投资总控"。

根据本研究所提出的投资总控的概念可知，发包方开展投资总控的目的在于利用合同的拟定以及配套的合同管理措施诱导承包人提供实质绩效，从而实现发包方预期的绩效目标。Hart在他的研究中引入行为因素发现两种绩效，即字面绩效和实质绩效。前者指依照合同具体条款执行的绩效，后者则是依照合同精神执行的绩效。Hart等人区分了两种绩效的不同之处，其关键就在于法院能够强制一方提供某种绩效，即法院可以强制一方提供字面绩效，而不能强制一方提供实质绩效，合作精神是无法写入合同中的。Hart进一步指出，如果交易一方认为自己未获得应得的结果，将折损一部分实质绩效。而其所认定的应得的结果就在于与初始合同中约定的责、权、利的对比。图1-19为投资总控模型的核心要素。

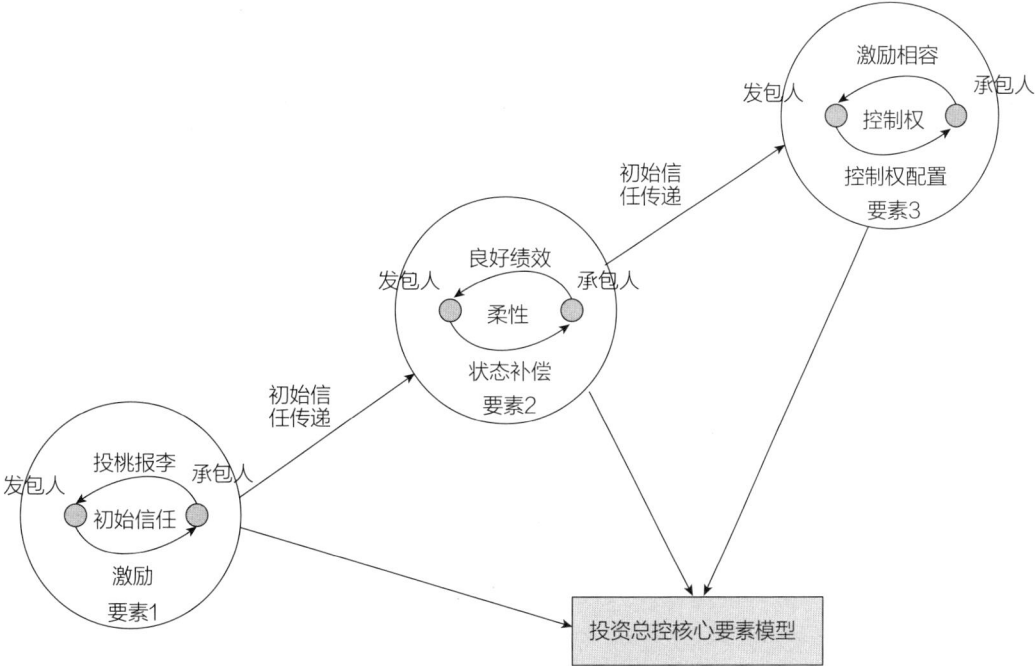

图1-19 重大工程投资总控模型核心要素

可以看到，重大工程中，发包方期望承包人能够完全执行合同中约定的各项条款以实现字面绩效，并在此基础上本着合作的态度与发包方进行有效合作以实现实质绩效。因此，两种绩效的实现情况，与承包人履行合同的情况密切相关。

第四节　投资总控模式的实现路径

一、基于初始信任的招标管理

城市轨道交通项目的发包方信任两难困境产生的基本原因是发承包双方信息不对称，根源在于激励措施不平衡。项目的招投标程序关乎项目的成败，一旦有不符要求或预见到中标后履约能力不足、对招标项目产生不利影响的承包方/供应商进入，招标人必将承担由此带来的一系列风险[17]。在大标段招标的前提下，在招标阶段注入较高程度的初始信任选择了信任水平较高的施工总承包方，通过总承包方的集团优势进行项目集成建设，利用行政手段管理复杂的界面以降低实施过程中的交易成本。因此，广州地铁11号线采用大标段招标的方式决定了发包方在招标阶段必须选择一个值得信任的总承包方，即发包方需要对施工总承包方的初始信任水平很高，以保证本项目的安全、质量、工期和投资目标的顺利完成。

因此，在广州地铁11号线项目的资格预审阶段，通过资格预审指标的设置，并对承包方进行详细评审，不仅是发包方获取承包方信息的重要途径，同时也是提高发包方对承包方初始信任水平的重要途径。而在工程实施阶段通过按时付款、及时调价等手段与承包方建立更高层次的信任；同时承包方通过保证工程进度、质量等手段与业主建立更高层次的信任。随着业主与承包方之间信任的持续改变与发展，双方的信任状态层次也会不断提升直至高度信任阶段，最终达到提高广州地铁11号线管理绩效的目的。

二、基于再谈判机制的合同条款拟定

以广州地铁11号线的合同再谈判为着力点，从Hart和Williamson等研究的不完全合同理论入手，分析工程项目实施过程中再谈判存在的根本原因。又结合成虎、李晓龙和尹贻林的合同状态理论，解释再谈判的目的和作用，即对合同状态的补偿和补充。再谈判机制的前提与实现路径是为合同合理有效地注入柔性，即设置可调整的事项。向合同中注入柔性可提高项目管理绩效，但合同柔性在使用过程中却是一把双刃剑。过大的柔性可导致承包人机会主义行为，而过高的刚性则可能导致合同失去应对项目或然事件的灵活性。在此基础上，广州地铁11号线合同提出"适当柔性"的概念，并将再谈判机制划分为两个方面："事件级再谈判"（通过签证、变更、调价和索赔等方式解决）与"项目级再谈判"（通过和解与调解的方式解决），分别对应合同柔性的"适当柔性"与"完全柔性"。

"适当柔性"为合同条款约定为可调整，但调整的范围与调整幅度有刚性约定；"完全柔性"为合同条款可调整，具体如何调整未作约定，需通过和解、调解的方式解决。合同状态补偿、合同再谈判机制、合同柔性三者的逻辑关系为：合同的不完备性导致需要进行合同状态补偿，合同状态补偿通过合理设置再谈判机制实现，合同柔性的注入保障了再谈判事件有序进行。三者相辅相成，共同确保了重大工程大标段招标的投资控制得以实现。

三、基于控制权下沉的权利分配机制

集成化的发承包模式是涉及面广、结构复杂、影响深远的复杂系统，其本质就是利用施工总承包方的专业化实现项目在全生命周期上的价值增值，因此施工总承包方的行为在建设项目的顺利实施中起到至关重要的作用。所以如何有效激励施工总承包方成为关键，为此在广州地铁合同中提出了合理风险分担，为承发包双方之间的契约关系注入柔性，合理运用控制权，保障发承包双方拥有在合同所预留的空间中经济而又快速地响应不确定性的能力。但是在承包方增信机制不健全、市场信息不对称情形下，发承包双方信任不足，发包方选择合理风险分担面临着承包方履约行为相机选择的困境。为避免上述困境的出现，发包方需要为合同注入"适度的柔性"，在提倡合理风险分担的基础上也需要进行控制权的合理配置，通过契约规定缔约双方的一系列权利与工作责任，最大程度上保障各参与方的责权利统一，避免施工总承包方的机会主义行为产生。

基于控制权配置的理论基础，利用控制权合理配置来约束施工总承包方，能够减少施工总承包方的机会主义行为、提高项目绩效。首先通过对轨道交通项目关键控制点的识别，理出在合同设计中应重点考虑的项目控制权，即四权：支付监督权、施工图审图权、质量进度监理权、结算审计权。其次，通过对发包方与施工总承包方权利与义务关系的分析，结合控制权配置与下沉的原则，梳理11号线项目控制权配置应遵循的原则，并在此基础上着重论述了11号线控制权下沉的三条路径，即在支付、结算、变更、现场人员任命、分包方选取等关键节点工作中，发包方负责大部分监督、审查以及支付责任，掌握着支付权以及人员命名的审查权；施工总承包方负责各种实施申请、人员选取、具体考核等责任，从而保障了在有效激励施工总承包方的基础上，实现了发包方控制权的下沉，确保发包方对于项目的整体把控。

第五节　投资总控模式的组织架构

通过对广州地铁11号线（以下简称"11号线"）大标段招标现实问题的梳理，明确11号线采用大标段招标的适应性；在此基础上，结合国内外关于大标段招标现实问题的一般观点，挖掘大标段招标的痛点，实现11号线大标段招标现实问题的解构；最后，结合状态

补偿合同条款设置、招标管理中初始信任注入与柔性水平提升、价款调整中进行风险合理分担、控制权下沉实现施工总承包责任合理划分等措施，指出为解决11号线项目工期紧、业主管理协调难度大、双头博弈困境等的难题，必须从"柔性+信任"的理论出发，构建重大工程投资组织架构。

一、广州地铁11号线问题解构

（一）发包方被"套牢"的或有风险更突出

在采用施工总承包模式的大型项目中，一方面由于管理界面的减少，发包方能够大幅降低交易成本和以往各标段间的界面管理约束；另一方面，此模式下的"套牢现象"相比传统的总承包方模式显得更为突出。究其原因，在于大型工程项目中形成的共同代理关系，催生承发包市场中的"双巨头"现象，类似于不充分竞争市场中的"寡头"现象，使得发包方撤回投资与总承包方退出的壁垒更高。实力相当的双巨头拥有套牢对方的能力，使风险回流到发包方。

11号线项目中，其项目投资估算超过400亿元，项目施工总承包方为中国中铁股份有限公司及广州建筑股份有限公司。如此巨大的投资体量，若不采取必要的防控措施，项目发包方广州地铁集团被"套牢"的或有风险更为突出。

（二）施工总承包方完美履约的难度大

11号线属于重大工程，其发承包双方呈双边垄断的特征，理论分析的双边垄断均衡状态是业主与总承包方之间履约行为的风平浪静，即实现字面履约。此外，在合同存在漏洞的情况下，承包方若利用合同漏洞、采取机会主义行为，则造成项目功能的冗余，提高项目投资、降低项目价值。故相比完美履约而言，字面履约在履约效率和履约效果上必然存在着实质绩效的折减[18]，即字面履约并非互惠行为的最佳表现。

因此，11号线发承包双方的双边垄断均衡状态下，实现施工总承包方字面履约转变成完美履约的难度较大。

（三）实现对施工总承包方有效激励的难度大

在承包方征信机制不健全、市场信息不对称情形下，发承包双方信任不足，发包方选择合理风险分担面临着承包方履约行为相机选择的困境。因此，如何实现对施工总承包方有效激励，使其积极履约，仍是一个非常现实的问题。

（四）确保发包方对项目整体把控的难度较大

在实现了对施工总承包方的有效激励后，在发承包双方信息不对称的情况下，发包方如何预防施工总承包方的机会主义行为，实现对施工总承包方的控制，且对分包方有一定的管理权，在支付、结算、变更、人员任命、分包商以及材料设备供应商的选取等关键节点上明确发承包双方的权利与责任，做到双方的权责利一致，是考验发包方的一个现实问题。

二、广州地铁11号线投资总控模型

11号线施工总承包项目投资总控研究中，投资总控的根本目的是提升项目价值，基于合同不完备理论，通过项目控制措施无法有效应对合同履约状态改变下的绩效改善，仅能实现投资造价保持在可控范围之内。然而，对于重大工程而言，由于项目绩效的摆位发生了变化，由以往重造价控制的目标转变为重进度、重质量的目标。由此，重大工程投资管控的基础实现路径逐渐得到揭示，即项目开展阶段或项目开展前注入信任要素以期提升合同双方的信任水平，由此项目招标阶段不断注入柔性要素，进而确保项目阶段合同履约状态改变下的再谈判事件高效进行，最终实现合同状态的有效补偿。11号线施工总承包项目的重大工程投资总控理论模型如图1-20所示。

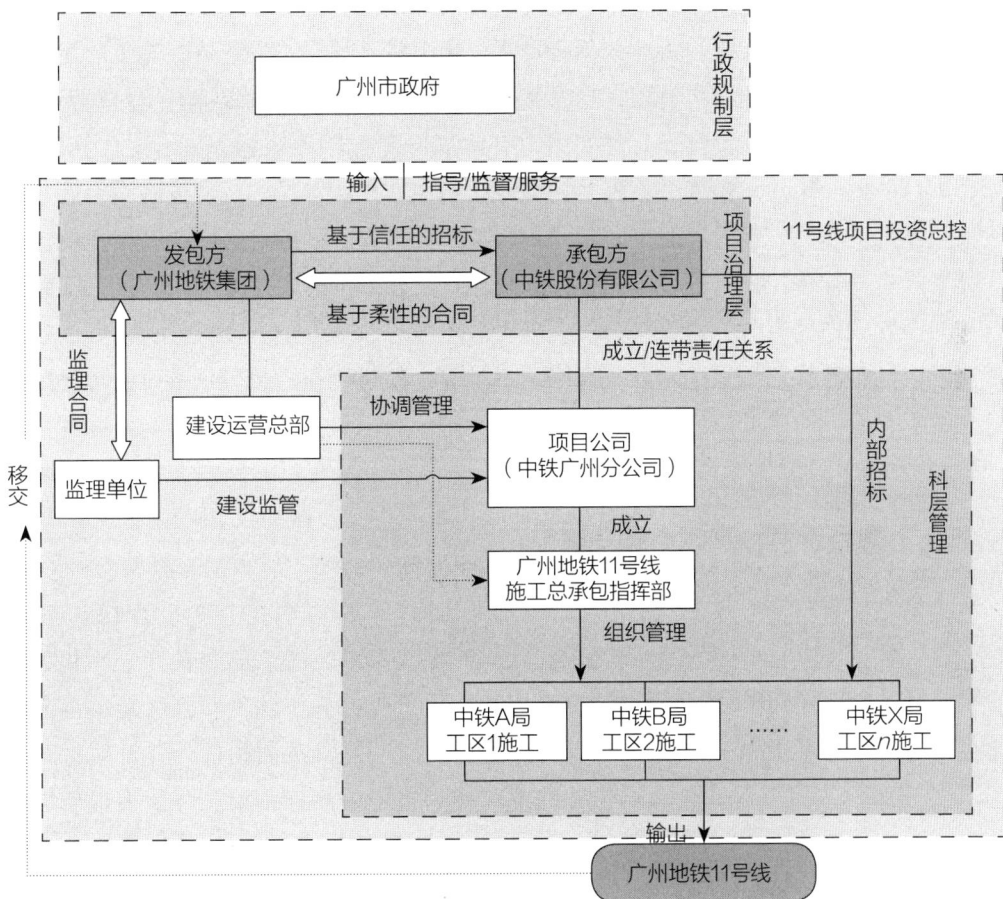

图1-20 广州地铁11号线施工总承包项目投资总控范围解构

（一）11号线施工总承包项目治理层

项目治理层主要针对项目发包方与项目承包方展开。由于施工总承包模型下，突破传统DBB模式中由业主方主导分包及分包支付的方式，转而将项目主要控制权下沉至施工总承包方，同时，施工总承包方相应承担更多的项目风险，由此产生项目控制权分配界定的难题。因此，项目治理关心的核心问题则是在满足最大效用目标、项目增值的同时，实现控制权的有效下沉。该目标的实现途径包括两个方面：施工总承包方的选择机制、施工总承包方的约束框架。

基于项目投资总控理论模型的基本内容，项目治理层涉及的理论主要包括信任要素的注入与柔性水平的提升，进一步表现信任要素注入下的施工总承包方的选择机制制定、柔性水平提升下的施工总承包方约束框架构建，分别基于初始信任的招标管理与基于柔性的招标文件编制。

（二）11号线施工总承包项目科层管理层

任何一个完整的契约组织系统都包括治理和管理两个方面，前者给出项目运行的一套制度框架，而后者则涉及项目具体的运行过程。项目管理层中，发包方在施工总承包项目实施阶段中拥有较少的项目控制权，11号线项目的实施阶段发包方仅拥有支付监督、发包监督等控制权，由此如何设计良好的实施约束具体条款是本层级的核心问题。为确保以项目增值为目的的施工总承包模式投资总控高效运行，本层级涉及的核心内容为：施工总承包约束机制的具体内容设置、施工总承包投资控制要点设置及施工总承包补偿机制设置。

基于投资总控理论模型的基本内容，项目管理层涉及的理论主要包括再谈判实践的有效实施与合同状态的有效补偿，进一步表现为项目状态改变、信任与柔性注入下的合同条款厘定、合同价款补偿方式确定以及合同状态补偿框架机制构建，分别基于合理风险分担的施工总承包合同价款分析、基于公平参照点的施工总承包合同类型确定与条款优化、基于再谈判–状态补偿的施工总承包合同框架设计。

三、重大工程投资总控研究内容及框架

本书旨在分析11号线施工总承包项目的重大工程投资总控模式中发包方对施工总承包方的激励、控制与责任的匹配关系，关键问题是研究初始信任程度高的施工总承包方的选择研究、施工总承包方的激励研究和控制权的配置研究，基于此实现施工总承包方履约绩效提升的目的。最后，建立施工总承包方的相关履约评价观测指标，并针对每个观测指标设计观测点，以此对施工总承包方的履约行为进行观测和预设，并作为未来研究的基础。

本书遵循"理论分析—问题提出—研究设计—解决问题"的逻辑安排章节内容，共分六章，主要的内容安排如图1-21所示。

提出问题

文献研究 → 总结 → 重大工程投资总控概论
- 重大工程投资总控概念提出的现实背景
- 重大工程概念的提出与演进
- 投资总控模式的演进
- 投资总控模式的实现路径

第一章

提出问题

访谈、案例分析 → 总结 → 广州地铁11号线业主需求
- 集中力量推进拆迁工作
- 进行集成化管理模式
- 提高施工效率和缩短工期
- 提高施工效率和缩短工期

→ 总结 → 广州地铁11号线采用大标段施工总承包模式存在的问题
- 对潜在总承包商的能力要求高
- 不利于业主进行精确的投资控制
- 合同双方的沉没成本会更高
- 业主对分包商的控制减弱

第二章

解决问题

关键问题1
初始信任程度高的施工总承包方选择研究
- 广州地铁11号线施工总承包项目招标资格审查研究
- 广州地铁11号线施工总承包项目招标文件研究
→ 案例分析

关键问题2
施工总承包商的激励研究
- 合同文本编制思路
- 合同框架分析
- 合同条款的设置
→ 实证分析
→ 合同柔性注入实现对施工总承包商的激励

关键问题3
发包方控制权配置研究
- 工作内容识别
- 控制权下沉路径分析
- 权责一览表
→ 实证分析
→ 发包方控制权下沉实现发包方对项目的控制权

第三章～第五章

研究展望

履约行为的观测预设

第六章

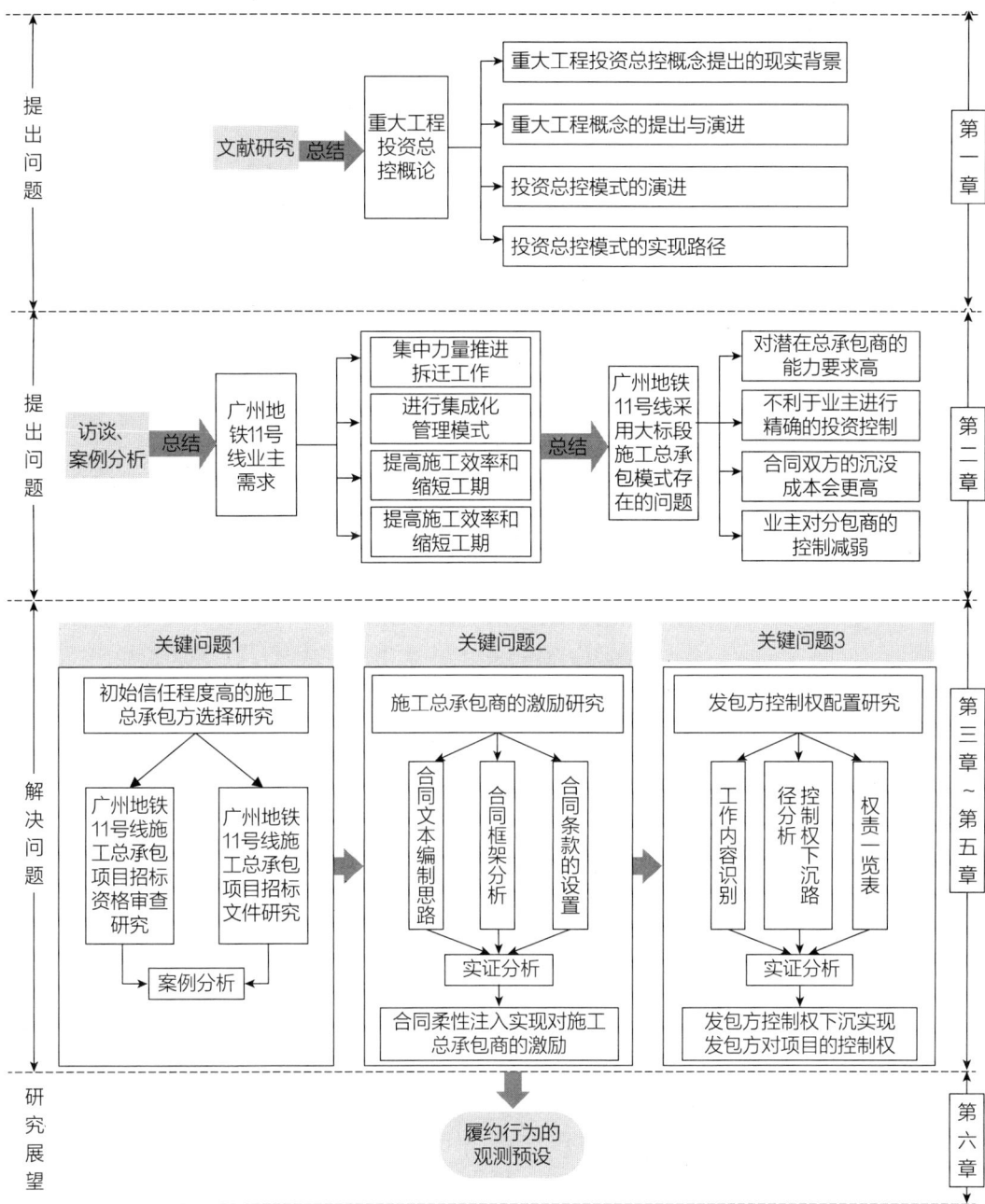

图1-21 技术路线图

第一章，重大工程投资总控理论的界定。本章首先对国内外最新研究成果进行综述，梳理项目管理理论的发展、研究状况、国内外应用现状等内容。在此基础上提出重大工程投资总控理论，并对投资总控理论做出界定，为本书后续关键问题的研究提供基础性支持。

第二章，广州地铁现状与大标段投资模式的应用。本章的重点是业主需求分析和问

题的提出，背景是广州地铁11号线施工总承包项目的拆迁难度大、需进行集成化管理模式（建设体量巨大、施工界面复杂，衔接困难）、工期紧和投资管控风险大等的现实情况，亟需创新项目的发承包模式和管理模式；同时，基于对广州地铁11号线的业主需求分析，确认本项目采取大标段施工总承包模式的适应性，进而提出广州地铁11号线大标段施工总承包治理结构。

第三章、第四章、第五章为关键问题的解决方案，是对三大关键问题——初始信任程度高的施工总承包方的合理选择、合同柔性注入实现对施工总承包方的激励和控制权下沉路径分析的具体描述和展开分析。第三章，基于初始信任的广州地铁11号线施工总承包项目招标管理研究；第四章，广州地铁11号线施工总承包合同条款的拟定；第五章，控制权下沉的权利分配机制。

第六章，履约行为的观测预设。针对施工合同的条款以及工程存在的某些情况，建立相关履约评价观测指标，并针对每个观测指标设计观测点，采用定量评分等具体办法，定期对履行合同单位的表现情况进行点评，作为完工时最终履约评价报告、履约评价奖罚的依据和企业评标的依据等。

第二章

广州地铁现状与大标段投资模式的应用

第一节 广州地铁发展概述

一、广州地铁线路发展概述

广州城市轨道交通系统由广州地铁集团负责建设和运营，首条线路于1993年12月28日动工建设，1997年6月28日开通运营。截至2017年底，广州地铁共有13条运营线路（1~9、13、14号线、广佛线及APM线），总长为477.7km，共257座车站，开通里程居中国第三，世界前十，日均客流量约829万人次，运营强度和服务可靠度排名全国第一（表2-1）。

广州地铁已开通和已开工线路汇总（截至2018年底） 表2-1

序号	线路名称	里程（km）	开工时间	开通运营时间
1	一号线	18.5	1993年12月28日	1. 西朗~黄沙段于1997年6月28日开通试运行 2. 1999年6月28日全线运营
2	二号线	31.8	1998年7月28日	1. 首段（三元里~晓港）于2002年12月29日开通试运营 2. 三元里~琶洲段于2003年6月28日开通运营 3. 琶洲~万胜围段于2005年12月开通运营 4. 旧广州地铁2号线（三元里~万胜围）于2010年9月21日结束运营 5. 2010年9月25日新广州地铁2号线（嘉禾望岗~广州南站）开通运营
3	三号线	76.9	2001年12月26日	1. 广州东站~客村段于2005年12月开通 2. 天河客运站~体育西、客村~番禺广场段于2006年12月30日开通 3. 广州东站~机场南站于2010年10月30日开通，高增站2017年开通 4. 机场南~机场北段于2018年4月26日开通 5. 东延段（番禺广场~海傍）预计2023年开通
4	四号线	59.3	2003年1月28日	1. 万胜围~新造段于2005年12月开通 2. 新造~黄阁段于2006年12月开通 3. 黄阁~金洲段于2007年6月开通 4. 万胜围~车陂南段于2009年12月开通 5. 车陂南~黄村段于2010年9月开通 6. 庆盛站已于2017年12月开通，官桥站预留 7. 金洲~南沙客运港段于2017年12月28日开通
5	五号线	41.7	2004年5月28日	1. 首段（滘口~文冲）于2009年12月28日开通 2. 东延段（文冲~黄埔客运港）预计2022年开通

序号	线路名称	里程（km）	开工时间	开通运营时间
6	珠江新城旅客自动输送系统	3.9	2006年6月30日	2010年11月8日开通运营
7	六号线	42.1	2005年6月28日	1. 首期浔峰岗-长湴段于2013年12月开通 2. 二期长湴-香雪段于2016年12月开通 3. 物园站、柯木朗站于2017年6月30日开通，沙河站未开通
8	七号线	53.9	2011年10月28日	1. 一期（大学城南~广州南站）于2016年12月28日开通 2. 西延段（广州南站~美的大道）预计2020年开通 3. 二期（大学城南~水西）预计2023年开通
9	八号线	33.9	2007年4月9日：2/8号线分拆全线动工	1. 晓港~琶洲于2003年6月开通 2. 琶洲~万胜围于2005年12月开通（该段原与二号线三元里~晓港贯通运营） 3. 凤凰新村~晓港于2010年11月开通 4. 北延段（凤凰新村~滘心）预计2020年底开通
10	广佛线	38.9	2007年6月28日	1. 魁奇路~西朗段于2010年11月3日开通 2. 龙溪~燕岗段于2015年12月28日开通 3. 魁奇路~新城东段于2016年12月28日开通 4. 燕岗~沥滘段于2018年12月28日开通
11	九号线一期	20.1	2009年9月28日	1. 一期（高增~飞鹅岭）于2017年12月28日开通 2. 清塘站于2018年6月28日开通
12	十号线	19.2	2018年11月19日	预计2023年开通
13	十一号线	42.8	2016年9月28日	预计2022年开通
14	十二号线	37.6	2018年11月19日	预计2023年开通
15	十三号线	60.5	2012年5月6日	1. 首期（新沙~鱼珠）于2017年12月28日开通运营 2. 二期（朝阳~鱼珠）预计2022年开通
16	十四号线	88.2	2013年12月5日	1. 知识城支线(新和~镇龙)及一期新和站于2017年12月28日开通 2. 一期于2018年12月28日开通 3. 二期（广州火车站~嘉禾望岗）预计于2022年开通
17	十八号线	61.3	2017年	预计2020年开通万顷沙~冼村段，全线2022年开通
18	二十一号线	61.5	2013年12月20日	1. 镇龙西~增城广场于2018年12月28日开通 2. 员村~镇龙西段预计2019年底开通
19	二十二号线	30.8	2017年	预计2020年开通番禺广场至陈头岗段，全线2022年开通

二、广州地铁集团建设模式发展

经过二十多年的发展，广州地铁集团在建设管理的组织架构、制度标准、控制流程等方面积极探索，走出了一条专业发展、务实创新之路，逐步开创了一套从无到有、从起步到相对成熟的工程管理模式，发展历程如下：

（一）总公司直管模式（1993~1999年）

广州地铁集团建设初期，管理模式和归口责任部门、管理制度体系尚未成型，工程管理模式是以工程、设备、技术、财务为处室，工程建设偏技术、质量和工期管理，合同管理和财务管理功能较弱，影响到造价和投资控制。

（二）总公司与事业部分权制衡管理模式（2000~2007年）

2000年初，随着广州地铁1号线开通和2号线开工建设，为强化投资管控，广州地铁集团打破原有处室管理架构，设立总公司职能部门和事业部制管理模式。对新线路建设采取了项目管理、合同管理、预结算管理三权分立和制衡的模式。其中，企管总部负责招标及合同管理，财务总部负责财务及预结算管理；建设事业总部负责全过程工程管理；企管总部、财务总部、建设事业总部各司其职、相互制衡，形成有效的约束和监控机制，使招标、合同变更、计量支付、结算审核等投资控制环节得到严格控制，体现了建设初期地铁工作规范、可控的管理思路。

（三）建设事业总部一体化管理（2008~2015年）

随着建设强度的加大，尤其是在2008年面临着以亚运会80%场馆通地铁为目标的多条新线路建设压力，为了更好地解决建设口权责对等、进一步满足提升管理效率的实际要求，广州地铁集团深化改革，推行一体化建设管理体制，将合同及预结算管理职能合并下沉一线，在建设事业总部成立合同预结算管理部门，承担总部合同、预结算审核工作和合同、投资归口管理职责。在该建设管理模式下，建设事业总部建立了完善的工程管理制度和标准，并组建了强大的工程专业技术队伍，对工程质量、进度、投资实现一体化的建设管理体制，从概算管理、招标到合同执行、工程竣工决算全过程形成完整的管理链条，基本适应了多线路平行发包的大规模、高强度建设任务需求。

（四）工程总承包集成化管理（2016年开始）

近年来，广州市实施新的都市发展战略，以及建设自贸区、粤港澳大湾区以及珠三角融合发展、互联互通等，广州地铁步入大跨越建设时期，先后规划和建设市区至郊区乃至城际地铁，如7号线二期（顺德）、9号线（花都区）、13号线（增城区）、14号线（从化）、18号线（南沙）、21号线（增城）、22号线（南沙）等。从表2-1可知，近几年来广州新建、扩建的地铁项目（如7号线一期、9号线、13号线、14号线、21号线等），以传统的小标段发承包模式为主，线路长、任务重、工期紧、管理压力大，建设事业总部一体化管理模式下，管理协调任务繁重、压力巨大，难以适应巨型项目、超高强度、巨额投资的建设要求。为创新建设管理模式，应对新时代地铁建设任务，自2016年始，广州地铁集团开始试行大标段招标施工总承包（2016年11号线）、设计施工总承包（2017年18/22号线）等建设组织和管理模式，并探索相配套的招标、合同、工程质量、进度、投资等管理方式，进一步完善地铁发承包模式。

三、建设事业总部架构重组

建设事业总部作为集团建设业务的承载主体，对地铁项目的建设进度、质量、投资起着关键控制作用。为了适应新形势下地铁建设工期、质量、投资等方面的新要求，广州地铁建设事业总部对原有的组织架构进行了重组。从原来的以各部门为管理中心的"弱矩阵"模式转为了项目为管理中心的"强矩阵"模式。进一步明确了工作界面和权责划分，为高速、安全的地铁建设目标提供了保证。其组织架构图对比分析如图2-1、图2-2所示。

改组后的建设事业总部下设5个职能部门、1个工程用地管理部和7个工程建设管理部。其中5个职能部门包括党群综合部、投资管理部、质量安全部、计划调控部、总工程师室。改组后各部门职责介绍如下。

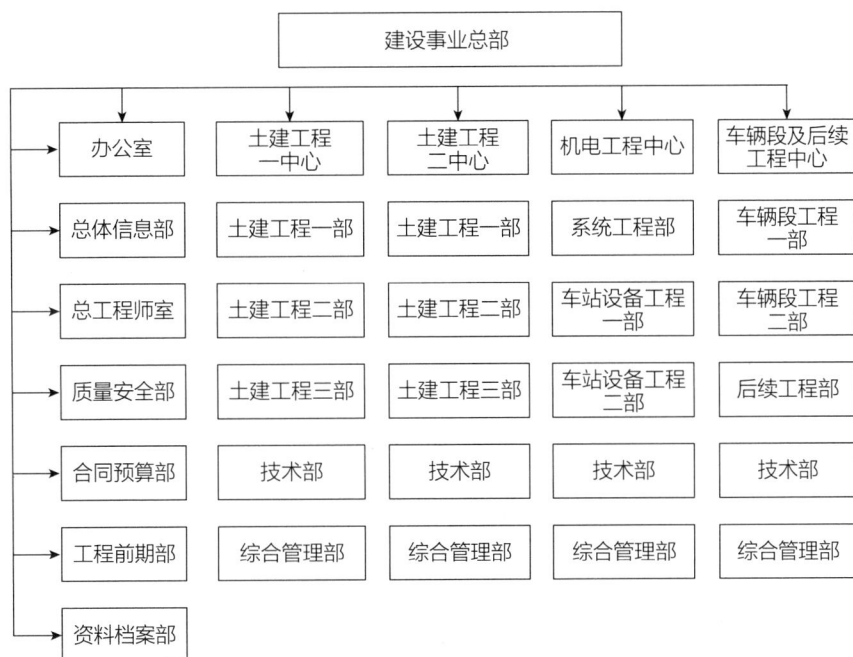

图2-1　广州地铁建设事业总部2014~2017年组织架构

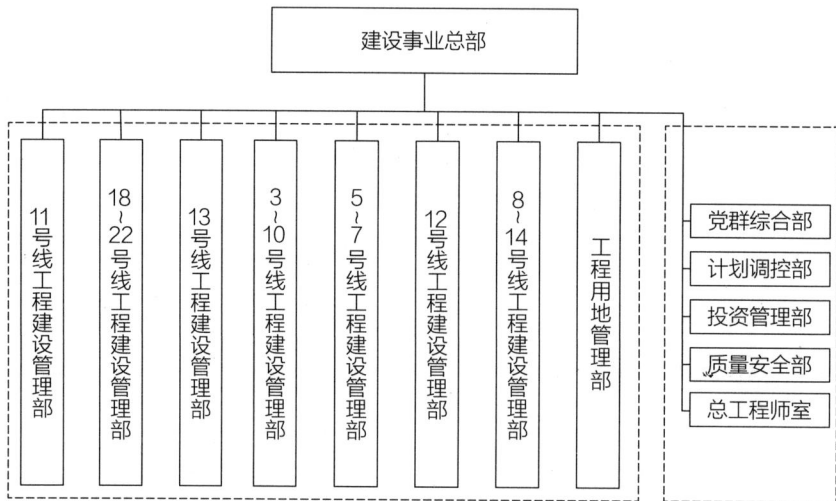

图2-2 广州地铁建设事业总部现有组织架构

（一）党群综合部

党群综合部是总部党建和组织工作、纪检监察和审计配合、宣传与公共关系、战略规划、组织架构、人力资源、文秘督办、综合行政、工会和共青团等工作的管理部门，主要职责如下：

（1）负责建立健全总部党建、党风廉政建设、宣传、人力资源、综合行政、工会和共青团等工作体系。

（2）全面负责总部党建和组织工作，包括基层党建工作指导、检查和考核，以及总部授权范围内的干部选拔任用和管理等业务。

（3）全面负责总部纪检、监察和稽查工作，包括廉洁风险防控、廉政教育、员工履职履责情况监督检查、纪检投诉举报受理、纪检监察信访调查、违规违纪行为处理和问责、效能监察、工程管理和总部行政业务稽查、内控评价和审计配合等业务。

（4）全面负责总部思想政治宣传与公共关系工作，包括总部新闻的采编和发布、宣传媒介和平台管理、对外宣传工作指导，以及总部与政府、公众、媒体关系的协调处理等业务。

（5）负责总部战略管理工作，包括总部中长期战略规划的制定与分解和行业对标等业务。

（6）负责总部组织架构调整优化、规章管理工作，包括部门设置、部门职责、管控界面划分、流程制度优化等业务。

（7）全面负责总部人力资源管理工作，包括人力资源规划和岗位体系管理、人员招聘和调配、员工绩效和薪酬体系、人才培训、员工服务、企业文化建设和计划生育管理等业务。

（8）全面负责总部文秘和督办工作，包括总部行政信息上传下达、总部公文处理、保密管理、用印管理，以及集团、总部重要会议决策事项、"三重一大"决策事项、集团及总部领导批示与交办事项的督查督办等业务。

（9）全面负责总部综合行政、综治内保及财务相关工作，包括总部层面公务接待和会务管理，食堂、医务、车辆等后勤服务协调工作，办公区管理及办公资产管理，预算内管理费用核算管理，非合同类费用的审核，总部党、工会、团等费用的财务核算等业务。

（10）全面负责总部工会和共青团管理工作，包括总部工会、共青团组织建设与管理，以及青年思想政治工作。

（二）投资管理部

投资管理部是总部合同归口管理、招标与采购管理、概算管理、结算管理和法务等业务的管理部门，主要职责如下：

（1）负责建立健全总部概算、招标采购、合同、工程结算、法律等管理体系。

（2）全面负责总部工程概算目标管理及概算回归管理工作，包括工可估算、初步设计概算审批业务的先期介入和协调，投资动态管理，概算执行分析，造价指标收集和分析等业务。

（3）负责总部招标管理工作，包括招标、评标相关手续办理及对外沟通协调。

（4）负责总部的合同归口管理工作，包括总部合同审核、合同履行情况监控、合同后评估、合同纠纷处理协调、合同文件范本编制和管理等业务。

（5）负责投资监理及工程保险招标及管理，负责审查授权范围的招标文件及合同文件、控制价、计量支付、合同变更、结算等。

（6）负责总部工程结算管理等工作，包括结算编制指导、工程结算的外送组织与协调、结算工作执行监督与考核，以及集团财务决算工作中的结算业务。

（7）全面负责总部法律管理工作，包括招标文件及合同法律风险审查，法律纠纷、诉讼和仲裁案件处理指导，集团法律宣传配合等业务。

（8）负责牵头供应商管理工作，包括组织总部相关部门对所有合作企业库建库、扩库管理工作，以及企业库的更新和维护等。

（三）质量安全部

质量安全部是总部安全、质量的综合监管部门，是总部工程验收、信访、应急、地保及维稳等工作的牵头管理部门，主要职责如下：

（1）负责建立健全总部安全、质量、验收、信访、应急、地保及维稳管理体系。

（2）负责总部安全综合监管工作，包括安全工作对外接口和协调、工程建设安全监督与指导、工程重大风险源管控情况督查、安全事故调查和处理等业务。

（3）负责总部质量综合监管工作，包括质量工作对外接口和协调、工程建设质量监督与指导、质量事故调查和处理等业务。

（4）负责总部验收牵头管理工作，包括年度验收计划组织编制与审核，验收工作监督与指导，牵头组织工程项目竣工验收中质量、安全、消防、卫生、环保等专项验收，新线工程单位验收后遗留问题整改情况的监督等业务。

（5）负责总部信访牵头管理工作，指导、监督各责任单位和部门处理信访案件，及时跟踪工程建设群体性信访案件和重大案件等业务。

（6）负责牵头做好总部处突维稳、突发事件应对、应急管理、地保管理、国家安全管理等工作。

（7）负责总部安全管理信息化工作，包括隐患排查信息系统建设、重大风险防范管控体系的信息化建设等。

（四）计划调控部

计划调控部是总部生产计划、全面预算、统计管理、组织绩效、内部资源调控、全面风险管理、合作企业诚信管理、参建单位建设管理能力评价、信息化建设和应用等业务的管理部门。主要职责如下：

（1）负责建立健全总部生产计划、统计、全面预算、内部组织绩效、全面风险管理、合作企业诚信评价、信息化建设和应用等管理体系。

（2）负责生产计划管理工作，包括线路总工期策划、总部五年规划和年度工程计划的编制组织，以及设计单位招标、初步设计及审查、初步设计概算批复、新线工程招标、工程前期征（借）地拆迁、管线迁改、交通疏解、占道开挖、绿化迁移、临水临电、规划报建、工程报监、工程实施、工程验收等工程建设各环节工期计划和里程碑节点执行情况检查与考核，关键节点的工期监控，滞后节点的工期管控等业务。

（3）负责总部全面预算管理工作，包括总部全面预算管理目标的制定与分解，投资、资金计划的编制组织，全面预算执行情况的检查与考核，项目立项管理等业务。

（4）负责总部统计管理工作，包括工程建设统计工作检查与指导，各类统计报表编制与上报，统计分析和统计验收等业务。

（5）负责内部管理资源调控、全面风险管理工作，包括内部管理资源分析及调控、配合集团法律合约部组织编制总部风险清单、风险专项选题、风险管理阶段报告等业务。

（6）负责总部组织绩效管理，包括总部年度组织绩效指标的制定与分解，组织绩效指标完成情况检查与考核等业务。

（7）负责总部合作企业诚信评价及参建单位工程建设管理能力评价工作，包括合作企业诚信评价及不诚信行为处罚期评估、参建单位管理能力评价、管控指令下达和评价结果运用等业务。

（8）负责总部信息化和档案归口管理工作，包括信息系统建设、优化和应用推广，信息系统使用情况检查、考核以及评价等业务，以及知识管理和计算机信息系统设备管理、总部档案归口管理业务。

（五）总工程师室

总工程师室是总部技术、机电设备、设计、勘察、测量、规划报建和科研等业务的管理部门，主要职责如下：

（1）负责建立健全总部新线技术、机电设备、设计、勘察、测量、规划报建、全面质量和科研等管理体系。

（2）负责总部技术管理工作，包括对集团全线性技术标准、技术要求的执行管理，技术方案的审查和工程安全风险排查结果审查，工程重大技术问题的研究和解决，工程建设全过程管控、全方位技术接口与系统功能的总体平衡等。

（3）负责总部机电设备管理工作，包括新线工程机电设备、材料的统一招标采购管理，设计联络、设备监造的组织，与运营总部的机电设备对接协调等业务。

（4）负责总部设计管理工作，包括设计项目招标、设计合同管理，工程变更、设计变更、方案变更的归口管理，组织开展重大工程变更、方案变更、设计变更的审查，组织设计巡检及设计考核，组织开展初步设计和初步设计审查、修改初步设计审查等业务。

（5）负责总部勘察、测量技术管理工作，包括勘察、测量项目招标、初勘阶段的合同管理和现场管理，测量的合同管理，对建设管理部负责的详勘现场管理工作进行监督等业务。

（6）负责总部工程规划报建（含用地规划许可）、消防报建及人防报建管理工作，包括各类规划报建手续办理和规划验收等。

（7）负责总部科研管理工作，包括总部科研项目的归口管理，集团科研考核及验收配合，组织开展"先进技术、新材料、新（先进）工艺、新（先进）设备"推广应用等业务。

（8）负责总部全面质量管理体系建设相关工作。

（9）负责总部专家团队的管理。

（六）工程用地管理部

工程用地管理部是负责新线工程征地拆迁、用地报批、用地结案等工作的管理部门，主要职责如下：

（1）负责建立健全前期征地拆迁工作管理体系。

（2）全面负责总部新线建设征（借）地拆迁工作，包括组织编制新线建设前期征地拆迁工作方案，提请协调政府下达征地拆迁任务书，与各区政府签订征借地拆迁合同，组织各区征拆实施单位开展具体的征（借）地拆迁工作，对各区征地拆迁组织实施单位工作进度进行监督。

（3）负责总部工程用地手续办理等工作，包括永久用地的报批手续和临时用地的报批手续办理、复垦、用地批准书和划拨决定书的办理、新线建设使用所涉土地物业的管理等业务。牵头组织建管部办理退地、复垦、复绿工作。

（4）负责新线临电等前期业务招标、合同签订（不含合同管理）工作。

（5）负责征地拆迁投资和资金管理，包括征地拆迁实施单位投资完成情况审核，征地和拆迁工程资金使用情况跟踪；征地拆迁资金计划申报，以及征地拆迁结算及档案移交等业务。

（6）负责工程建设管线迁改、绿化迁移、交通疏解和占道开挖等前期工作所涉及的政府层面政策争取与归口协调。

（七）工程建设管理部

工程建设管理部是建设总部新线工程建设的组织实施部门，主要职责如下：

（1）全面负责所管辖线路的详勘、施工图设计、招标、管线迁改、交通疏解、绿化迁移、临水临电、工程施工（含土建、机电、车辆段和后续工程等）、质量检测、验收、移交（含实物资产移交）、结算、档案等工程建设全过程管理工作；代表总部根据合同对承包商、监理、供货商、第三方监测等参建单位进行全方位管理；对线路总工期目标负责，对工程建设过程技术、安全、质量、文明施工、进度、投资、科研等所有管控目标负责。

（2）负责新线施工图设计管理（不含初步设计，不同总承包方式包含内容不同）和现场技术管理等工作；负责组织开展施工图设计和审查工作；负责详勘合同管理和详勘现场管控，配合开展工程规划报建等工作；负责测量现场管理工作；负责设备监造、到货、安装、验收及结算等工作。

（3）负责组织参建单位配合区征拆实施单位开展具体征（借）地拆迁等前期工作，负责监督现场征地拆迁进度；负责组织承包商开展管线迁改、绿化迁移、交通疏解、占道开挖、临水临电等前期工作并办理相应手续；负责组织退地、复垦、复绿工作等。

（4）负责对工程质量、安全标准执行情况等进行管控，对承包商及其他参建单位的安全、质量管理及文明施工等工作进行管控；负责监督承包商对钢筋、混凝土等主材供应商选用工作，负责工程质量检测和防水材料等项目的招标及管理；负责相应线路地保合同管理；负责新线建设单位工程验收的组织、实施及备案等；负责人防专项验收工作等；负责新线工程遗留问题整改及尾工工程实施等。

（5）负责所辖线路招标及合同的具体实施管理，包括各种项目招标、各类合同执行过程管控；负责新线工程（包括前期工程）计量支付及资金结算管理，负责对工程变更进行审查等；负责监督承包商开展工程项目招标等工作。

（6）负责对参建单位项目进度进行全过程管控；负责组织指导参建单位编制线路总工期策划、各类工程计划等工作；负责分解集团和总部各类计划并向参建单位下达，负责组织新线工程建设数据和信息的统计和报送等。

（7）负责部门党群、纪检、监察、宣传、人力、行政、文秘、信访、维稳、档案等综合事务管理；负责信息系统在部门内部和参建单位的推广与应用。

第二节　广州地铁11号线项目概述及业主需求分析

一、广州地铁11号线基本情况概述

广州轨道交通11号线（环线）呈环形线路。线路经由天河区、白云区、越秀区、荔湾区和海珠区。如图2-3所示，该线路全长43.2km，全部采用地下敷设方式，全线共设32座车站，其中换乘站19座，平均站间距1.35km，最大站间距2.40km（赤沙滘~琶洲），最小站间距0.66km（田心村~云台花园）。设置车辆段一座，位于黄埔涌的南侧，利用原赤沙车辆段及其西侧地块进行扩建，主变电站3座分别为赤沙滘主变、天河公园主变、彩虹桥主变。广州轨道交通11号线工程初期投资估算总额为420.58亿元，技术经济指标为9.74亿元/km[19]。

高峰小时单向最大断面客流量初期（2021年）为3.17万人次/小时，近期（2028年）为4.24万人次/小时，远期（2043年）为5.47万人次/小时。选用A型车辆，初、近、远期均采

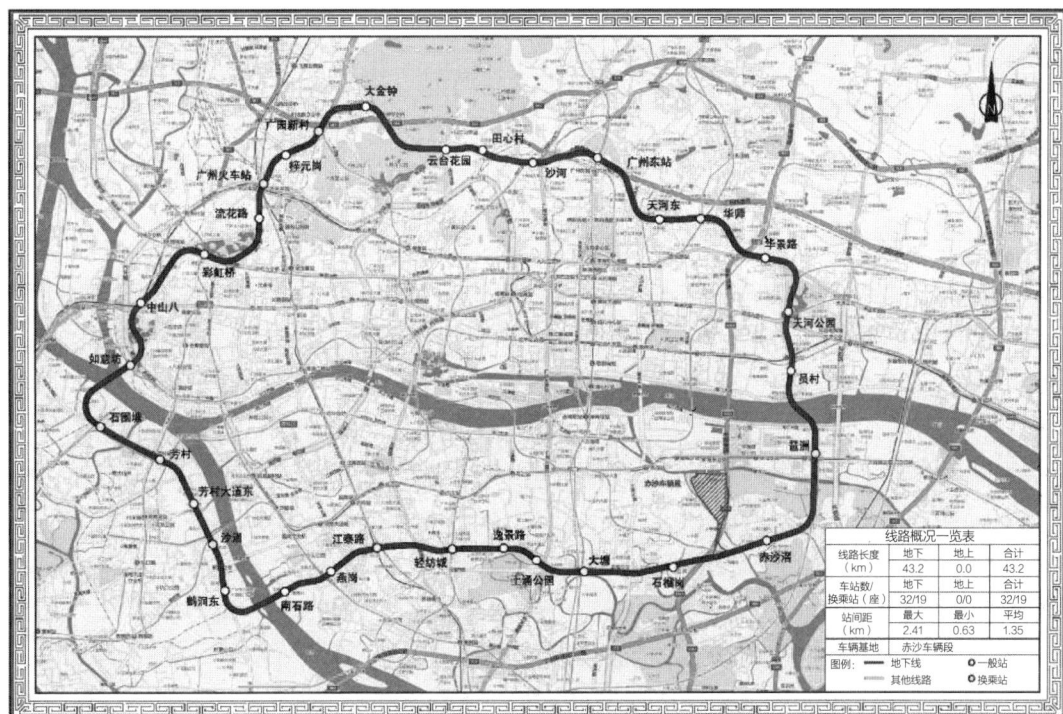

图2-3　广州地铁11号线工程线路平面示意图

用8辆编组。列车最高运行速度为80km/小时。推荐采用内外环（上下行）全交路不均衡发车间隔方案。早高峰小时11号线内、外环开行列车对数初期（2021年）、近期（2028年）、远期（2043年）分别为15+17对、17+22对、21+28对；晚高峰内、外环开行列车对数初期（2021年）、近期（2028年）、远期（2043年）分别为14+16对、20+20对、26+24对。初期最小行车间隔为211s；近期为163s；远期为128s。根据设计年限客流预测和运输能力安排，2021年配置车辆数为408辆/51列，2028年为464辆/58列，2041年为568辆/71列。

与此同时，为整合施工管理环节、提高建设效率，利于引入有实力企业加快推进项目建设，地铁11号线进行沿线地下综合管廊建设，综合管廊主线长约44.9km，设46座地面井，支线科韵路段长约3.1km，设4座地面井，投资估算61亿元。车辆段上盖和管廊项目单独立项、同步建设。

（一）总承包范围

此次施工总承包工程范围包括11号线及同步建设工程的建筑安装工程，同时包含纳入绿化迁移、现有赤沙车辆段拆除、管线迁改、场地准备、交通疏解等前期准备工程。总承包工程范围概算金额约240亿元，其中11号线工程概算约205亿元、同步建设工程概算35亿元。同步建设工程包括换乘站点、运营控制中心、赤沙车辆段上盖工程（含盖板、屋面、绿化、坡道）。

（二）招标条件要求

为顺利推进11号线项目建设，参照此前"十二五"期间广州市地铁新线建设招标条件要求，并提出此次总承包投标人需具备市政总承包一级或以上资质，允许联合体投标。该工程总包总体设计管理、系统设计、前期工作中的征地拆迁、管线迁移、控制网、工点设计、施工、设备及系统安装、装修、设备及材料采购均按照国家招投标法，采用国内公开招投标方式，选择设计、施工、监理单位和设备的生产单位。涉及专业技术保密范畴的项目，采用向有关部门申报批准后，指定单位的方式。个别项目如要求特技、资质较高单位完成，而该类单位数量无法达到公开招标方式要求时，则采用邀请招标方式。

（三）合同计价模式

合同计价按照《建设工程工程量清单计价规范》GB 50500—2013要求，结合本工程实际和不同专业的风险管控情况，采用单价包干和总价包干相结合方式。其中：

单价包干项目：管线迁改、绿化迁移、交通疏解、道路恢复、孤石处理、溶土洞处理、建筑物保护加固注浆等变化因素多、方案不易稳定、工程量难以准确预计项目。单价包干有利于合理分摊业主和承包方的风险。

总价包干项目：建筑安装工程、乙供设备及工器具等项目，按批复的初步设计概算下浮后采用总价包干。

调整项目：发生重大地质变化、政策和规划调整、实施范围变化、重大方案变化、工法变化等属初步设计范围外项目，经完善设计及概算调整手续后，按照合同约定调整费用。

（四）合同支付

11号线招标方案提出施工年度预付款按10%计算，工程进度款支付限额控制为90%，结算款经政府审定后支付。

（五）工期计划

11号线全线于2014年初开展前期工作，2016年底完成前期工作，2016年底开始土建工程，计划2020年12月建成运营，总工期6年。鉴于该工程拆迁量大，实施难度极大，为尽早完善线网结构，建议考虑分东、西环分期分段开通。

（六）车辆及机电设备国产化

11号线工程车辆及机电设备的平均综合国产化率为71.08%，其中：车辆为70%，供电系统设备国产化率81%，通信系统国产化率63%，信号系统国产化率55%。

（七）经济效益及社会效益

从财务评价方面分析，全部投资所得税后的财务内部收益率（$FIRR$）为0.62%，投资回收期为29.6年；从国民经济评价方面分析，全部投资的经济内部收益率（$EIRR$）为9.93%，大于社会折现率8%，经济净现值（$ENPV$）为61.37亿元。

（八）社会稳定风险分析

根据项目特点，社会稳定风险分析阶段需要识别的单项风险因素主要包括：规划选线、动拆迁、施工期和营运期环境影响等方面。该工程的建设符合广州市总体规划、土地利用发展规划、城市交通规划、防灾规划等要求，符合广州市政府批复的《广州市轨道交通线网规划》，国家发展改革委批复的《广州市轨道交通近期建设规划（2012–2018年）》；项目所征用的土地规模、所采取的拆迁安置方案合理；对该工程施工、运营过程中可能发生的主要风险事故提出相应的处置措施可行；全部投资的经济内部收益率（$EIRR$）为9.93%，大于社会折现率8%，经济净现值（$ENPV$）为61.37亿元。因此，项目从经济费用效益分析的角度来看是可行的；通过对该项目可能引发的不利于社会稳定的因素进行综合分析，风险值为0.30，风险程度低，意味着项目实施过程中出现群体性事件的可能性不大，但不排除会发生个体矛盾冲突的可能。整体风险等级为低风险。综合以上分析，该建设项目的社会稳定风险是可控的。

（九）节能评估

根据《节能报告》测算，11号线工程初期（2021年）的综合能耗量为26114.2t标准煤，近期（2028年）的综合能耗量为31058.69t标准煤。初期人公里单位能耗为0.08tce/（万人·km），车公里单位能耗6.39tce/（万车·km）。项目能耗处在低能耗水平。同时采取节能措施后节能3248.63万kWh，整个节能措施需增加投资5812.6万元，在不考虑节能设备折旧的情况下，大约2.42年可收回投资。

二、广州地铁11号线业主需求分析

（一）项目建设的必要性和迫切性

（1）落实珠三角地区改革发展规划纲要和城市总体规划，实现珠三角地区经济、交通一体化发展，支持"中调"发展战略的需要。11号线为环形城市骨干线，其走向串接了琶洲、广州东站、火车站、白鹅潭（芳村）四大枢纽，将国铁线路及珠江三角洲城际轨道交通线路与广州市轨道交通线网有效衔接，并与广州市轨道交通线网中的其他线路实现19次换乘，改善了原线网的换乘条件，提高了线网的整体性。

（2）强化广州区域金融中心、保持经济持续发展的需要。11号线经过南中轴地区、琶洲–员村地区、白鹅潭地区、海珠生态城等重要功能区地区，有利于推动城市功能布局的调整，带动沿线重要功能区的建设发展，扩大居民的出行范围，使城市人口分布、资源组合和城市结构更趋合理，是强化广州区域金融中心、保持经济持续发展的迫切需要。

（3）是解决中心区交通拥堵，均衡轨道交通线网客流的迫切需要。广州市已开通运营线网对于解决广州市中心区的交通拥堵、支持广州市社会经济发展起到了重要作用。目前，线网日均客流达550万人次以上，客流强度达到2.3万人/km。线网客流呈现线路高低分布不均现象，11号线的建设有利于截流外围至中心的换乘客流，实现客流在线路之间的均衡调整，减少核心区交通压力。

（4）是改善环境、实现环境保护目标、可持续发展的需要。与道路交通相比，轨道交通土地占用、废气和噪声的排放均远少于道路交通。广州市的城市生态建设目标及生态区控制政策表明，城市建设需要与城市生态体系相平衡，实现城乡的生态良性循环，形成城市与自然的共生关系。11号线的建设可以为市民提供舒适、快捷、绿色的交通工具，减少私人机动车的出行，从而减少有害气体的排放，有利于改善城市环境，促进城市的可持续发展。

（5）解决加快推动"三旧改造"，支持城市"中调"发展战略的迫切需要。11号线为广州市轨道交通线网中的环形骨架线，缓解了中心城区交通瓶颈的矛盾，提高了交通的可达性，有利于促进广州城区内部的城中村"三旧改造"，利于沿线站点周边的用地二次开发利用，多渠道筹集轨道交通建设资金，促进城市中心区土地资源的合理利用，是优化广州中心城区资源，实现城市"中调"战略的迫切需要。

（二）业主面临的问题

（1）拆迁难度大，业主须减少施工管理工作，集中力量推进拆迁工作。

广州地铁11号线穿越五大中心城区，设车站31座，征地拆迁难度巨大。为确保拆迁工作按时完成，业主需将11号线项目施工质量、进度、造价等任务委托给专业团队或机构进行精细管理，减少业主施工管理工作，从而集中精力与区政府、拆迁户沟通协调，全力推进拆迁工作。

（2）建设体量巨大、施工界面复杂，衔接困难，需进行集成化管理模式。

广州地铁11号线全长44.2km，设车站31座，其中换乘站19座，施工体量巨大，如采用传统的小标段平行发包模式，则项目界面管理复杂，衔接困难，不利于工程施工顺利推进。业主需创新发承包模式，如采用大标段施工总承包，将具体的施工管理和协调工作交由专业的总承包商进行集成化管理，化解衔接和协调障碍。

（3）工期紧，需采用能有效提供施工效率和缩短工期的建设组织模式。

广州地铁11号线建设体量巨大，而工期仅有五年半，工期紧张，传统的小标段平行发承包模式会使业主承担繁重的管理协调工作，难以满足11号线工期要求，业主急需采用业界证明能有效提高管理组织效率和缩短工期的工程组织管理模式。

（4）工程造价高，投资管控风险大，需有效转移业主风险。

广州地铁11号线投资估算超过400亿元，投资管控风险巨大，业主需采取有力的投资管控措施，并有效转移投资风险[20]。

综上所述，广州地铁11号线的建设对广州市的发展具有极为重要的意义，但其建设也面临着拆迁难度大、建设任务重、工期要求紧、投资控制风险高等问题，并且在多条线路同时建设的情况下，若采取小标段平行发包模式，必将给发包方带来巨大的管理压力，因此，业主具有创新建设组织管理模式的需求。

第三节　广州地铁11号线采用大标段施工总承包模式的适应性分析

基于对广州地铁11号线的业主需求分析，本书认为采取大标段施工总承包模式，有利于解决项目工期紧、业主管理协调难度大的难题。

一、广州地铁11号线选择大标段招标的背景分析

（一）广州地铁11号线选择大标段招标的理论基础

广州地铁11号线施工总承包项目采用大标段招标方式，在降低交易成本方面主要体现

在以下3点：①作为施工总承包方，对于建筑领域比发包方更加了解，从一定程度上来说，总承包方比发包方具有相对的信息比较优势，有助于降低整个项目交易过程中的交易成本；②以往发包方与承包方之间往往是一次性交易，但是总承包方与各个承包方的交易都是一个专业领域，各个承包方之间有相互依赖性。根据交易成本经济学理论，经常发生的交易较一次性交易，更容易确立补偿交易规制结构和运行成本，相对降低交易成本；③发包方无需对每一个专业分包方进行监督，利用施工总承包方对各承建工区的科层治理，大大降低了发包方的交易成本。

（二）广州地铁11号线选择大标段招标的实践分析

1．广州地铁11号线选择大标段招标优势分析

在降低交易成本的基础上，广州地铁11号线施工总承包项目采用大标段招标有如下优点：首先，能够克服设计、采购、施工和试运行（竣工验收）相互制约和脱节的矛盾，使设计、采购、施工等工作有机地组织在一起进行整体统筹安排、系统优化设计方案；其次，能有效地对工程质量、成本和进度进行综合控制，有效提高工程建设管理水平，缩短建设总工期、降低工程投资和保证工程质量；最后，根据古典经济学原理，从成本—收益角度来看，施工总承包的优点是节省成本和增加收益[21]。对于发包方而言，由于减少了管理界面由此降低了交易成本。同时，引入了专业的承包单位，对于降低生产成本大有裨益。从上述分析可知，广州地铁11号线采用大标段招标方式，施工总承包方的引入减少了因多次招标选择承包方而发生的信息搜寻成本、谈判成本、签订合同以及事后监督等的成本。由最能控制风险的总的合同代理人承担风险，通过内部协调降低了外部协调成本，促进了合作，实现资源有效配置，并能有效抑制机会成本倾向。

2．广州地铁施工总承包模式是平衡交易成本与管理成本的"两全"方案

广州地铁11号线项目一旦采用大标段招标的施工总承包模式，发包方和承包方在协同不同专业工作时难度增加造成管理费用的增加。因此，既要通过专业化分工提高建造效率，又要通过项目的大标段管理来降低机会主义行为产生的交易成本，同时还不能增加管理成本，寻找一个同时满足这三个成本要素要求的项目管理模式非常困难。为解决上述"困境"广州地铁11号线采用大标段招标的施工总承包方式，将设计工作从"集成"中剥离出来，利用施工总承包方的集团自身优势在降低交易成本的同时减少项目管理费用。

广州地铁11号线大标段招标的方式，将施工部分全部承包给一个总承包方，并与施工总承包方签订合同，大大减少了广州地铁集团作为发包方的管理工作量，并且利用施工总承包方丰富的管理经验，对下级分包方的界面管理以及施工过程的管理控制更加到位，提高广州地铁11号线的工程项目管理绩效。

二、广州地铁11号线采用大标段招标必要性分析

（一）大标段施工总承包能相对缩短建设工期

一般的地铁工程承包是由业主委托施工图设计，一个合同段的全部施工图设计完成后报相关主管部门审查通过后，进行施工招标，最后交由施工承包单位进行按图施工，其设计、施工周期相对较长。而广州地铁11号线采用大标段施工总承包，在满足初步设计方案功能的前提下可以分阶段出图、分阶段报批，施工图设计和施工图报批过程中承包商即可做好施工准备，施工总承包商可采用IPD模式（集成管理模式）与设计单位进行协同作业，共同进行设计优化以及可施工性优化，加强了设计方案和施工方案的协调，减少了施工队伍熟悉、领会设计意图和设计图纸的时间，相对缩短了工程建设周期。

（二）大标段施工总承包能缓解项目业主管理和协调难题

传统的地铁建设项目小标段平行招标，每条线划分多个标段，分别由不同的中标施工单位建设，业主的管理难度、管理范围较大，协调难、压力大，交易成本非常高。广州地铁11号线采用施工总承包方式，进行大标段发包，大幅降低交易成本和以往各标段间的界面管理约束。业主将整条线的工程施工工作委托给具有丰富地铁工程建设经验的中国中铁集团的优势在于：一方面，通过承包商内部统一协调管理的方式配置资源，相对于通过市场分别外包的方式，其交易费用更低、资源配置效率更高；另一方面，项目的集成化管理，最大限度地避免了因不同标段施工分离带来的前后脱节和扯皮等问题，能够有效减少管理界面，提高项目管理活动的效率。

（三）大标段施工总承包能减少合同变更数量

广州地铁11号线实行施工总承包，总承包商可以在规定的范围内优化设计方案、节省工程投资，同时承担大多数施工图设计变更引起的工程投资增减。业主无需支付这部分工程变更引起的增加费用，只需审核这些变更是否合理，技术是否可行，是否在合同允许范围内，是否降低了工程投资，是否大大减少了工程变更审批时间。

（四）大标段施工总承包符合国家建设领域改革和地铁项目建设模式的发展趋势

近年来，我国施工总承包市场发展很快，全国许多勘察设计和施工单位都在大力发展工程总承包业务。国务院、住房城乡建设部以及广东省和广州市的建设行政管理部门积极推进实施工程总承包模式，特别是政府大型以上项目应优先采用工程总承包组织管理模式。目前国内主要城市，如深圳、武汉、贵阳、郑州等，在地铁建设项目中主要采用工程总承包模式，取得了较好效果。此外，经过多年发展，我国多家具有城市轨道交通工程勘察、工程设计、工程咨询、工程建设、监理等资质的资金雄厚的大型施工企业积累了丰富

的轨道交通项目工程总承包经验，形成了核心竞争力，这为广州地铁11号线施工总承包模式的推广提供了前提和基础。

（五）大标段施工总承包能有效分担合同双方风险

广州地铁11号线项目的范围、特征、技术复杂程度等使项目实施过程中面临较多风险，业主方应通过大标段施工总承包的模式成功转移风险，这是当前大型项目建设交易过程中业主方的共同目标之一。

三、广州地铁11号线采用大标段招标存在的问题

除了上述优点，大标段施工总承包管理模式也存在相应的缺点，如总承包单位承担的风险较大，当风险超过了承包人的承受能力，也会给业主单位带来巨大风险；当出现责权与利益冲突时，责任不易明确；总承包管理部必须具有对所辖分部进行人、财、物管理与调控的权力与能力，否则，会出现分部各行其是、总承包管理部无力管控、业主的目标任务无法按期实现的局面。

（一）对潜在总承包商的能力要求高

大标段模式将多个专业划分到一个标段，大大地提高了每个标段的技术难度，这样一来就只有少数的大型施工单位能够完成工程，提高了招标的门槛，选到的承包商一般都非常有实力。这些大型的承包商，有着丰富的管理经验，技术上也有着人才支持工艺先进，但这些大型施工企业的实际生产能力往往在其下属独立核算的二级公司甚至是三级公司。业主在招标时对投标企业的资质、财务、业绩、人员等方面也提出了更高的要求，以适应大标段项目的建设需求。

（二）不利于业主进行精确投资控制，合同执行的顺畅与否，将在一定程度上决定最终的造价水平

广州地铁11号线大标段管理模式下，标段划分数量减少，这就导致各标段合同总价相比传统标段划分标准下的合同总价要高很多，对业主投资控制能力提出了更高的要求。

（三）合同双方的沉没成本会更高

广州地铁11号线采用大标段管理模式，承发包双方呈现资源集聚的"双巨头"态势，有别于市场结构理论的"双寡头"。原因在于，一方面在本项目中业主撤回投资或重新选择承包人成本巨大和承包人退出的壁垒更高，另一方面势均力敌的双巨头拥有摧毁对方的资源与能力，从而陷入彼此间"套牢现象"。也就是说，在大标段管理模式下合同双方的沉没成本会更高，合同双方都更不愿承担由于对方违约而造成的损失。

（四）业主对分包商的控制减弱

广州地铁11号线项目采用大标段招标的施工总承包模式，目的就是为了在保证项目质量的前提下保证工程建设进度。采用大标段招标的方式使得业主的工作界面大大简化，总承包商拥有更大的项目控制权，其控制力也大大增强，这就使总承包商有可能产生投机行为导致业主利益受损。因此，业主就需要加强对总承包商的控制，将业主的控制权下沉，直接对分包商进行控制。

第四节　广州地铁11号线大标段施工总承包治理结构

在大标段施工总承包模式中，发包方—施工总承包方—分包方之间均通过合同治理的方式进行项目管理。由于这种代理关系的存在，往往催生承发包市场上出现类似于充分竞争市场中"寡头"现象的"双巨头"现象，使得发包方撤回投资与施工总承包方退出的壁垒更高。势均力敌的双巨头拥有摧毁对方的资源和能力，进一步加剧"套牢现象"的发生。理想情况下，建设项目合同当事人通常倾向于签订"完备合同"，在合同中明确规定各方的权责利，以减少双方纠纷，降低后期再谈判的交易成本。但由于合同天然的不完备性，在这种情况下，向合同注入柔性，减少前期缔约成本，降低后期谈判成本，成了合同的一种必然选择。

项目管理中控制要点的不同、管理与被管理方的参与主体不同会导致其主要运用的技术手段不同。通过对不同主体间关系进行层级划分，有助于项目合同柔性的合理注入，确保项目各阶段合同履约状态改变下的再谈判事件高效进行，最终实现合同状态的有效补偿。本书对广州地铁11号线施工总承包工程参与主体以及合同关系进行梳理，提出将各主体间关系划分为行政监管层、项目治理层以及项目管理层三个项目层级。此外，由于本书主要涉及广州地铁与施工总承包之间的管理关系，因此将重点放在项目治理层与项目管理层，而对于行政监管层不进行过多赘述。

一、广州地铁11号线施工总承包参与主体

（一）广州市政府

广州市政府：公众利益的代表者，对广州地铁11号线施工总承包项目资金来源负责，是本项目的筹资主体。在广州地铁11号线施工总承包项目运作过程中，通过政府各职能部门，比如财政、审计、规划、建设行政主管部门等对广州地铁集团的建设行为进行监督，特别是工程质量、安全、投资、工期、建设程序的遵守，有关法律法规的执行等方面进行监督。

（二）发包方单位：广州地铁集团有限公司

广州地铁集团：11号线发包方，施工总承包项目发包方，负责地铁11号线的投资、建设管理、运营，是公众利益的实际代表者。在项目建设期间，广州地铁集团主要责任是对施工总承包方进行监管，包括项目资金到位情况、资金支付情况、合同履行情况，有关建设程序的遵守情况等。

（三）施工总承包方：中国中铁股份有限公司及广州建筑股份有限公司

中国中铁股份有限公司（简称"中国中铁"）：为11号线施工总承包联合体的主要负责单位，履行施工总承包管理职责，对安全质量等进行全面管理。

广州建筑股份有限公司（简称"广州建筑公司"）：中标联合体成员。在确定项目中标后，与中国中铁共同负责广州市轨道交通11号线及同步实施工程总承包。

（四）设计单位：广州地铁设计研究院

11号线设计单位：由发包方通过招标选取，负责广州地铁11号线全线总体设计工作。

（五）咨询单位

咨询单位：受发包方委托，依据合同为发包方提供工程金融、法律、技术等相关咨询服务。

（六）监理单位

施工监理单位：作为施工总承包项目独立第三方，受发包方委托，依据工程监理合同，对建设项目进行监督管理。监理单位由发包方单位（广州地铁集团）组织招标并进行管理，监理派驻工点，并委托铁科院（北京）工程咨询有限公司（简称"铁科院"）作为总监单位对各工点监理进行总体管理。

二、广州地铁11号线施工总承包合同关系

广州地铁11号线施工总承包工程参与主体众多，但核心主体是广州地铁集团以及由中国中铁公司、广州建筑股份有限公司成立的联合体。围绕着这三个参与主体单位，形成了广州地铁11号线施工总承包项目的合同网络关系，如图2-4所示，尽管施工总承包项目各参与主体之间的合同关系较为复杂，但在其合同关系中，最为核心的关系是施工总承包项目发包方、项目承办方之间的合同关系。因此广州地铁11号线施工总承包项目中核心合同是《广州市轨道交通十一号线及同步实施工程总承包合同》。

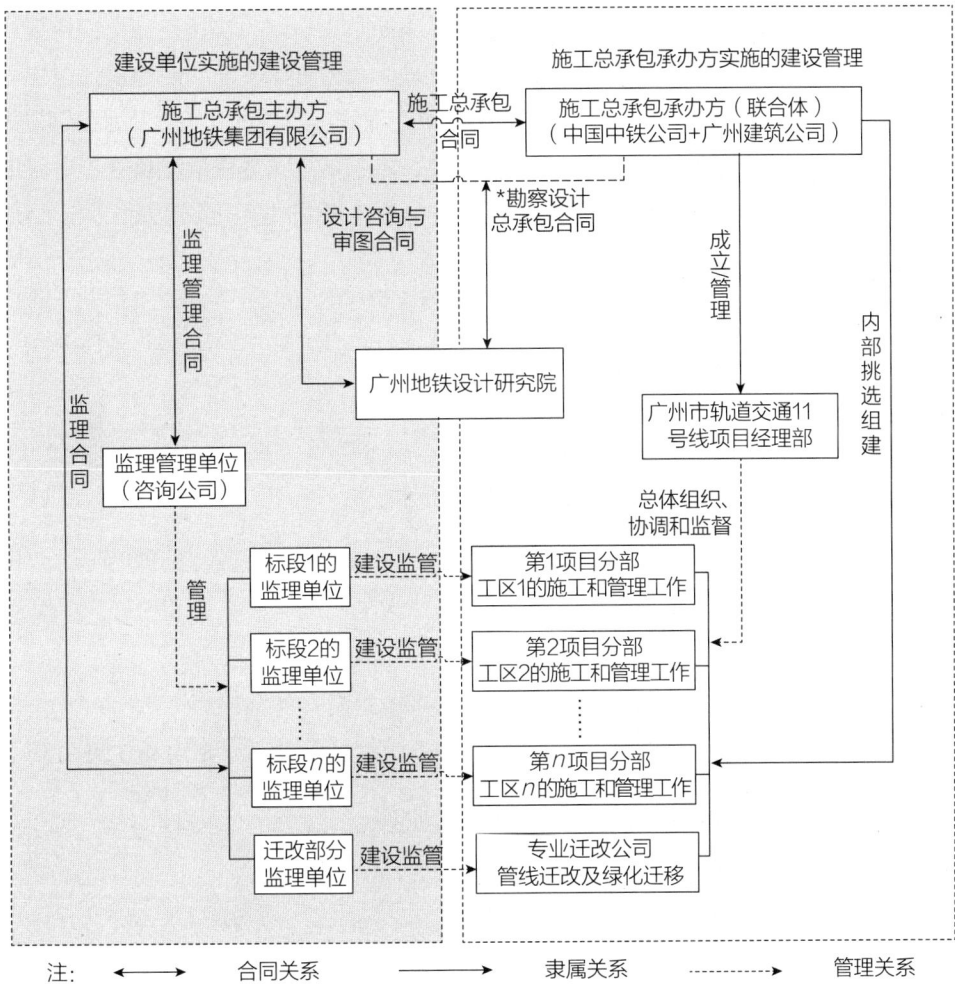

图2-4 广州地铁11号线施工总承包模式下的各参建方及其关系

注: ◄─────► 合同关系   ─────► 隶属关系   ------► 管理关系

* 勘察设计总承包合同包括总体设计、初步设计和施工图设计三个阶段，作为广州市地铁有限总公司全资子公司，广州地铁设计研究院负责该项目勘探，初步设计、施工图设计以及施工过程的设计管理

三、广州地铁11号线施工总承包管理框架

为了更好地解决城市轨道交通建设面临的投资额度大、建设周期短的困境，政府有必要引入多元化投资，建立政府部门与承办方合作伙伴关系。工程总承包模式作为一种工程建设模式。对政府部门而言，建设市场中的项目管理模式是否集成化管理取决于集成化后项目建设总成本，而采用工程总承包模式能有效帮助发包方提高项目管理绩效，有助于发包方对项目质量的控制工作；对承办方而言，施工总承包模式有利于施工总承包方发挥自身丰富的施工经验，对下级分包方以及施工过程的管理更加高效，显著提高工作效率，从而达到双赢的局面。

作为广州市政府全资大型国有企业，广州地铁集团负责广州市快速轨道交通系统的工程建设、运营管理和附属资源开发经营，其建设管理理念及管理水平在国内地铁公司中均处于领先地位。采用施工总承包模式，是广州地铁集团在地铁项目中的又一次大胆创新性尝试。如何对施工总承包进行投资控制，就显得尤为重要。本书从广州地铁集团角度，对城市轨道交通项目采用施工总承包模式的投资控制问题展开分析。研究对象的界定如图2-5所示。

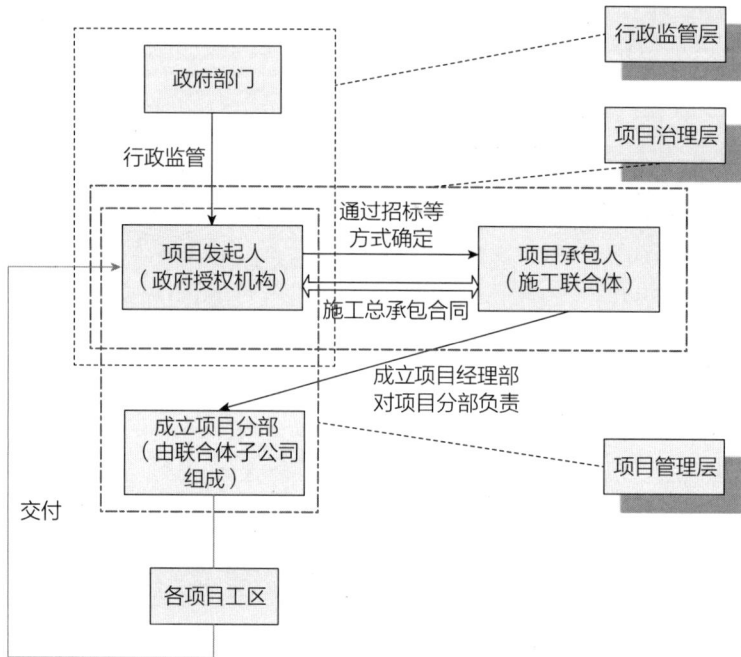

图2-5　施工总承包项目投资控制研究框架分层次界定

（一）项目监管层的投资控制研究

城市轨道交通项目从本质上讲是由政府提供的，满足社会公共交通出行需求的公共项目。而公共项目存在着两层的委托代理关系：一是公众将全民所有的资产交由政府进行公共管理；二是政府将大量公共建设项目委托给政府授权机构完成。政府行政主管部门作为中间委托人需要对城市轨道交通项目进行投资控制。鉴于此，本研究把政府行政主管部门对施工总承包项目发包方（广州地铁集团有限公司）的管理作为项目监管层。

这一层次上的投资控制不是具体的建设管理行为，而是通过项目制度框架决策、项目审批与监督机制以及政府责任追究机制等方面来实现的。

（二）项目治理层的投资控制研究

项目发包方与项目投资人签订施工总承包合同，使得施工总承包方在项目建设期间拥有项目的建设管理权，通过建设项目经理部对其分包的项目分部进行协调管理。而采用施工总承包模式，虽然发包方降低了项目的交易成本，但是伴随而来的"套牢现象"比传统的总承包商模式更为明显，原因在于大型工程项目形成的共同代理关系，催生承发包市场中的"双巨头"现象，类似于充分竞争市场中的"寡头"现象，使得发包方撤回投资与总承包商退出的壁垒更高。势均力敌的双巨头拥有摧毁对方的资源和能力，进一步

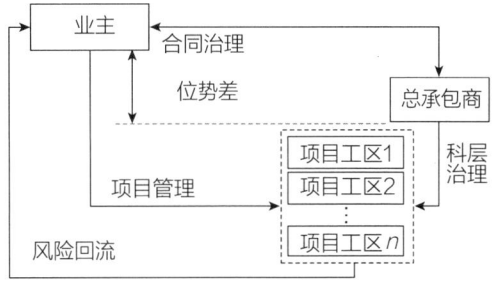

图2-6　广州地铁11号线混合治理结构

加剧"套牢现象"即风险回流到发包方的现象，如图2-6所示。

鉴于此，本书把施工总承包项目发包方与项目承办方之间的权利、责任配置作为项目治理层。项目治理层的研究目标是：①保留总承包模式在工期上的控制，充分下沉发包方的控制权；②合理风险分担，有效激励施工总承包方和区段承建单位等分包方积极履约，防止风险回流。

（三）项目管理层的投资控制研究

任何一个完整的项目契约组织都包括治理和管理两个方面，前者给出项目运行的一套制度框架，而后者则涉及项目具体的运行过程。由于施工总承包项目公司是负责项目的具体建设管理工作，本书把施工总承包项目发包方对项目分部的管理作为项目管理层。为防止上述风险回流问题，发包方需要混合治理结构中"位势差"的缩减有助于弥补传统工程总承包商项目发包方控制权难以下沉到承建工区的缺陷，由此将风险内化于总承包商的科层组织内部。广州地铁集团是大标段招标，总承包商将此大标段在其企业内部进行分配，广州地铁集团如何将控制权直接插入工区这一层面是要解决的难题之一。此外，国内合同对于承包商的控制条款设计较为严格，但是对承包商进行有效激励的考虑较少，而项目中无法运用产权激励，合理风险分担是最有效的激励手段。

（四）合同框架分析

城市轨道交通项目采用大标段施工总承包模式，广州地铁集团（项目发包方）面临"双巨头博弈"现象。而发包方与施工总承包方通过一定的合同条款约定施工总承包方所应承担的项目风险以及与此相匹配的项目所有权，并且制定项目履约过程中施工总承包方应当遵循的制度。在遵守该种制度约束的前提下，施工总承包方可以自由确定自身应对风险的措施。如施工总承包方若获得项目较大的控制权，则可以通过对项目各阶段或各部分施工难易程度的判断，通过行政命令的方式，根据自身下属工区单位能力的大小进行相应的分工匹配，将优先的资源投入到最有把握的地方，来提高投入产出。最终发包方获得质量和进度保障，施工总承包方也能提高自身的利润。由此，在合同治理基础上选用合理的风险分担框架，对解决施工总承包方风险逆回流问题至关重要。

大型工程项目的混合治理是一个复杂系统，从发包方与承包商的视角，合同治理与科层治理构成其两个重要的维度。由于信息不对称性、有限理性与资产专有性，存在交易成本，导致项目出现共同代理问题，出现机会主义与道德风险等。解决此类项目治理问题，其对策是以发包方-施工总承包方之间的合同治理，施工总承包方内部的科层治理联合构建大型工程项目混合治理机制。本书主要阐述在合同治理下的发包方-施工总承包方之间的风险合理分担，不对科层治理（项目监督层、管理层）及混合治理理论进行过多阐述。

| 第三章 |

基于初始信任
的广州地铁
11号线项目
招标管理研究

第一节　初始信任的理论基础

一、初始信任的基本概念

（一）工程项目中信任的概念

信任的内涵是指一方相信另一方并依赖于对方，同时愿意接受在此过程中可能会产生的伤害[22]。然而，信任是作为一个复杂概念，依据信任双方所处的具体环境而发生变化[23]。相比永久性的组织而言，项目具有临时性、人员流动性、一次性等特点，这些特点会对信任的构建产生影响[24]。因此，在项目治理的框架下，学者结合项目的具体特点对信任的概念加以修正。

Lau与Rowlinson指出项目中充满了各种风险与不确定性，信任的存在即表示对风险的接受[25]，使得信任与风险的关系更加密切。风险与不确定性的存在又会催生项目发承包双方机会主义行为。因此，项目治理框架中的信任是指施信方相信受信方不会辜负自己，即使存在采取机会主义行为的可能，受信方也不会令施信方失望[26]。

（二）工程项目中信任的本质

对于工程项目范畴内的信任本质，理论界还未有公认解释。但可以看出，项目本质的差异化界定决定了信任在项目情景下的本质特征。传统观点将项目视为在一定约束下进行的一次性任务，侧重投入与产出关系，信任在其中表现为除物质资本和人力资本外，影响项目成功与否的另一项要素[27]。随着理论界对项目本质的深入理解，研究范式从技术型逐步过渡到了契约及关系范式。在项目临时性契约组织及社会网络组织认知下，发包人与承包人信任本质体现了"嵌入性"观点，即信任以关系治理因子或非正式制度环境的形式显现于项目情景内，并与契约治理要素相互作用，实现治理机制的均衡。不同项目特征认知下发包人与承包人信任本质解析见表3-1。

项目特征下的发包人与承包人信任本质解析　　　　　　　　　表3-1

工程项目本质	特征描述	信任本质	潜在研究说明
一定约束下（质量、成本、工期等）的一次性任务	强调一次性的投入与产出关系，注重生产功能	信任是一种资本要素，与物质资本、人力资本等同时作用于投入产出关系	信任仍是"黑箱"，研究较少关注，更多的是注重技术范式对项目成功的贡献

工程项目本质	特征描述	信任本质	潜在研究说明
一个临时性组织，且该组织的纽带是通过一系列合约缔结而成的	具有生产功能的临时性契约组织	信任是关系治理维度下的重要项治理因子	信任属治理范畴，其与契约治理要素的耦合是潜在研究点
受正式制度与非正式制度影响的社会网络组织	临时性社会网络组织	信任表现为一种非正式制度环境或影响性参数	信任作为制度环境，影响治理机制的选择与治理成本

尽管针对工程项目发包人与承包人信任本质的零星研究散落在资本要素、项目治理因子与制度环境/影响参数等不同视角，且不够深入与详实，但总体研究仍体现出内在一致性，即经济学研究范式的突显。

（三）工程项目中初始信任的概念

相关文献指出，信任对控制的影响可分为两个阶段：①缔约过程中，公共部门对私人部门的初始信任影响初始合同中控制条款的设置；②履约过程中，公共部门对私人部门的实时信任影响其所实施控制的强度[28]。

初始信任中的"初始（Initial）"指双方首次见面或交互[29]。工程项目固有的行业割裂性，项目业主与承包商之间重复交易率较低，难以通过重复交易建立稳定信任关系。而这样初次合作的工程项目常耗资数十亿元，需要双方共同工作数年。业主需要短时间内，根据已有经验以及对潜在投标人的角色期待和少量信息形成初始信任或快速信任[30]。因而，寻找业主与承包商间初始信任的前因，以及前因对初始信任形成的作用，将有助于业主和承包商在招投标阶段形成较高水平初始信任，且初始信任会影响后续信任水平，而高水平的信任或以信任为基础的关系治理对项目绩效提升作用显著[31~33]。

二、初始信任的水平划分

已有学者研究发现，信任有高低之分。例如Mun等构建了信任水平的估算模型，用以度量合作伙伴关系中的信任水平及满意度。还有一些学者将信任水平划分等级，将信任划分为5个等级，即信任度一级（非常可信）、信任度二级（一般可信）、信任度三级（不确定）、信任度四级（一般不可信）、信任度5级（非常不可信）。这些研究的目的是分析信任与绩效、合作等因素之间的关系，是在研究者主观判断的基础上做出信任评级。具体内容如表3-2所示。

序号	作者/年份	信任水平	具体内容
1	孟宪海[34] 2007	低度信任	依靠合同约束双方之间的行为。一般初始信任为低度信任
		中度信任	双方有了较多的了解，检查监督措施有所减少
		高度信任	目标高度一致，摆脱了繁杂的检查和监督
2	刘家锋[35] 2011	初步交易型	一次博弈向有限次博弈发展
		深度交易型	有限次博弈向无限重复博弈转变
		义利共生型	目标高度一致性
3	Barney[36] 2012	弱信任	存在机会主义行为产生的风险
		半强信任	机会主义行为的成本大于其收益
		强信任	无机会主义行为
4	Marek[37] Korczyns 2000	低度信任	追求短期利益为主
		中度信任	为中间状态
		高度信任	以追求长期利益为主
5	王冬梅[38] 2008	轻度信任	基于计算的信任、基于能力的信任
		中度信任	基于了解的信任、基于正直的信任
		高度信任	基于认同的信任、基于直觉的信任、基于情感的信任
6	祝丽娟[39] 2015	低信任	初始信任、计算型信任、制度型信任、基于能力的信任
		中信任	尝试性信任、了解型信任、基于诚信的信任
		高信任	持续信任、关系型信任、认同型信任、基于直觉的信任

从上表可以看出，信任水平的划分标准不同。但总的来说，高度信任一般发承包双方有合作经验，且发包人对承包人有一定程度的了解，发包人不管主观和客观都相信承包人。低度信任主要是基于发包人对承包人能力的信任。而中度信任是处于低度信任和高度信任的中间状态。

三、初始信任的维度划分

无论在社会心理学研究领域还是经济学研究领域，信任始终被认为是一个多维度的概念。Lau与Rowlinson将信任分为人员之间的信任、小组间的信任以及公司间的信任[40]。现阶段，有关组织间信任的研究已经形成了一系列研究成果，如表3-3所示。

序号	代表性文献	信任的维度	信任的来源
1	Lewicki and Bunker（1996）	计算型信任	来自对破坏或切断信任多付出代价以及建立或维系信任所带来利益的经济谋算，更多表现双方的经济性关系
		了解型信任	来自在关系发展中彼此观察、关注对方对不同情况的反应进而培养出对对方的了解，可充分预测并确信对方的行为
		认同型信任	基于双方的亲密关系以及对他人理念及做事原则的认同，更多地体现双方的社会性关系
2	Lyons and Mehta（1997）	自利的信任	基于短期利益地相信对方，从自身的角度描述彼此间的关系
		社会的信任	基于自己在这个社会网络中的责任，关系声誉等
3	Hartman（2000）	基于能力的信任	来自对对方按要求或期望完成某一任务的能力
		基于诚信的信任	来自对对方诚实性格或行为方式的判断
		基于直觉的信任	由于双方拥有共同的信仰、友谊、情感而产生的相信对方的直觉
4	Pettit（2004）	基于可信度的信任	主要的信任方式，可信度可通过社会关系、声誉等获得
		基于信任的信任	由于一方先信任另一方而建立起来的
5	Wei Kei Wong et al.（2008）	基于制度的信任	关注正式的或程序上的安排而不考虑任何个人问题
		基于认知的信任	来自对彼此组织或其中个人知识或信息的了解而建立起的信心
		基于情感的信任	通过对对方的感情投资或体贴关照而建立起双方的深厚情谊
6	Yang（2012）	基于能力的信任	即相信对方能够完成既定的任务，它反映了一方实现绩效目标的能力
		基于关系的信任	即相信对方关照己方的利益
		基于直觉的信任	是感性地或自发地认为对方可靠、值得信赖，是基于对方直观印象的信任

在此基础上诸多学者开发了信任测度的量表。其中以香港城市大学Cheung博士为代表的研究团队发表了2篇文章。该团队自2000年初就致力于项目组织中信任的研究，并在综合了社会心理学研究成果的基础上，开发出了基于系统的信任（System-based Trust）、基于认知的信任（Cognition-based Trust）及基于情感的信任（Affect-based Trust）的信任测度量表，且通过问卷调查，利用结构方程模型进行了信度与效度的检测，证明了量表的有效性。其中，*Developing a trust inventory for construction contracting*一文自2011年发表至今，已有6篇文章将其作为参考文献加以引用。

此外，深圳大学的丁志坤（Zhikun Ding）博士，在其博士期间对McAllister's开发的信任量表在中国情境下运用的信度与效度进行了检测，证明了该量表测度项目组织中人际间信任的可靠性。

第二节　广州地铁11号线项目招标方案设计

一、初始信任在投资总控模型中的定位

广州地铁11号线采用大标段招标的方式选择施工总承包方，通过总承包方的集团优势进行项目集成建设，利用行政手段管理复杂的界面以降低实施过程中的交易成本。因此，广州地铁11号线采用大标段招标的方式决定了发包方在招标阶段必须选择一个值得信任的施工总承包方，即发包方需要对施工总承包方的初始信任水平很高，以保证本项目的安全、质量、工期和投资目标的顺利完成。

（一）招标阶段发包方与承包方初始信任的形成

契约经济学认为机会主义产生的原因在于信息不对称，而项目治理领域认为信任是对信息不对称的重要治理机制。基于项目的全生命周期对工程项目发包方和承包方之间的信任进行分析，可以发现该种信任应为组织间的信任，其在建设的不同阶段具有差异性。在广州地铁11号线项目实施过程中，发包方和承包方间涉及两种特质的信任，一种是在资格预审阶段形成的静态的初始信任，另一种是在交易过程中由初始信任演化的动态信任，并提出初始信任对信任的持续发展有着非常重要的影响。由此看出，信任是一个动态演化的过程。

广州地铁11号线项目的全生命周期包括招投标、合同签订、项目建设等阶段，而初始信任产生于交易准备阶段，即项目招投标阶段和承包方进场时期。对于广州地铁11号线的发包方来说，获取承包方信息的渠道是非常重要的，即获取判断是否能够相信承包方的信息是极其关键的。因此，本项目在资格预审阶段，通过资格预审指标的设置，并对承包方进行详细评审，不仅是发包方获取承包方信息的重要途径，同时也是提高发包方对承包方初始信任水平的重要途径。

（二）初始信任对合同柔性具有积极的促进作用

柔性在工程合同中被解释时，通常和关系的方法、基于合作者之间良好的关系或者谈判能力和技能这些词语联系在一起，并且初始信任对合同柔性具有积极的促进作用。Haarala等研究发现基于初始信任的伙伴关系能够促进合同柔性条款的设置，并认为基于对政策或者关系能力的较好了解，可以把柔性纳入合同缔约过程中来应对未来的不确定性[41]。在建筑行业中信任关注的是组织的成员，并指出互信有利于项目的顺利实施，协助应对不确定性的柔性条款设置，并有利于提高效率和维持发包方和承包方之间稳定的长期关系。这表明，发包方和承包方双方之间的初始信任程度可以影响合同类型的选择，且初始信任程度越高，发包方越倾向于签订柔性大的激励合同。

在上述分析的基础上，天津理工大学IPPCE（公共项目与工程造价研究所）研究团队

对信任和合同柔性的关系进行了深入研究。尹贻林教授提出，基于机会主义、道德风险预期下，合同柔性条款的设置不仅需要发包方和承包方双方对项目不确定性的认可，还需要发包方和承包方双方之间的互信水平[42]；娄黎星通过实证研究发现，发包方和承包方之间的初始信任可以促使合同柔性条款的签订概率增大[43]；柯洪教授等人把初始信任分为能力信任和善意信任，并通过结构方程实证研究得出能力信任和善意信任都能够对合同柔性具有促进作用[44]。一方面，善意信任可以增强发包方和承包方双方之间的信息沟通，从而降低可感知的机会主义风险，提高合同柔性条款的设置；另一方面，能力信任可以促使发包方鼓励承包方发挥自身的能力优势为项目提升价值，从而促进发包方为承包方留出更多的柔性空间。

由此可知，广州地铁11号线采用大标段招标的方式，决定了发包方需要选择一个初始信任程度较高的总承包方，而初始信任程度越高，需要订立合同的柔性程度越大。

二、招标阶段初始信任划分及模型构建

本部分分析广州地铁11号线项目中初始信任对合作的影响，并通过区分不同类型的初始信任来研究其对承包商选择的影响。

工程项目是发包人与承包人通过契约缔结的一种交易方式，在一定时期内形成双方锁定的委托代理关系。Das和Teng将交易联盟中的风险分为过程风险和结果风险，指出信任与控制是降低感知到的风险的不同手段，且不同种类的信任与控制对不同风险的作用也不相同[45, 46]。工程项目也面临着上述两类风险，且面对过程风险的信任是基于推断对方的诚信水平形成的，面对结果风险的信任是基于对方的能力形成的。在此过程中，合同与法律法规提供了相应的制度保障。Williamson提出的基于制度的信任在工程交易过程中同样占据重要地位。因此，基于上述分析本书将信任划分为基于诚信的信任、基于能力的信任和基于直觉的信任三个方面，并认为其信任水平是逐渐加强的。进而对初始信任这一概念进行解释与度量。

（一）基于能力的信任

基于能力的信任是指受信方对于施信方具有被信任所需要的特定能力的积极期望。在工程项目管理领域，基于能力的信任主要是指业主对投标人具有满足业主所需要的服务或者资源（如有经验的项目经理以及施工技术人员、可靠的施工技术、能满足该项目要求的施工设备等）以及能达到项目预期的目标成果的积极期望。

事实上基于能力的信任是指只有在被信任方具备了信任所需要的某种能力之后，被信任方才能获得信任方的信任。同样对于组织而言，被信任方要想获得信任方的信任，其技术能力、营销能力、管理能力等各个方面都要符合信任方的要求，保证信任方所需求的资源以及能力后，才能保证工程项目按时按质完成。

由此本书中所界定的基于能力的信任就是指作为信任一方的组织对于被信任一方的组

织具备满足施信方的能力要求，完成工程建设项目所必需的资源和能力的确定性的感知与认识。

（二）基于诚信的信任

基于诚信的信任是指施信方对于受信方能够及时有效的交流信息、信守承诺、遵守合同规则的积极期望。在工程项目管理中，基于诚信的信任主要是指业主对于承包商或者承包商对于业主能够诚实发布信息、信守承诺、遵守合同规则等特征的认知与预期。如承包商利用业主提供的地勘资料或工程量清单的漏洞或错误而进行不平衡报价；或者业主方在工程合同中采用无限风险或类似无限风险的语句。

诚实守信是社会道德和经济伦理中的基本原则，诚实守信要求要做到坦诚相待恪守诚信，这也是沿袭了市场经济中的基本法则。作为工程项目信任主体的发承包商而言,信用不仅是经济伦理的基本要求，而且是企业组织能够立足市场的根本。诚实可以说是企业的生命,不讲信用就会失去市场、失去效益，诚实是企业的立足之本。由于诚实是道德规范中很重要的一环，以至于很多情况下被单独作为一项伦理内容加以研究。在本书中就将诚实作为一项同能力相并列的维度加以考察。

对于工程项目建设中的企业而言，其所负担的诚信责任主要包括：准确、及时地与合作企业交流相关信息，信守对合作者作出的各种承诺，认真履行同合作者达成的各种合同等。在工程项目建设过程中，业主通常不能任何时候或者对任何项目都监控承包商的活动，而进行有效控制或者监督的成本太高。因此对发承包商之间的合作，其诚信水平对于各方来说都是非常重要的，而诚信也是对企业组织评价或者选择合作企业组织的重要方面。

本书所界定的基于诚信的信任是指业主作为合作的一方要求承包商（合作的另一方）能够及时准确地与之进行相关信息的交流，并信守对业主做出的各种承诺，并认真履行合作者双方所达成的一致性约定的确定性感知与认识。

（三）基于直觉的信任

基于直觉的信任是指由于双方拥有共同的信仰、友谊、情感而产生的相信对方的直觉，从而产生的信任。面对复杂的情况，直觉，尤其是专家的直觉是值得信任的。特别是在工程项目中，合作双方在很多时候都是初次合作，很难做出对于对方能力、诚信的有效判断。在这种时候，基于直觉的主观判断就显得尤为重要。

本书所界定的基于直觉的信任是指业主作为合作的一方要求承包商（合作的另一方）能够满足一些主观的评价指标，比如说承包人的信誉、以往经验等主观标准。

基于上述分析，广州地铁11号线项目招标阶段的概念模型如图3-1所示。

基十以上分析，本部分将资格预审条件作为注入初始信任的前因，针对不同方面的信任维度合理设置资格预审条件，并最终选择一个初始信任水平高的承包商。

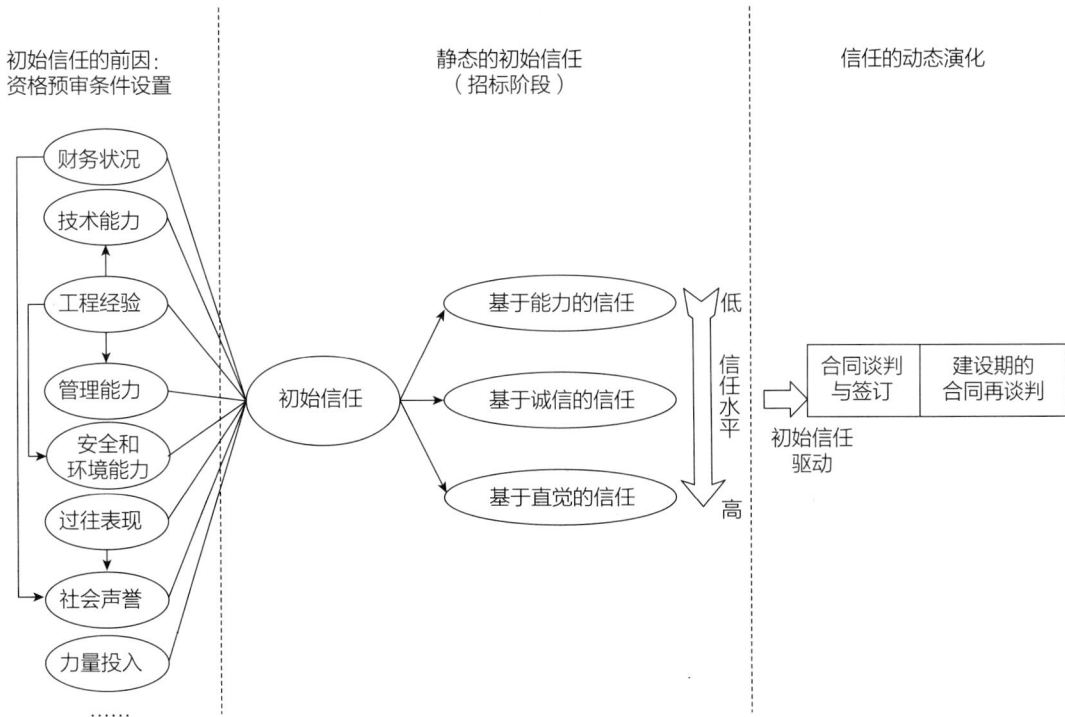

初始信任的前因：　　　　　　静态的初始信任　　　　　　　信任的动态演化
资格预审条件设置　　　　　　　（招标阶段）

图3-1　基于初始信任的招标管理概念模型

第三节　广州地铁11号线招标方案内容分析

一、基于初始信任因素的资格预审指标分析

　　一般建设项目周期包括招投标、合同签订、项目建设等阶段，而初始信任产生于交易准备阶段，即项目招投标阶段和承包人进场时期。对于建设项目的发包人来说，获取承包人信息的渠道是非常重要的，即判断是否能够相信承包人的信息获取渠道是极其重要的。在资格预审阶段，通过资格预审指标的设置，并对承包人进行评审，是发包人获取承包人信息的重要途径。大标段招标模式下的柔性合同设置显示出发包人的信任互惠倾向，客观上，重大工程建设过程中蕴含巨大的不确定性也需要以信任为前提。因此，重大工程发承包双方建立信任互惠机制是采用大标段建设模式的主客观双重需要。即发包人与承包商初始信任的建立，而初始信任建立的第一步就是资格预审指标的设置。

（一）资格预审指标体系研究

　　资格预审是发包人对承包商完成建设项目能力的评价过程，业主通过资格预审的信任评价来建立信任的过程。总结现有法律法规及相关规范，可以得出设置资格预审的基本指标，再根据各研究者对资格预审指标的分析。由于各文献对资格预审评审指标划分的原则或者标准不一致，本文通过对资格评审指标进行分析和归纳，结合大标段项目的特点，形成本书的资格预审指标体系。

1. 国内外政策文件关于资格预审指标设置的要求

现行的法律法规及相关规范、试行办法对资格预审指标的设置是在传统招标模式下业主对于承包商的一般需求。通过整理国外《土建工程采购资格预审文件》《亚洲开发银行贷款采购指南》《国际复兴开发银行贷款和国际开发协会信贷采购指南》《FIDIC招标程序》这四个文件和国内政策文件、试行办法，包括《经营性公路建设项目投资人招标资格预审文件（2011年）》《标准施工招标资格预审文件》《房屋建筑和市政工程标准施工招标资格预审文件》《公路工程标准勘察设计招标资格预审文件》（2011年版）、《中华人民共和国招标投标法》和《中华人民共和国招标投标法实施条例》，勾选出政策文件中对于资格预审设置指标的要求。如表3-4国内外相关法律法规和文件对于资格预审指标设置的要求一览表所示。

2. 国内各地区文件关于资格预审指标设置的要求

具体参见表3-5。

3. 现有的研究文献关于资格预审指标设置的要求

现有文献对资格预审的评标指标研究较多且较为成熟，因此本文通过文献综述的方法得出资格预审的评审指标，具体内容如表3-6及图3-2所示。

资格预审是发包方对承包方是否具备完成建设项目能力的确认过程，也是承包方通过信号传递获取发包方初始信任的过程。通过上表总结的现有法律法规、相关规范以及相关学者的研究，可以发现资格预审评审指标的应用最为广泛的是财务能力、信誉、工程经验、技术能力、管理能力、承包方的资质、机械设备、人力资源水平、诉讼与不良纪律。[76]本书对应用广泛的资格预审评审指标进行再分析，由此得出互相包含的指标。其中财务指标一般包括财务状况、财务稳定性、银行信贷和担保额、财务投标能力；信誉指标一般考察承包方的资质、获奖情况、不良记录及诉讼仲裁情况、资信水平、履约情况、失败经历、与合作方的关系等；工程经验和业绩主要考察的指标有三个，第一个是类似工程已完合同金额、第二个类似工程在建工程合同金额，第三个类似工程的优良率，这三个指标通常考察的年数为3年；技术能力指标一般包括机械设备、人力资源水平、项目经理，并且一般考察人员状况尤其是主要技术人员情况、机械设备资源、信息技术、工艺和工程技术；管理能力指标包括企业管理体系（质量、安全、环保）、质量控制、设计能力、施工能力、采购能力，主要考察组织机构设置的合理性、管理体系规范化程度、信息化程度、质量、成本、进度、风险等方面的管理，还有设计、施工和采购方面的能力。

国内外相关法律法规和文件对于资格预审指标设置的要求一览表

表3-4

序号	1	2	3	4	5	6	7	8	9	10	合计
文件名称	《土建工程采购资格预审文件》	《标准施工招标资格预审文件》	《亚洲开发银行贷款采购指南》	《中华人民共和国招标投标法》	《FIDIC招标程序》	《经营性公路建设项目投资人招标资格预审文件（2011年）》	《房屋建筑和市政工程施工招标资格预审文件》	《国际复兴开发银行贷款和国际开发协会信贷采购指南》	《公路工程标准勘察设计招标资格预审文件》（2011年版）	《中华人民共和国招标投标法实施条例》	
颁发部门	世界银行	国家九部委	亚洲开发银行	全国人民代表大会常务委员会	国际咨询工程师联合会	中华人民共和国国交通运输部	中华人民共和国国住房和城乡建设部	世界银行	中华人民共和国国交通运输部	国务院办公厅	
资质		✓		✓			✓		✓		4
资信											0
经验	✓		✓	✓		✓					4
信用									✓	✓	2
营业执照											0
财务要求	✓	✓	✓	✓	✓	✓	✓	✓	✓		9
业绩要求		✓	✓	✓		✓	✓			✓	5
信誉要求		✓			✓	✓	✓				4
获奖情况											0
项目经理		✓		✓	✓		✓	✓	✓	✓	6
技术能力		✓	✓	✓				✓			3
项目总工		✓			✓		✓		✓		4
融资能力						✓					1

序号	1	2	3	4	5	6	7	8	9	10	合计
文件名称	《土建工程资格采购预审文件》	《标准施工招标资格预审文件》	《亚洲开发银行贷款采购指南》	《中华人民共和国招标投标法》	《FIDIC招标程序》	《经营性公路建设项目投资人招标资格预审文件（2011年）》	《房屋建筑和市政工程标准施工招标资格预审文件》	《国际复兴开发银行贷款和国际开发协会信贷采购指南》	《公路工程标准勘察设计招标资格预审文件》（2011年版）	《中华人民共和国招标投标法实施条例》	
颁发部门	世界银行	国家九部委	亚洲开发银行	全国人民代表大会常务委员会	国际咨询工程师联合会	中华人民共和国国交通运输部	中华人民共和国国住房和国城乡建设部	世界银行	中华人民共和国国交通运输部	国务院办公厅	
组织机构					√						1
注册资本金						√					1
诉讼与仲裁	√				√						2
质量保证体系											0
主要技术人员				√	√			√		√	4
机械设备情况			√	√	√		√	√		√	6
企业管理体系					√						1
与合作方关系											0

序号	1	2	3	4	5	6	7	8	9	10	合计
文件名称	《土建工程采购资格预审文件》	《标准施工招标资格预审文件》	《亚洲开发银行贷款采购指南》	《中华人民共和国招标投标法》	《FIDIC招标程序》	《经营性公路建设项目投资人招标资格预审文件（2011年）》	《房屋建筑和市政工程标准施工招标资格预审文件》	《国际复兴开发银行贷款和国际开发协会信贷采购指南》	《公路工程标准勘察设计招标资格预审文件》（2011年版）	《中华人民共和国招标投标法实施条例》	
颁发部门	世界银行	国家九部委	亚洲开发银行	全国人民代表大会常务委员会	国际咨询工程师联合会	中华人民共和国交通运输部	中华人民共和国住房和城乡建设部	世界银行	中华人民共和国交通运输部	国务院办公厅	
安全生产许可证											0
不履行合同的历史	√						√				2
正在施工与新承接的项目					√		√				2
管理人员及其他人员		√	√		√			√			4

国内各地区文件关于资格预审指标的设置要求一览表

表3-5

序号	1	2	3	4	5	6	7	8	合计
文件名称	河北省房屋建筑和市政基础工程施工招标资格预审文件范本	重庆市房屋建筑和市政工程标准施工招标标文件	江苏省房屋建筑和市政基础设施工程施工招标投标人资格审查办法	浙江省公路工程施工资格审查文件范本（征求意见稿）	江西省房屋建筑和市政基础设施工程施工公开招标投标资格审查试行办法	湖北省建设工程施工招投标资格预审资格文件	广东省公路工程施工招标资格预审文件范本	四川省房屋建筑和市政基础工程施工招标资格审评编制指导意见	合计
颁发部门	招投标办公室	城乡建设委员会	住房城乡建设厅	交通运输厅	住房城乡建设厅	招标投标办公室	交通运输厅	住房城乡建设厅、发展改革委	
资质	√	√	√	√	√	√	√	√	8
资信									0
经验									0
信用	√								1
营业执照	√	√		√	√	√	√	√	7
财务要求		√	√	√	√	√	√	√	7
业绩要求	√	√	√	√	√		√	√	7
信誉情况				√	√	√	√	√	5
获奖情况	√		√		√				3
项目经理	√	√	√	√	√		√		6
技术能力									0
项目总工									0
融资能力									0

序号	1	2	3	4	5	6	7	8	合计
文件名称	河北省房屋建筑和市政基础设施工程招标资格预审文件范本	重庆市房屋建筑和市政工程标准工程招标文件	江苏省房屋建筑和市政基础设施工程施工招标资格审查办法	浙江省公路工程施工资格审查文件范本（征求意见稿）	江西省房屋建筑和市政基础设施工程施工公开招标投标资格预审试行办法	湖北省建设工程施工招标资格预审文件	广东省公路工程施工招标资格预审文件范本	四川省房屋建筑和市政基础设施工程施工招标资格评审编制指导意见	
颁发机构	招投标办公室	城乡建设委员会	住房城乡建设厅	交通运输厅	住房城乡建设厅	招标投标办公室	交通运输厅	住房城乡建设厅、发展改革委	
组织机构								√	1
注册资本金									0
诉讼与仲裁		√				√			2
质量保证体系						√			1
主要技术人员	√				√				2
机械设备情况	√				√				2
企业管理体系									0
与合作方关系									0
安全生产许可	√	√	√	√	√		√	√	7
不履行合同的历史									0
正在施工与承接的项目								√	1
管理人员及其他人员	√				√				2

表3-6

资格预审指标的汇总

序号	文献	资质	公司的组织结构	财务能力	业绩	信誉	项目经理	技术能力	设计能力	采购能力	施工能力	工程经验	质量控制	管理能力	现有承接工作	健康安全和环境	违约情况	资信水平	履约情况	人力资源水平	诉讼与不良记录	机械设备	企业管理体系	以往获得奖励与处罚
1	赵启[47]（2005）			√	√			√				√		√										
2	陈爽[48]（2012）			√	√															√	√	√	√	
3	柴毓谦[49]（2009）			√		√		√				√							√	√	√	√		√
4	关夏[50]（2010）			√	√	√																		
5	马靖溪[51]等（2013）								√	√	√	√									√			
6	位珍等[52]（2012）			√		√		√		√		√												
7	刘亮晴[53]等（2005）			√		√		√				√		√										
8	陈杨杨[54]等（2015）		√	√		√		√				√		√	√	√								
9	王闻多[55]等（2004）			√	√	√		√				√		√										
10	孟卫军[56]（2007）	√		√				√				√						√				√		
11	张连营[57]（2003）			√		√		√				√		√		√								
12	位珍[58]（2015）		√			√		√						√										

序号	文献	资质	公司的组织结构	财务能力	业绩	信誉	项目经理	技术能力	设计能力	采购能力	施工能力	工程经验	管理能力	质量控制	现有承接工作	健康安全和环境	违约情况	资信水平	履约情况	人力资源水平	诉讼与不良记录	机械设备	企业管理体系	以往获得奖励与处罚
13	胡兵[59]（2005）			√						√		√			√					√		√		
14	邹衡[60]等（2006）	√	√	√	√	√														√		√		
15	侯泽涯[61]（2016）	√		√	√	√		√				√										√		
16	曹丰[62]（2002）	√	√	√		√	√	√				√	√											
17	樊烨[63]（2010）			√								√			√							√		
18	杨亚卿[64]（2011）	√	√	√	√	√	√					√			√					√	√	√		√
19	宋嫒嫒[65]（2016）			√	√	√		√				√	√											
20	马增文[66]（2016）			√				√				√		√	√							√		
21	杨晓辉[67]（2011）				√	√		√				√	√											
22	王显鹏[68]等（2011）			√	√	√		√				√	√											
23	柯世禹[69]（2012）			√	√	√		√				√	√											
24	刘倩[70]（2011）	√		√	√	√		√					√											

续表

序号	文献	资质	公司的组织结构	财务能力	业绩	信誉	项目经理	技术能力	设计能力	采购能力	施工能力	工程经验	管理能力	质量控制	现有承接工作	健康安全和环境	违约情况	资信水平	履约情况	人力资源水平	诉讼与不良记录	机械设备	企业管理体系	以往获得奖励与处罚
25	邵军义[71]等（2016）	✓				✓		✓					✓											
26	刘晶[72]（2008）			✓	✓	✓		✓					✓											
27	胡续梅[73]（2004）			✓	✓							✓								✓		✓		
28	张玉萍[74]（2006）	✓		✓	✓			✓																
29	傅暨鸥[75]（2011）	✓		✓		✓															✓			
合计	29	9	4	27	13	20	2	19	1	2	1	20	14	2	4	2	1	2	1	6	5	10	1	2

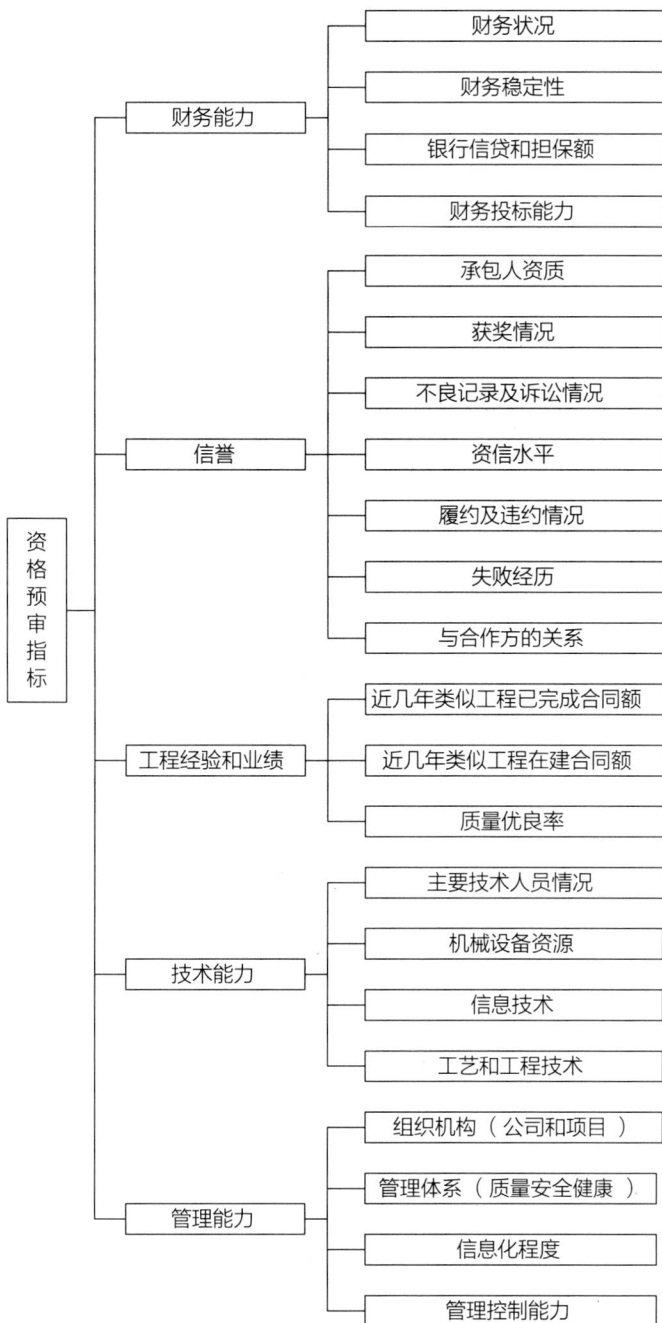

图3-2 常见资格审查指标设置

（二）初始信任的影响因素

对于信任的影响因素，不同的研究者有着不同的观点与见解。国外已有很多学者对其进行整理总结，由于我国工程项目的信任受我国情境的影响，因此本书总结国内学者对信任影响因素的研究。表3-7为各学者对信任的影响因素的研究。

表3-7

信任的影响因素的汇总 表3-7

影响因素 作者（年份）	管理能力	承包商资质	力量投入	社会声誉	财务状况	安全和环境能力	技术能力	过往表现	工程经验	以往合作经历	组织权利	信息共享	行业交易规则	交流程度	冲突解决	共同的价值观	自然社会环境	项目周期	备注
杜亚灵[127]（2014）	✓		✓	✓	✓	✓	✓	✓	✓	✓									初始信任
莫力科[77]等（2015）				✓			✓			✓	✓		✓						初始信任
王冬梅[78]（2008）				✓										✓	✓				
杨少敏（2013）	✓						✓					✓							
任志涛[79]等（2016）	✓			✓	✓		✓							✓	✓				PPP项目
董冬（2015）				✓			✓			✓				✓					
李青灿（2014）		✓		✓	✓		✓					✓		✓	✓				
董宇（2015）		✓							✓							✓	✓	✓	
施绍华[80]（2013）	✓			✓															
合计	4	2	1	7	3	1	6	1	2	3	1	2	1	4	3	1	1	1	

从上表可以看出，声誉和能力是影响信任的两个重要因素。但上表的影响因素，不仅仅有初始信任的影响因素，还有过程信任的影响因素。考虑到，中国情境下，发包人和承包人不可避免的重复合作，因此本书的初始信任考虑了以往的合作经历对初始信任的影响。把上表中发承包双方行为因素去除，剩余为初始信任的影响因素，即承包商资质、管理能力、力量投入、社会声誉、安全和环境能力、技术能力、过往表现、工程经验、以往合作经历、自然社会环境、项目周期。

综合分析，包含初始信任因素的资格预审评审指标可以分为财务能力、信誉、工程经验和业绩、技术能力和管理能力五大类指标。其具体考察内容如图3-2所示。将这五大类指标应用于广州地铁11号线项目大标段招标的资格审查阶段，以获得初始信任程度较高的总承包方。

二、基于资格预审指标的初始信任等级划分

广州地铁11号线项目大标段招标时，发包方对总承包的初始信任主要在资格审查阶段形成，通过设置不同的资格预审指标，从而对不同初始信任等级的承包方进行划分，本书认为广州地铁11号线项目的资格预审必备指标为营业执照、承包方和项目经理的资质等级、项目经理承担的业务数量、安全生产许可证。同时，影响初始信任产生的不仅有承包方的客观条件，还有发包方对承包方的主观判断。在资格预审阶段，根据本项目采用大标段招标的实际情况，结合必备的资格预审指标，增加发包方对承包方的主观评价指标，选择初始信任水平高的总承包方。如表3-8所示，不同等级的初始信任资格预审指标的设置。

不同等级的初始信任资格预审指标的设置   表3-8

序号	初始信任的等级	资格预审指标
1	低度信任	必备条件 营业执照（有效） 资质等级（符合招标文件要求） 安全生产许可证（有效） 企业和项目经理承担过类似项目 定量评价指标 财务能力：近三年来，承包企业未出现连续亏损情况 管理能力：具有与该项目相应的项目管理架构和公司组织管理架构 信誉：近三年来履约过程中无不良行为，无质量、安全事故 技术能力：具有与该项目相适应的项目管理人员、技术人员和机械设备
2	中度信任	必备条件 营业执照（有效） 资质等级（符合招标文件） 安全生产许可证（有效） 近三年内企业承担的类似工程获得市优工程或者省优工程 近三年内企业获得省级相关部门颁发的重合同守信誉证书

序号	初始信任的等级	资格预审指标
2	中度信任	近三年内项目经理承担的类似工程获得过市优工程或者省优工程、企业承担的工程获得过文明工地或标化工地 近三年内项目经理获得过优秀项目经理的称号 近三年内项目经理获得过优秀建造师荣誉证书 定量评价指标 财务能力：财务状况、财务稳定性、银行信贷和担保额、财务投标能力 管理能力：企业获得ISO质量体系认证 ISO环境管理体系认证 ISO职业健康安全管理体系认证 信息化程度、质量、成本、进度、风险等方面的管理能力 工程经验与业绩：近三年完成的类似项目、正在施工和新承接项目、完成工程的优良情况 信誉：获奖情况（已在必备条件中提及）、不良记录及诉讼仲裁情况、资信水平、履约情况、失败经历、与合作方的关系等 技术能力：项目管理人员、机械设备资源、信息技术、工艺和工程技术
3	高度信任	必备条件 营业执照（有效） 资质等级（符合招标文件的要求） 安全生产许可证（有效） 近三年内企业承担的类似工程获得国家级奖项或者省级奖项 近三年内企业获得过国家级相关部门颁发的重合同、守信用的证书 近三年内项目经理承担的类似工程获得国家级奖项或者省级奖项、企业承担的工程获得过安全文明工地称号 近三年内项目经理获得过优秀项目经理的称号 近三年内项目经理获得过优秀建造师荣誉证书 财务能力：财务状况、财务稳定性、银行信贷和担保额、财务投标能力 管理能力：企业获得ISO质量体系认证 ISO环境管理体系认证 ISO职业健康安全管理体系认证 信息化程度、质量、成本、进度、风险等方面的管理能力 信誉：获奖情况（已在必备条件中提及）、不良记录及诉讼仲裁情况、资信水平、履约情况、失败经历、与合作方的关系等 技术能力：项目管理人员、机械设备资源、信息技术、工艺和工程技术 发包方对承包方主观评价：合作的经历、发包方的口碑

通过上表分析可以发现，低度信任水平下发包人对承包人的评价标准都是客观、理性的指标，随着信任水平的提高发包人开始重视承包人的信誉、以往经验等主观标准。其具体评价内容如表3-9所示。

发包人对承包人的主观评价指标   表3-9

序号	主观指标	具体评价内容
1	业主的口碑	近三年内业主对承包企业在质量、工期、进度、合作态度、声誉、安全文明施工等方面的评价
2	合作经历	承包人与我方有过成功的合作经历

对于广州地铁11号线项目而言，广州地铁一方面需要对承包人进行监管，预防投资失控风险；另一方面又需要与总承包商形成信任的环境，激励总承包商在保证工期的情况下保质保量完成工作。因此，本项目在工程总承包招标资格预审阶段对高信任者的遴选应适度增加主观评价分值，有利于合理选择总承包方。

而对于体现初始信任的资格预审条件，根据前述分析，本书将初始信任三个维度与常见的资格预审指标进行匹配，如图3-3所示。

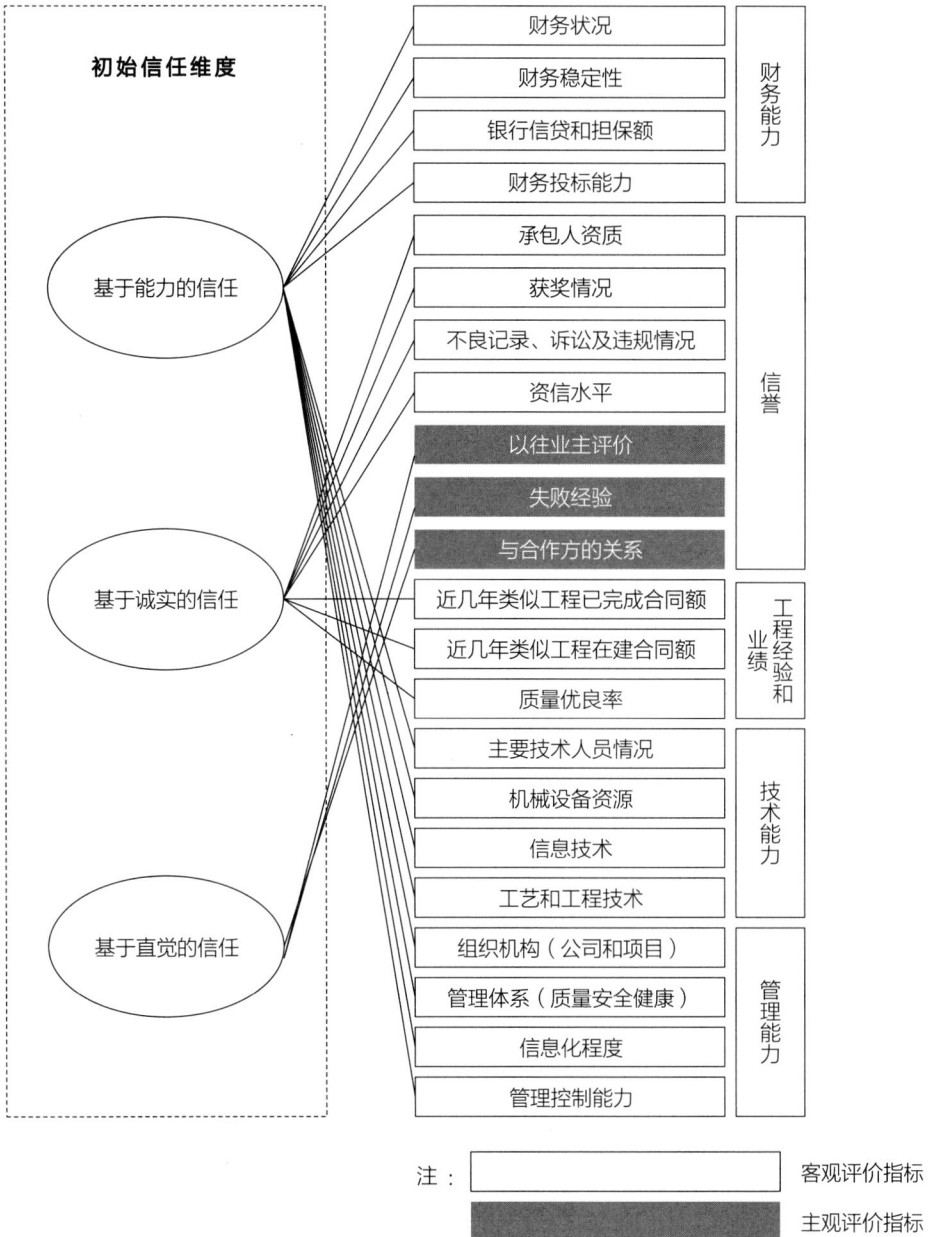

图3-3 初始信任维度划分

三、基于初始信任的招标文件编制背景分析

在广州地铁11号线项目大标段招标的过程中，招标文件作为招标投标活动中最重要的文件之一，既是招标人进行招标活动的行动指南，也是投标人编制投标文件的重要依据，其质量的高低对招标结果的影响极大。招标文件的编制，应该符合国家有关法规和政策，应该公正地处理发包方与承包方、供应商的利益，尽可能清楚、准确地反映招标项目的客观情况，以减少履约中的争议。

（一）招标文件编制背景分析

广州地铁11号线施工总承包招标文件的编制，面临三大难题：

一是广州地铁11号线的项目类型不同于以往城市地铁工程。广州地铁11号线的项目类型虽然是典型的城市地铁工程，但是本工程项目的建设条件及特点不同于以往城市地铁工程，具体表现为：①43.2km线路全走地下；②19座换乘站冠绝所有线路；③线路条件和地下结构工程控制因素复杂。

二是施工总承包模式的应用提出了新的要求，即管控程度保持不变。广州地铁11号线的项目绩效目标是以安全和质量目标为基础，造价控制为核心，兼顾合理工期。

三是整个工程范围内无适用的合同范本。广州地铁11号线未按以往采用的DBB模式，转而选择了施工总承包模式，其目的在于通过总承包方的力量来加强对工区承建商的管控。

（二）编制招标文件的原则

广州地铁11号线施工总承包合同的编制依据主要是国家建设、招投标管理和合同管理的相关法律法规、地方法律法规以及广州地铁11号线立项可研报告、招标人需求分析报告、国内同类项目的招标文件和合同文本、项目相关会议纪要等资料。依据上述编制依据所确定招标文件的编制原则如下：

1. "公开、公平、公正"原则

招标文件的编写必须坚持"公开、公平、公正"原则。在这一原则指导下，招标文件应体现招标人的采购目标及要求，高质量的招标文件是招标人、技术专家、招标代理机构三方共同智慧的结晶。招标人在"公开、公平、公正"的原则基础上，经过市场调研，提出招标采购的目标及要求，这是编写招标文件的基础。

2. 合法性原则

招标文件的合法性原则，即招标方式和招标文件的内容必须完全符合我国有关招标投标的法律法规的要求。合法性主要体现在以下两个方面：一是招标方式必须合法；二是招标文件中不得含有倾向或者排斥某类投标人的内容。《中华人民共和国招标投标法》第二十条规定："招标文件不得要求或者标明特定的生产供应者以及含有倾向或者排斥潜在

投标人的其他内容。"

3．针对性原则

针对性原则，就是要根据招标项目的特性编制招标文件，力求真实、明确地反映招标项目的真实情况。

第四节　广州地铁11号线项目招标条款设置

一、广州地铁11号线项目资格审查指标设置应用

本项目采用大标段招标，就要求所选择的总承包具备相应的能力，以满足广州地铁的建设要求。

资格审查指标在本质上是主观因素和客观因素的结合，业主在考虑资格审查标准足够全面的基础上尽可能少而精，只要能让审查委员会有一个合理的评选依据，评选出几家候选单位进入下一轮投标就可以了，如果设置得过于繁琐，不仅实施起来困难，而且实际作用也不大。对于广州地铁11号线的业主来说，本项目的施工总承包商提供的价格不再是唯一的评选标准，不能仅仅凭借最低价来选择中标人，而是要综合一些重要的因素进行评审。总承包商之间首先竞争的是经验、以往的表现、资源、设计、施工和管理技巧；其次，在后面的投标中竞争的是设计的创新和精良、给项目带来的增值以及与业主目标的匹配程度。

基于以上分析，广州地铁11号线项目招标阶段资格预审指标分别从基于能力信任的资格预审指标、基于诚实信任的资格预审指标、基于直觉信任的资格预审指标三个维度进行设置，从而达到遴选信任水平高的承包商的目的。

（一）基于能力信任的资格预审指标设置

叶飞等[81]人的研究结果认为能力信任有利于善意信任（善意信任是指信任方相信被信任方是真正地关心自己，且当情况发生变化时，被信任方的行为和动机依然会顾及信任方的利益水平提高，暨本书前述所提的高信任水平），也就是说，能力信任建立后，发包人认为承包人已采取有效措施确保项目的成功。因此发包人愿意相信承包人在不做出损害自身利益的同时会做出保护发包人利益的行为，进而对承包人形成善意信任。同样发包人建立对承包人的善意信任之后，会主动寻找线索以证实承包人有能力完成工程项目，愿意相信承包人能够保障项目的实施且相信承包人具有实施项目的能力，从而建立对承包人的能力信任。

一般而言，在资格预审阶段的能力信任对应资格预审条款设置的财务能力、技术能力和管理能力。财务能力一般包括财务稳定性、可获得的信贷、现金流等，技术能力一般包

括技术解决方案、管理技术、现有工程量等，管理能力一般包括管理资源、合同管理、现场管理、质量管理等。针对广州地铁11号线投资巨大（要求承包商财务状况良好，足以支撑本项目的资金需求）、项目技术水平要求高（要求承包商技术水平高）、承包商管理界面复杂（要求承包商管理协调能力强）的特点，本项目设置了如下资格预审指标。基于能力信任的资格预审指标设置见表3-10。

基于能力信任的资格预审指标设置   表3-10

序号	资格预审条款设置	合格要求	设置目的	对应能力要求
1	近三年（2013年、2014年度、2015年度）财务报告应当经具有法定资格的中介机构审计	提供经具有法定资格的中介机构审计近三年（2013年、2014年度、2015年度）财务报告	保证投标人财务状况良好	财务能力
2	企业总资产50亿元人民币或以上（或等值货币）、净资产30亿元人民币或以上（或等值货币）（以经审计的2015年财务报告为准）	提供具有法定资格的中介机构审计的2015年度财务报告	保证投标人的经济实力足以支撑本项目的资金需求	财务能力
3	项目经理应具有市政公用或铁路或建筑专业一级注册建造师执业资格（注册单位为投标人或联合体主办方），持有有效的安全生产考核合格证（B类），或能够提供广东省建筑施工企业管理人员安全生产考核信息系统安全生产管理人员证书信息的打印页	提供有效的注册建造师执业资格证书及安全生产考核合格证（B类）或打印页	保证投标人项目经理的技术能力	技术能力
4	专职安全人员须具有安全生产考核合格证（C证），或能够提供广东省建筑施工企业管理人员安全生产考核信息系统安全生产管理人员证书信息的打印页	提供有效的安全生产考核合格证（C证）或打印页	保证投标人保证安全生产的技术能力	技术能力
5	投标人按规定的格式及内容要求签署了《投标申请人声明》	提供《投标申请人声明》	保证投标人满足招标人需求	管理能力
6	单位负责人为同一人或者存在控股、管理关系的不同单位，不得同时参加同一项目投标，也不得与其他单位组成联合体分别参加同一项目投标（联合体内各成员之间不受本条限制）	按投标文件格式提供《组织机构表》	保证联合体投标人的组织架构符合要求	管理能力
7	关于联合体投标 本次招标接受联合体投标，联合体主办方必须满足上述所有资格条件要求，联合成员不得超过4家	提供《联合体协议书》	保证联合体投标人满足招标人要求	管理能力

（二）基于诚实信任的资格预审指标设置

基于诚信的信任是指施信方对于受信方能够及时有效的交流信息、信守承诺、遵守合同规则的积极期望。在工程项目管理中，基于诚信的信任主要是指业主对于承包商或者承包商对于业主能够诚实发布信息、信守承诺、遵守合同规则等特征的认知与预期。如承包商利用业主提供的地勘资料或工程量清单的漏洞或错误而进行不平衡报价；或者业主方在工程合同中采用无限风险或类似无限风险的语句。本书所界定的基于诚信的信任是指业主作为合作的一方要求承包商（合作的另一方）能够及时准确地与之进行相关信息的交流，并信守对业主做出的各种承诺，认真履行合作者双方所达成的一致性约定的确定性感知与认识。

一般而言，在资格预审阶段的诚实信任对应资格预审条款设置的信誉部分指标、工程经验和业绩。信誉指标一般包括过往的表现、与业主和供应商的关系、违约和诉讼等，工程经验和业绩一般包括承包商资质、类似项目施工及管理经验等。针对广州地铁11号线施工及管理水平要求高（要求承包商具有相应的资质水平）、项目情况复杂且专业技术要求高（要求承包商有丰富的类似项目施工经验）的特点，本项目设置了如表3-11所列资格预审指标。

基于诚实信任的资格预审指标设置　　　　　　　　　　表3-11

序号	资格预审条款设置	合格要求	设置目的	对应能力要求
1	必须是在中华人民共和国注册的合法企业，并持有有效的工商行政管理部门核发的营业执照，依法经营	提供有效的工商行政管理部门核发的营业执照	保证投标人的合法性	承包商资质
2	持有建设行政主管部门颁发的安全生产许可证（在有效期内）	提供有效的安全生产许可证	保证投标人满足安全生产资质要求	承包商资质
3	具有承接本工程所需的市政公用工程总承包壹级（及以上）资质	提供有效的资质证书	保证投标人具有相应的资质	承包商资质
4	自2011年1月1日以来至少在国内承揽过（含在建）不低于28km的城市轨道交通工程（含地下车站和盾构区间）1项（注：包括控股或具有管理关系的下属公司）	提供合同协议书或竣工验收证明，如合同协议书或竣工验收证明不能反映评审指标，须另提供可证明能力技术指标的其他资料（如业主证明等）	保证投标人具有类似工程的施工经验	工作经验

（三）基于直觉信任的资格预审指标设置

基于直觉的信任是指由于双方拥有共同的信仰、友谊、情感而产生的相信对方的直觉，从而产生的信任。面对复杂的情况，直觉，尤其是专家的直觉是值得信任的。特别是在工程项目中，合作双方在很多时候都是初次合作，很难做出对于对方能力、诚信的有效判断。在这种时候，基于直觉的主观判断就显得尤为重要。

本书所界定的基于直觉的信任是指业主作为合作的一方要求承包商（合作的另一方）能够满足一些主观的评价指标，比如说承包人的信誉、以往经验等主观标准。基于此，本项目设置了如表3-12所列的资格预审指标。

序号	资格预审条款设置	合格要求	设置目的	对应能力要求
1	自2011年1月1日以来至少在国内承揽过（含在建）不低于28km的城市轨道交通工程（含地下车站和盾构区间）1项（注：包括控股或具有管理关系的下属公司）	提供合同协议书或竣工验收证明，如合同协议书或竣工验收证明不能反映评审指标，须另提供可证明能力技术指标的其他资料（如业主证明等）	保证投标人具有类似工程的施工经验	工作经验
2	在本公告发布时，投标人未在以往项目中违约，被招标人书面拒绝投标。详见本公告附件四《被拒绝单位名称》	未在被拒绝单位名称内	保证投标人过往表现良好	过往表现

二、广州地铁11号线项目招标文件基本内容框架

鉴于国内暂无施工总承包合同示范文本，本书以《中华人民共和国标准设计施工总承包招标文件》（2012年版）为基础，同时对比分析现有类似地铁工程合同文件，包括成都地铁1号线（施工总承包）、重庆轨道交通环线（BT）、福州地铁2号线（BT）、深圳地铁2号线（施工总承包）、深圳地铁5号线（BT）、北京地铁奥运支线（BT），具体如表3-13所示。

从上述6个项目招标文件以及《中华人民共和国标准设计施工总承包招标文件》（2012年版）的比较可以看出：该类项目招标文件的框架内容基本按照《中华人民共和国标准设计施工总承包招标文件》（2012年版）的框架列项，基本列项如下：

第一章 招标公告（未进行资格预审）[或第一章 投标邀请书（适用于邀请招标）或第一章 投标邀请书（代资格预审通过通知书）]

第二章 投标须知及投标人须知前附表

第三章 评标方法和标准

第四章 合同条款及格式

第五章 发包方要求及工程规范和技术要求

第六章 基础资料（图纸等）

第七章 投标文件格式

其中，有几个城市轨道交通项目根据项目本身的特点及需求有特定的招标章节内容：福州地铁2号线和北京奥运支线有工程量清单（第一章工程量清单计算规则、第二章投标报价表）的列项；深圳地铁2号线有担保书格式（不可撤销履约银行保函、不可撤销预付款银行保函）。

依据广州地铁11号线施工总承包项目的特点、招标文件包含内容的层次性和全面性，广州地铁11号线施工总承包项目招标文件确定如下基本框架：

典型城市轨道交通项目招标文件结构框架的比较

表3-13

序号	中华人民共和国标准建设计施工总承包招标文件（2012年版）	深圳地铁5号线 BT合同	福州地铁2号线 BT合同	北京奥运支线 BT合同	重庆轨道交通环线 BT合同	成都地铁1号线 施工总承包合同	深圳地铁2号线 施工总承包合同
1	第一卷 第一章 招标公告（未进行资格预审）第一章 投标邀请书（适用于邀请招标）第一章 投标邀请书（代资格预审通过通知书）	投标邀请函 致投标人	第一章 招标公告	第一卷 投标邀请书	第一章 投标邀请书	第一部分 招标文件组成及内容 第1章 招标公告	第一章 致投标人
2	第二章 投标人须知 1. 总则 2. 招标文件 3. 投标文件 4. 开标 5. 评标 6. 合同授予 7. 纪律和监督 8. 需要补充的其他内容 9. 电子招标投标	第一部分 投标人须知 投标人须知前附表 1. 总则 2. 招标文件 3. 投标、投标文件 4. 开标、评标与定标 5. 授予合同 6. 重新招标或直接发包	第二章 投标须知及投标须知前附表 第一节投标须知前附表 第二节投标须知	第一卷 投标人须知前附表 第一章总则 第二章投标人资格 第三章招标投标文件 第四章投标投标文件 第五章开标、评标与定标 第六章授予合同 第七章附件一投标文件格式	第二章 投标人须知 1. 总则 2. 招标文件 3. 投标文件 4. 投标 5. 开标 6. 评标 7. 合同授予 8. 重新招标和不再招标 9. 纪律和监督 10. 需要补充的其他内容	第二部分 第2章 投标须知及投标须知前附表 1. 总则 2. 招标文件 3. 投标文件 4. 投标 5. 开标 6. 评标 7. 合同授予 8. 重新招标和不再招标 9. 纪律和监督 10. 需要补充的其他内容	第二章 投标人须知 一、投标须知前附表 二、投标须知
3	第三章 评标办法（综合评估法）第三章 评标办法（经评审的最低投标价法）1. 评标方法 2. 评标标准 3. 评标程序	评标办法	第三章 评标方法和标准 1. 总则 2. 评标委员会 3. 评标程序 4. 评标方法和标准 5. 推荐中标候选人	第一卷 第五章 开标、评标与定标	第三章 评标办法（综合评估法）评标办法前附表 1. 评标方法 2. 评标标准 3. 评标程序	第三部分 第3章 评标办法（综合评估法）评标办法前附表 1. 评标方法 2. 评标标准 3. 评标程序	

序号	中华人民共和国标准建设计施工总承包招标文件（2012年版）	深圳地铁5号线 BT合同	福州地铁2号线 BT合同	北京奥运支线 BT合同	重庆轨道交通环线 BT合同	成都地铁1号线 施工总承包合同	深圳地铁2号线 施工总承包合同
4	第四章 合同条款及格式 1. 通用合同条款 2. 专用合同条款 3. 合同附件格式	第二部分 合同文件 （一）通用合同条款 （二）专用合同条款 合同协议书 补充合同	第四章 合同条款及其附件 第一节 通用合同条款 第二节 专用合同条款 合同协议书	第二卷 BT投资建设合同及附件	第四章 合同条款及格式 1. 合同协议书 2. 合同条款 3. 合同条款附件	第一部分 第3章 合同条款及其附件 （一）通用合同条款 （二）专用合同条款	第三章 合同条件 通用条件 专用条件 第四章 合同文件格式 中标通知书 合同协议书
5	第二卷 第五章 发包方要求	第三部分 甲方要求 1. BT工程的范围及乙方工作内容 2. 相关的法律、规章、规范与有关规定 3. 施工管理的一般要求 4. 项目公司 5. 标段划分和管理 6. 施工人员管理 7. 工作条件与设施 8. 考察与培训 9. 工程前期工作、施工场地与临时的设施 10. 设计管理 11. 监理单位 12. 进度与计划管理 13. 质量、安全生产与文明施工管理	第七章 技术标准和要求 第一节 甲方要求 第二节 工程规范与技术要求	第三卷 工程规范与技术要求 0. 定义 1. 土木与建筑施工技术要求 2. 轨道工程机电设备技术要求 3. 项目管理 4. 接口管理	第五章 甲方要求 第七章 技术标准和要求	第三部分 甲方要求	第五章 发包方要求 第一节 范围及接口 第二节 标准技术要求 规范的时效性 第三节 计量 与支付规范 第四节 工程费用的组成

序号	中华人民共和国标准施工总承包招标文件（2012年版）	深圳地铁5号线 BT合同	福州地铁2号线 BT合同	北京奥运支线 BT合同	重庆轨道交通环线 BT合同	成都地铁1号线 施工总承包合同	深圳地铁2号线 施工总承包合同
5	第二卷 第五章 发包方要求	第四部分 工程规范和技术要求		5. 项目进行中应提送的文件			
6	第六章 发包方提供的资料	第五部分 基础资料	第六章 招标图纸	第五卷 基础资料	第六章 图纸		第六章 图纸
7	第三卷 第七章 投标文件格式	投标文件格式	第八章 投标文件格式 第一节 资格审查文件格式 第二节 商务文件格式	第一卷 第七章 附件—投标文件格式	第八章 投标文件格式 1. 投标函部分 2. 商务部分 3. 技术部分 4. 资格审查资料	第二部分 投标文件组成及格式 第一节 投标函部分 第二节 商务标书 第三节 技术标书	第七章 投标文件格式 资格审查文件 商务标部分 技术标部分
8			第五章 工程量清单	第四卷 第一章 工程量清单 计算规则 第二章 投标报价表			
9							担保书格式 不可撤销履约银行保函 不可撤销预付款银行保函

第一卷　投标须知

第二卷　开标、评标及定标办法

第三卷　合同条款

第四卷　投标文件格式

第五卷　技术条件（工程建设标准）

第六卷　招标用参考资料及图纸

第七卷　工程量清单

通过对比广州地铁11号线与类似项目的招标文件框架，可以发现广州地铁11号线招标文件核心内容框架设计有如下特点。

（一）合同条款

合同条款设置是招标文件的核心部分，本项目"合同条款"内容详解如表3-14所示。

"合同条款"内容详解　表3-14

序号	名称	分卷明细	内容详解
第三卷	合同条款	第一部分　协议书	
		第二部分 通用合同条款	1. 一般约定 2. 发包人 3. 承包人 4. 监理人 5. 工程质量 6. 安全文明施工与环境保护 7. 工期和进度 8. 材料与设备 9. 试验与检验 10. 变更 11. 价格调整 12. 合同价格、计量与支付 13. 验收和工程试车 14. 竣工结算 15. 缺陷责任与保修 16. 违约 17. 不可抗力 18. 保险 19. 索赔 20. 争议解决
		第三部分 专用合同条款	1. 一般约定 2. 发包人 3. 承包人 4. 监理人 5. 工程质量 6. 安全文明施工与环境保护 7. 工期和进度

序号	名称	分卷明细	内容详解
第三卷	合同条款	第三部分 专用合同条款	8. 材料与设备 9. 试验与检验 10. 变更 11. 价格调整 12. 合同价格、计量与支付 13. 验收和工程试车 14. 竣工结算 15. 缺陷责任与保修 16. 违约 17. 不可抗力 18. 保险 19. 索赔 20. 争议解决 21. 其他规定
		附件	

本项目招标文件合同条款分为通用合同条款和专用合同条款两部分，各种标准施工类合同范本的内容框架具有较大的相似性，其基本内容要素有较大的相似性，广州地铁11号线施工总承包合同从范围上比分标段施工类合同更大，但所包括的基本内容要点与施工类合同并无太大差别，通用合同条款借鉴施工类合同（以及FIDIC系列中的DB合同范本）的内容框架将其20条内容进行了规范。

另一方面，广州地铁11号线施工总承包项目由于采用了一种大标段招标的模式，需要选定初始信任水平较高的施工总承包方，其在项目实施过程中拥有更大的控制权。因此，本项目的合同文件既不应同于标准施工类合同也不同于标准设计施工总承包项目所采用的合同文件形式。广州地铁11号线施工总承包合同是一种兼有标准施工类合同及施工总承包工程实践合同文本特点的特殊合同形式，其内容框架是上述两类合同核心内容要素的综合反映，并需要在合同中预设较大柔性即再谈判机制以应对不可预见的风险。

基于此，广州地铁11号线项目施工总承包合同范本撰写内容的基本框架优化如下：

（1）合同示范文本分通用条款与专用条款两部分，以利于有效区分一般性条款及体现不同项目特殊性的条款。专用条款对通用条款进行相应补充。

（2）通用条款写作侧重于一般性、整体性的约定，体现简明、规范特点。在通用条款中需要将发包方和施工总承包方的权力义务进行划分，并在此基础上全面详细地罗列出未来可能发生再谈判的事件，保证本合同刚柔并济。

（3）专用条款写作主要针对合同内容的核心环节展开，其框架性内容与通用条款保持一致性呼应，专用条款的具体内容需要对通用条款中的再谈判事件进行详细描述，包括工程量、价格、程序等内容，从而保证预设再谈判机制的合同柔性能够充分发挥作用。此外作为地铁项目中甲方特殊诉求的一种补充形式可继续以附件形式保留"甲方要求"。

（二）技术要求及图纸

本项目采用施工总承包模式，业主提供施工图设计，要求总承包商根据业主提供的设计提供报价并施工。因此，对于项目的技术要求及图纸进行了详细的要求。

主要目标在于将国家强制性规范、标准与项目所在地、项目未来运营需求等特殊因素相结合，合理制定规范与技术要求。

（三）工程量清单

本项目"工程量清单"内容详解如表3–15所示。

"工程量清单"内容详解　　　　　　　　　　　　　　　　表3–15

序号	名称	分卷明细	内容详解
第七卷	工程量清单	1 工程量清单说明	
		2 工程量清单费用组成	
		3 工程量清单	3.1　投标报价汇总表
			3.2　工程量清单汇总表
			3.3　工程量清单与计价表
		4 工程量清单附件说明	
		5 工程量清单附件	5.1　综合单价分析表
			5.2　分年分季用款计划表
			5.3　工程量清单项目及计算规则
			5.4　新增项目综合单价分析表
			5.5　本报价采用的管理费、利润、规费和税金费率列表

本合同采用总价包干和单价包干相结合的合同价格形式，具体如下：

总价包干项目：本合同工程范围内的建筑工程（不含孤石处理、溶土洞处理、建筑物保护加固注浆）、安装工程、乙供设备及工器具购置、场地准备及建设单位临时设施、白蚁防治。

单价包干项目：管线迁改、绿化迁移、交通疏解、道路恢复、孤石处理、溶土洞处理、建筑物保护加固注浆、静力爆破、地下连续墙双轮铣成槽。

以资金补偿形式自行迁改的管线（如军警、国安、铁路等特殊管线），按补偿协议据实结算。

第五节 本章小结

本章以基于初始信任的资格预审指标设置为核心进行广州地铁11号线项目招标阶段的投资总控。首先，本章对工程项目中的"初始信任"进行了文献评述。初始信任中的"初始（Initial）"指双方首次见面或交互。工程项目固有的行业割裂性，项目业主与承包商之间重复交易率较低，难以通过重复交易建立稳定信任关系。而这样初次合作的工程项目常耗资数十亿元，需要双方共同工作数年。业主需要短时间内，根据已有经验以及对潜在投标人的角色期待和少量信息形成初始信任或快速信任。因而，寻找业主与承包商间初始信任的前因，以及前因对初始信任形成的作用，将有助于业主和承包商在招投标阶段形成较高水平初始信任，且初始信任会影响后续信任水平，而高水平的信任或以信任为基础的关系治理对项目绩效提升作用显著。对于初始信任等级的划分，一方面可以按照信任的水平划分高度信任、中度信任和低度信任，另一方面可以按照维度划分为基于诚信的信任、基于能力的信任和基于直觉的信任。

基于以上文献研究，本章分析了广州地铁11号线项目中对于初始信任的需求。广州地铁11号线采用大标段招标的方式选择施工总承包方，通过总承包方的集团优势进行项目集成建设，利用行政手段管理复杂的界面以降低实施过程中的交易成本。因此，广州地铁11号线采用大标段招标的方式决定了发包方在招标阶段必须选择一个值得信任的总承包方，即发包方需要对施工总承包方的初始信任水平很高，以保证本项目的安全、质量、工期和投资目标的顺利完成。

从最后的中标人资质看，中国中铁有着丰富的城市轨道交通施工经验，完全满足广州地铁集团有限公司对承包商的能力要求；另一方面，中国中铁与广州地铁集团有限公司有着良好的合作经历并积累了极佳的口碑，是一家初始信任水平较高的承包商，符合大标段招标管理模式下业主对承包商的初始信任水平要求，对于后期双方基于再谈判的柔性合同的签订以及控制权的配置均起到了正向激励作用，是满足广州地铁11号线建设需求的中标人。

第四章

基于再谈判机制的施工总承包合同条款的拟定

第一节　合同再谈判理论基础

一、合同的不完备性导致需要进行合同状态补偿

（一）不完全合同理论的演进

市场中合同的不可完全执行导致研究学者进一步放松合同经济分析的前提假设，由此进入了不完全合同理论的研究[82]。李德震、刘启亮、聂辉华等学者均一致认为，不完全合同理论的萌芽应当追溯到Coase 1937年的经典论文《企业的性质》[83、84]。Coase在论文中指出"预测方面的难题以及物品或劳务供给期限的延长，导致了买方不愿意明确规定卖方要干些什么"[85]；后来1978年Simon在讨论雇佣合同和销售合同时，研究了雇佣合同的不完全合同性质；Klein则在Simon基础上提出，要是合同存在缺陷，但订立合同的主体又得使用具有专用性质的资产，事件发生之后两者将达到两边垄断的锁定状态，这样前者就可以通过该锁定的状态向后者敲竹杠，攫取另一方准租金；之后Grossman, Hart和Williamson等对不完全合同做了深入研究，并形成两个分支：由Williamson作代表的交易费用学派与由Hart作代表的产权理论学派[86~88]。Williamson纵向一体化理论重点阐述了"有限理性"和"交易成本"诱致不完全合同的机理，其给出的解决办法是通过企业内签约代替市场签约的纵向一体化思路；"GHM模型"则假设缔约人具有完全理性和完全信息，同时假设合同第三方裁断者——法庭对合同部分变量并不能观察和评估，导致了合同不可完全执行，该理论提供的解决办法是利用产权配置为各方进行事前最佳投资提供激励[89]。Williamson纵向一体化理论主张在不完全合同视角下根据对比不同的治理机构挑出最能够节约事件之前和事件之后交易成本的制度安排，注重合同事后的适应性；Hart的产权理论学派，侧重于设置事前保护的投资激励，强调合同的事前激励作用。

不完全合同是指存在缺口（漏洞）或者存在第三方不能证实验证条款的合同，具体包括两种情形：一种是合同有缺口因而不能得到完全执行；另一种情况是合同不存在缺口，但是合同条款却不能被第三方证实，导致无法完全执行合同。不完全合同的两个重要假设是不完全信息和有限理性，其中不完全信息是指交易人不能掌握某种市场环境的全部知识，或者获取信息要花费巨大成本；有限理性是指人的认知能力有限、表达能力有限、具有机会主义行为倾向和不完美的行为决策机制。具体则是指市场不能提供完全信息、技术领域获得信息的成本存在以及商品质量信息分布的不对称导致了行为人不能完全掌握信息，而行为人的有限感知、有限记忆和有限处理能力导致了行为决策的有限理性[90]。由此可以看出，不完全合同理论重视的是现实经济市场中合同的不完全，强调的是信息可以观

察但是不可以证实与行动进行之前的不可缔约，由此增强了理论对现实的解释能力。

专用性投资的概念来源于交易成本理论，含义是指为了支撑特定双边交易而进行的资源投入，并且一旦形成便难以挪作他用。专用性投资进行资源投入对于投资一方来说并非是没有成本，因为资产一旦专用于特定的交易过程，便很难将其利用到其他用途或交易上，并且一旦交易终止，专有资产投入一方将面临巨大的经济损失。杨宏力在评述Klein不完全合同理论时将资产专用性总结为六种形式，分别是地点专用性、物质资产专用性、人力资产专用性、品牌资产、指定性专用资产和时间上的专用性。在评述过程中，其认为资产专用特性产生的原因是资产投入某一个特殊的领域发挥作用，然后被锁定在某一特定的交易关系里，要是把它转移或者进行再配置的话，它的价值将会减少甚至没有。交易成本理论认为，资产的专用性导致先投资交易一方被双边关系锁定，而且这种专用性投资水平越高，投资一方被另一方敲竹杠的风险越大，因此该理论研究解决思路则是利用翔实的合同或者所有权安排来应对交易执行过程中出现的不确定情形，当然也包括对敲竹杠行为的治理。

敲竹杠的本质是市场机制使用的特殊成本，是交易成本的特殊表现形式。敲竹杠是一种榨取租金的机会主义行为，与Williamson等分析缔约前或缔约中情形不同，是一种合同后的机会主义行为；一旦发生该行为就意味着违约，是交易者尝试从对方的专用性投资中寻求准租；另一方面，该现象的存在意味着事前专用性投资低于社会最优水平，导致了分工和专业化效率的损失。经济学家在分析敲竹杠的本质和含义时，将其划分为三种类型：合同不完全导致的敲竹杠、刚性合同条款导致的敲竹杠和第三方行为的不确定导致的敲竹杠。其中合同不完全的诱发机理可以表述为，模糊的不完全合同条款会促使当事人趁机利用不完全或者利用法院强制执行不正确条款来改变预期行为，由此使合同成为敲竹杠的通道；刚性条款的路径则具体是指长期、详细的合同条款被固定下来以后，内容越详细租金耗散性的搜寻和谈判费用将会越高，此种协议便很有可能成为对方敲竹杠的手段；第三方行为不确定诱致敲竹杠是指法院作为第三方在证实合同条款过程中会出现不确定性情形，包括合同执行不能得到法院的准确度量、法院对效率的特殊追求、法院不明参照下的非公正判断标准使用、法官追求自身效用最大化下的行为不确定。

（二）不完全合同的治理手段

不完全合同下专用性资产投资的好处是可以节约成本，缺点是面临被敲竹杠的沉没风险。杨瑞龙与聂辉华在梳理不完全合同理论的历史研究过程中，将不完全合同的治理手段总结为法律干预、合同赔偿、合同治理、产权配置和合同履行五种方式[91]。其中法律干预是指合同不完全情况下，国家通过提供某种形式的"模式规则"，按照某种规则来调整合同不完全时当事人的权利和义务，在司法实践中通常表现为司法解释或者判例；合同赔偿研究则主张期望损失赔偿和信任损失赔偿，前者指违约方补偿对方在关系内的机会收益，后者指不仅要支付关系内的收益，还要补偿对方所做的专用性投资；合同治理则希望能够依据不同合同带来的交易费用匹配不同的治理结构；产权配置的GHM模型则认为需要依靠资产的所有权和剩余的控制权进行分配，来保证在次优情况下建立最大化总剩余的最优产权安排；合同履行则是利用机制设计的思想，试图通过合同选择或者再谈判设计，来实现最优的专用性投资。李德震在研究不完全合同与跨国公司生产组织模式时提到，Klein对不完全合同下敲竹杠风险防范重点分析了制定高效明确的合同条款、纵向一体化、第三方规制、信誉和商标、品牌资本、长期合同和自我实施机制等七种手段，但是Klein对自我实施机制的研究最为深入和透彻。

Hart和Moore认为不完全合同下的自我实施机制是依靠私人自我实施的制度安排，也即GHM模型中反复提到的再谈判思想[92]。自我实施机制是一种合同的履行机制，该机制会促使违约方面对置信威胁时打消违约构念；同时该机制不同于法院等第三方强制力量，不依赖法院强制实施的合同条款，自我实施机制在合同条款不清而双方均能理解合同安排的情况下能够妥善处理"敲竹杠"问题，其具有隐性合同特征，具体是通过对不履行不明确合同行为终止业务关系的制裁来威胁相关方的运作。由此可以看出，自我实施机制追求的是不完全合同执行过程中双方合同内的协商解决，其作用的发挥并不需要借助诉讼威胁，而是利用终止商业关系威胁来发挥作用。

Tirole指出不完全合同的信息不完全和有限理性假设决定了合同是不具体的，只能根据现状拟定目前看来是最优的合同条款[93]。为了避免刚性条款违背合同人初衷，合同会保留灵活操作空间并留有缺口，如此便会引发履约阶段的机会主义行为。Klein和Hart在对不完全合同的治理研究中，合同的自我实施机制和再谈判思想可谓不谋而合，抑或后者在前者的基础上进行了发展。但是合同内解决对有限理性与不完全信息下的不完全合同的重要意义却值得我们重点关注。

（三）不完全合同与风险分担下的合同状态研究

1. 以合同状态为分析工具，详细拟定工程项目索赔、变更与不平衡报价的补偿机理

在分析合同状态概念与工程项目实施的对应关系时，尹贻林等构建了合同条件假想状态来处理工程索赔责任认定与风险分担；邱艳、霍昱辰等则具体勾画出不平衡报价与工程计量的合同状态改变路径与补偿机理；陈静、刘一格则详细分析了工程量偏差与工程变更下合同状态的补偿机理。由此搭建了合同状态改变与工程项目实施之间的桥梁，为有效利用合同状态模型指导实践操作提供了基础。

2. 以不完全合同和风险分担为理论基础，具体分析合同状态时变诱因和处理机制

IPPCE团队首次将不完全合同理论与风险分担理论应用到合同状态分析中。不完全合同是合同条件改变的基础，是市场交易双方对工程项目条件和目标的不完全认识，其中包括工程数量、施工工艺、施工方案、责任划分、施工工期以及合同价格等。然而不确定性干扰因素的出现，导致了不完全合同的内部调整和外部干预，为风险的再次分担提出了要求。IPPCE团队在此分析过程中，以Hart的GHM模型为基础，参考工程量清单单价合同风

险分担原则，为分析合同状态调整提供了新的思路。

3. 以工程项目物理边界、时间边界为分析基础，为合同状态补偿研究提供参考模型

尹贻林教授认为，合同状态改变的基本表现是工程项目物理界限和时间界限的打破。其中物理边界和时间边界分别是指合同工程（节点）和合同工期（节点），时间和物理边界被打破则表现为实际完成工程和合同中约定有差别、实际工期和约定合同工期的差异。一旦出现合同边界被打破的情形，发承包双方则需要通过变更、调价、索赔甚至诉讼仲裁等手段，按照风险分担原则进行补偿。

图4-1的模型中，图①空白表示约定的工程和工期局域，图②空白代表按图施工超出范围的风险，图③空白代表延误或提前超出合同工期的风险，图④阴影代表同时超出工程和工期约定范围的风险。由此构成工程项目合同状态分析基础，为状态补偿提供了参考模型。

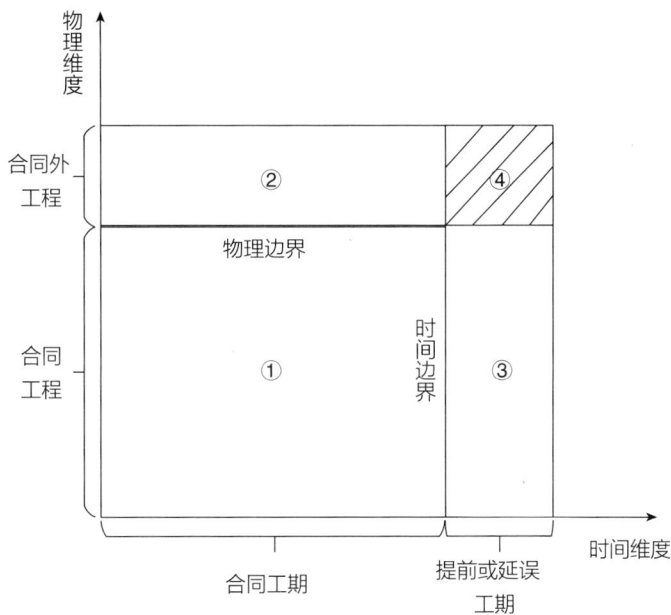

图4-1　单价/总价合同的风险双边界原则图

二、合同状态补偿通过合理设置再谈判机制实现

（一）再谈判的基础概念研究

再谈判在项目领域的研究目前主要集中于PPP项目领域。Guasch[94]和Cruz，Marques[95]分析了PPP项目再谈判的诱发因素和造成的不良影响；孙慧结合实际案例确定了影响再谈判的因素，并提出PPP立法、合同设计优化、竞争性招标、优化监管工具使用等规避再谈判的建议[96, 97]；王芳芳和董骁分析了特许经营授权制度缺陷、法律框架不完善、监督主

体缺失、企业承担风险数量、外部冲击等诱发再谈判的主要因素[98]；徐中分析了城市基础设施PPP项目再谈判事件的范围[99]；陈富良和刘红艳认为政府承诺能力缺失是诱发再谈判的关键要素，再谈判能够损害消费者剩余，需要制定符合公共领域合约规制的再谈判程序[100]；吴淑莲和孙陈俊妍研究了企业主导型、土地整理公司主导型的土地整治PPP项目再谈判的诱发原因[101]；马桑[102]和崔智鹏[103]则分别利用博弈论和公平感知思想分析了再谈判过程中政府和社会资本的权力差异以及再谈判与项目绩效的关联；娄黎星认为引发基础设施PPP项目再谈判的原因包括合同不完全、规制不足、外部环境变化和机会主义行为等客观主观两方面原因，并且认为再谈判导致的结果包括基于合作对合同的补充和基于机会主义对初始合同的补偿[104]。

项目领域的再谈判与市场交易中广泛意义上的再谈判不同。PPP项目再谈判的诱因主要是合同存在设计漏洞以及履约过程中不确定性事件的发生[105, 106]，然后由政府与特许经营者之间针对服务标准、特许经营期限、收费标准、投资比例、排他性约定、一次性收入等分歧进行二次或多次磋商[107]。徐中认为，再谈判概念最早是引入GHM理论来解决专用性投资套牢问题的，是政府和社会资本签订合同后，客观环境发生变化，政府、社会资本与相关第三方进行的二次协商，其中能够诱发再谈判的事件是指在签订合同时无法预见的，不在可控商业风险范围之内的客观事件。吴淑莲则认为，PPP项目再谈判事件不仅包括合同未预料到的或然事件，还包括合同不完全的其他情形。因此，PPP项目再谈判具体是指合同或然事件发生情形下以及合同不完全情境中政府与社会资本之间通过改变或补偿合同条款来解决双方矛盾的手段。

工程项目领域中再谈判目的是改变合同的风险分担现状或者改变项目范围。例如PPP项目再谈判导致公共服务标准等级的调整、合同利益均衡阈值的调整、政府担保内容与规模的扩大、政府投资的继续追加、特许经营项目内容的改变等情形[108, 109]。

（二）再谈判诱因及影响研究

项目领域诱发再谈判的因素众多，尤其对于合作期限较长、权责复杂的PPP项目，引发再谈判的原因更是错综复杂。孙慧等认为政治经济法律环境、特许权合同完全性、监管不合理、激励机制缺失、风险分担不合理是诱发PPP项目再谈判的主要原因；王芳芳和董骁在研究城市水业特许经营项目再谈判时认为，制度框架不完善、特许者选择过于随意、政策和法律释义不一以及公私部门目标差异是导致城市水业特许经营再谈判混乱的关键要素；陈富良和刘红艳则将PPP项目再谈判的诱因归结为政府承诺能力的严重缺失，具体是社会技术的改进、生产效率的提高、经营环境的转变、外资利益的诱惑导致政府在合作期间承诺能力降低；徐中将原因归结于政治环境、经济环境、社会环境、技术环境的改变上。

在长期的项目合作过程中，特许经营权授权方式的不当、法律框架的不完善、监督主体缺失、风险分担不合理以及合同约定不完全等均能导致项目再谈判的发生，是发承包双方需要重新协商确定利益分配的必要程序。

基于合作的再谈判能够使交易方意识到增加社会剩余带来的长期回报，有利于激励其为对方着想，提高社会福利[110, 111]。然而项目再谈判进行不当会削弱特许授权竞争的效果，背离政府与社会资本之间的合作构想，降低特许经营效益和公众福利，增加特许经营者的机会主义倾向。对于私人部门来说，通过再谈判可以利用信息优势扭转事前签约的不利地位，扩大再谈判情境下获取不当利益的空间、改变风险分担比例。对于项目来说则会增加投资与实施周期，具体表现为特许经营者利用项目建设经验和政府专有性投资获得再谈判地位优势，不合理延长建设期；不确定性风险导致建设成本增加，特许经营者通过提高收费标准来弥补建设成本的投入，保证回收率；私营部门利用政府专有资产投资的不利地位要求其追加投资或改变利益分配比例，结果造成财政投资责任加重[112]。

（三）再谈判程序与规范研究

再谈判的关键组成包括谈判的目标、谈判的方式和谈判的结果。其中PPP项目再谈判涉及众多利益主体和目标诉求，其效用函数受到经济、地位、策略和政治环境多方影响；再谈判采取的方式应当是一个包含决策者、提供者、消费者共同参与的决策机制；而再谈判结果则取决于利益相关者的力量分配。这三个因素也决定了再谈判的基本程序，即意见表示方式、信息沟通渠道、矛盾分歧聚焦和一致意见形成。

在规范PPP项目再谈判程序时，吴淑莲和孙陈俊妍结合土地整治项目提出，应当完善再谈判相关的制度和合同示范文本，为政府和社会资本之间建立平等对话机会提供支持；娄黎星则提出合同治理、外部规制、关系植入和全生命周期理念，其中合同治理包括提高合同完全性，拟定触发再谈判事件或其阈值，建立一个具有适当柔性的合同体系防范再谈判以及在合同中具体制定再谈判的程序、标准和风险分担；外部规制则包括增强招投标程序透明度、实施透明法案、增强进入规制和建设项目委员会；植入关系则是指建立沟通交流机制，妥善处理争议；同时以全生命周期视角规划关键信息、绩效指标的掌握。由此来综合保证项目再谈判程序的规范性。

（四）再谈判效率研究

再谈判作为一种市场交易行为，并不具有一般生产意义上的原材料投入与产品输出的性质，但是可以理解为谈判人力资本与物质成本投入、争议纠纷产出等狭义上的生产活动。按照时间、物质、价值三个效率维度描述的要求，可以将再谈判效率定义为：在谈判人力、物力成本一定的情况下，争议纠纷处理时间的长短，以及合同关系维持的稳定程度。对于具体的纠纷事件，在谈判人力、物力投入一定的情况下，再谈判效率可以表示为时间投入的多少，时间越短效率越高；或者对于固定谈判人力、物力投入，在一定的时间内，解决纠纷事件越多效率越高；当然，在具体评价再谈判行为效率时，还应兼顾对合同关系稳定性的分析，也即谈判事件处理的效果或再谈判创造的价值。由此，绘制出再谈判行为投入产出过程示意图，如图4-2所示。

由图4-2可以看出，再谈判效率反映的是与合同关系稳定程度有关的、再谈判行为资源投入与矛盾纠纷处理时间的比率。再谈判行为效率改善包括技术效率提升和配置效率提升两个方面，其中技术效率主

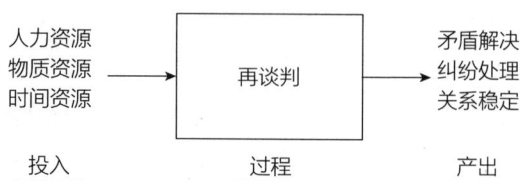

图4-2　再谈判行为投入产出过程示意图

要是指再谈判程序启动、再谈判程序执行与再谈判程序调整等效率；配置效率则是指再谈判人员素质、物质资源、时间资源等与谈判方式匹配的效率、不同谈判方式与谈判内容匹配的效率。由此可以看出，影响再谈判效率的关键因素包括再谈判程序启动的难易程度、再谈判程序执行的顺畅程度、再谈判程序调整的空间、谈判人员素质能力、再谈判物质资源投入大小、再谈判时间长短，以及再谈判资源投入（决定了方式）与谈判事件的匹配程度。

三、合同柔性的注入保障了再谈判事件有序进行

（一）合同柔性影响因素研究

向合同注入柔性来应对不完全合同产生的不确定性已经成为项目治理范式下各学者的共识，大量研究者对影响合同柔性程度的内容提出了不同的观点。综合来看，各位学者分别从项目复杂程度、双方关系度、外部环境和规制程度指出了影响合同柔性程度的关键因素。

娄黎星认为，项目特征越复杂，不可预见因素越多，发包人和承包人约定的柔性空间应当越大。如技术难度高、地质环境复杂时，发包人往往约定承包人合理化建议的收益分享机制，以提高合同效率。此外，项目工期较长、投资额巨大等都属于项目特征复杂的行列，这些均可促进发承包双方采用柔性条款较多的合同[113]。石莎莎和杨明亮将合同柔性化和激励机制结合起来，指出外界环境的不确定性和其他因素导致的随机性以及产生不确定的必然性是柔性机制存在的必然前提。建设项目各主体应积极主动搜寻与不确定习惯相对应的政治、法律、经济等因素的具体信息，并在此基础上确定应对不确定风险的柔性机制，以期形成利益协调机制，最终实现有效的内部契约治理[114]。杜亚灵和李会玲等认为，研究者将柔性管理引入建设项目工程领域的主要原因在于工程项目面临着各种各样的不确定性，项目柔性的表现包括目标柔性、过程柔性等多个方面，其中最重要的是合同柔性[115]。

尹贻林等通过实证分析，发现合同柔性对项目管理绩效的影响虽存在一定争议，但发承包双方信任关系的注入对提高项目管理绩效产生了积极影响。信任关系对项目管理的产出具有积极影响，以承包人资质信任为例，若经招投标选择的承包人在资质、荣誉上使承包人产生了初始信任，则双方签订柔性合同的可能性更大。又如，当业主支付不及时时，若双方已建立良好的信任关系，则承包人会选择继续完成项目，但当信任程度一般时，承

包人则会立即终止项目[116]。王琦等经过理论和实证的双重论证，得出高信任水平可显著提高绩效，防止供应商背叛[117]。Kosnik与Taylor聚焦于以数学建模方法分析影响合同柔性的关键条款，试图得出环境不确定性、声誉和信任以及工期的长短对合同柔性的重要程度。最终发现，声誉对合同柔性的影响水平一般，但环境不确定性和工期对合同柔性有显著的影响。周培等以大型基础设施项目为切入点，指出此类项目合同柔性的注入后彼此的信任关系的改变，若缺乏初始信任，发承包双方会签订刚性较高的合同，进而大幅度提高合同的事后成本，降低履约效率[118]。

（二）最佳柔性合同表现

尽管合同柔性是项目合同状态改变后，进行状态补偿的必要手段，但这种柔性的设计却需要合理的限度，无论何种柔性，均需要刚性条款保证项目的顺利实施，如合同中的规定，项目质量必须达到良好的标准，因承包人原因导致的工期延误不予补偿等。这是因为，过于刚性的合同会丧失合同的灵活性，导致缔约阶段的交易成本大幅度上升，或是承包人以明显不合理的权利责任规定接受投标文件后，在项目实施过程中大量要求变更和索赔，降低项目执行过程中的再谈判效率。而过于柔性的合同则容易诱使发承包双方产生机会主义行为，承包人会以此为漏洞，大肆提高约定不明部分的工程造价，为项目带来投资和进度的失控，这些均不利于合同的履行，进而影响项目管理绩效。Lumineau将合同分为合同控制性和合同协调性两个维度，强调只有合同的控制性突出合同的刚性约束，协调性突出合同的灵活性和柔性，仅有两者共同作用，才会对承包人行为产生积极影响[119]。Marjolein等研究了再谈判柔性与数量柔性共同作用下合同的最优结构，指出再谈判和数量双重柔性作用下的最优生物制药合同的条款设置要求[120]。Bettignies与Boss从应对环境不确定性的角度出发，指出公共项目规制和业主控制权过于严格，这些都极大地影响了合同的柔性[121]。这类项目应聚焦于柔性和刚性的均衡点，以此提高项目管理绩效。Zaghloul和Hartman通过实地调研，得出加拿大建筑行业的发包人倾向于设置大量免责条款，但这类条款导致了不合理的风险分担，过多的刚性提高了项目最终的建设成本[122]。

（三）合同柔性的分类

目前来说，基于不同的研究视角，不同的学者对合同柔性分类的划分并不十分一致，甚至有较大的差距。如有的学者认为合同柔性的本质即价格柔性，有的学者认为合同柔性包括合同条款和合同执行过程的柔性，还有学者将合同柔性的核心条款分成了权利维度、关系维度和争端处理维度。

自Harris等开始，从柔性的注入途径出发，将合同柔性分为再谈判柔性、时间柔性、价格柔性、争端处理柔性和激励柔性等方面得到了大量学者的认同，并以此为基础不断适配各自研究领域，从供应链、外包合同、人力资源管理等不同方向论证了合同柔性的分类[123]。娄黎星在前人基础上，分析得出前人的分析主要从合同条款的柔性入手，但合同执行过程也存在柔性，并以此作为合同柔性的两个注入途径[124]。具体到建设工程领域，柯洪等则主要从合同价款的视角出发，指出价格柔性是合同柔性的本质，并依据现行规范提出了新的合同柔性分类的划分标准[125]。张亚娟则应用多案例分析方法，以设计合同条款为出发点，指出以权利维度、关系维度和争端处理维度界定合同柔性的核心条款更为恰当[126]。杜亚灵等则为了度量建设工程合同的柔性大小，将合同柔性分化为适当刚性和充分柔性两个维度[127]。

工程变更对履约效率的影响更关注的是合同柔性的大小。若柔性过大，则为承包人采用机会主义行为提出了"可乘之机"，增加事后再谈判成本，导致合同履约效率降低。若柔性过小，则严苛的合同难以应对项目环境的不确定性，甚至发承包双方在仲裁或诉讼时也会因严格的合同条款不能明示合同签订之初的意思表示而导致结果不尽如人意，合同履约效率降低。基于上述分析，本章将合同的柔性程度划分为三个层级，即刚性、适当柔性与柔性。从前向后表示合同的柔性程度越来越大。

第二节　11号线合同编制方案设计

一、基于柔性与再谈判视角合同条款拟定逻辑

工程项目再谈判的目的是妥善处理不完全合同下发生的自然事件与或然事件，是寻求合同内解决的重要手段，是避免第三方证实不公与资源浪费的有效举措。同样，再谈判层级划分也是实现再谈判制度优化的必然要求。

本章节从大标段合同不完备性强的角度出发，引入柔性和再谈判机制，对项目的风险进行合理分担，保证了承包人的利益，促使承包人进行完美履约，并划定了田野实验的观测范围。具体柔性合同的再谈判作用机制如图4-3所示。

柔性合同的前提是信任，即发包人主动信任承包人，通过信息传递（如类似项目的履约情况、变更索赔情况、舆论传播情况等）在招标阶段会对潜在投标人产生初始信任，相信承包人会主动放弃背信弃义等投机主义行为，进行字面履约。伴随资格预审指标的注入，严格筛选出符合发包人意愿的多家承包人，从而建立起高度的初始信任，这种高度初始信任会促使柔性条款的注入。发包人通过注入柔性条款，以诱导承包人进行完美履约，使整个项目产生良好的绩效，同时需采取高惩罚的机制，将承包人出现背信弃义行为的概率降到最低。采用柔性合同必然会引发再谈判事件，需在合同中预设再谈判机制保证合同的顺利履行。再谈判分为事件层级的再谈判和项目层级的再谈判，事件层级的再谈判的前提是物理边界与时间边界被打破，对应的合同柔性为"有约束的柔性"，即合同约定的某事件为叮调事件（柔性），但调整范围和调整幅度有合同明确的规定（刚性），由此引发的再谈判可通过签证、变更、调价、索赔的方式解决；项目层级的再谈判的前提是项目生

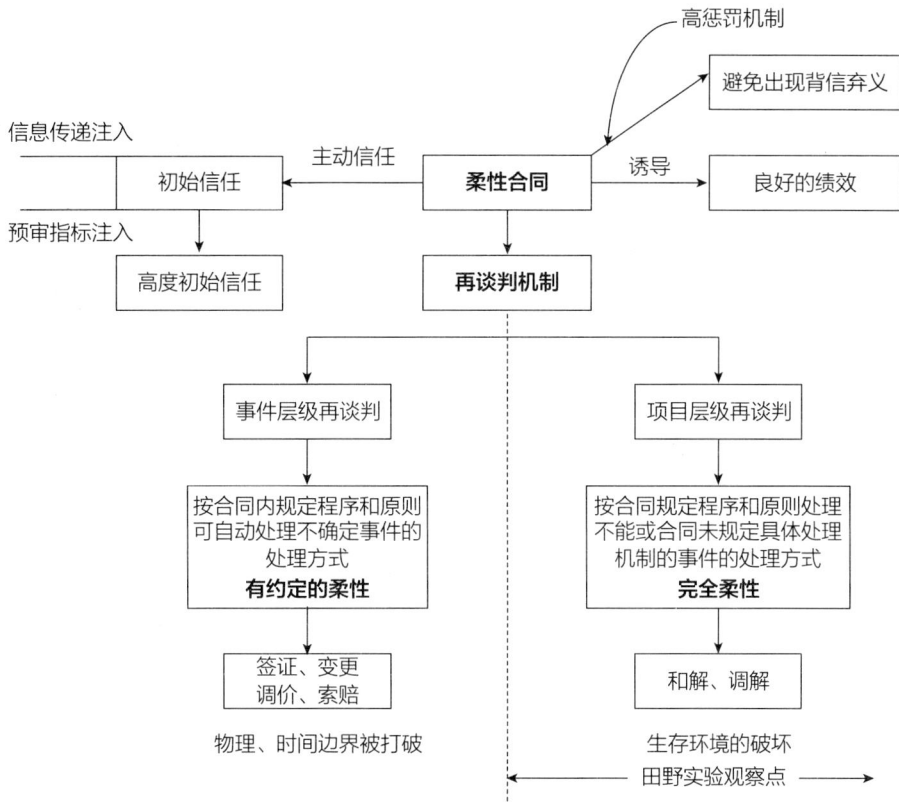

图4-3 柔性合同的再谈判作用机制图

存环境的破坏，对应的合同柔性为"完全柔性"，即合同约定的某事件为可调整事件，但如何调整未作规定，由此引发的再谈判需通过和解、调解的方式解决。广州地铁11号线为广州市首例大标段招标项目，为监测本项目的履约效率，需在其履约过程中进行"田野实验"，以观测承包人的履约结果，田野实验的观测点在项目层级的再谈判范围内预设。

二、现行各工程合同体系的基本特点比较分析

广州地铁11号线工程采用大标段招标的方式，选择初始信任程度高的施工总承包方，利用行政手段管理复杂的界面降低交易成本。但是现阶段我国的合同体系中没有施工总承包工程的合同示范文本，选择何种合同体系并在专用条款拟定时预设再谈判机制注入合同柔性，是本项目合同管理亟需解决的关键问题。目前，国际上采用较广泛的工程合同具有5大体系，即FIDIC、JCT、ICE、NEC、AIA等，其合同文件基本涵盖工程建设、工程服务（咨询）、工程货物/设备采购等各个方面。广州地铁11号线在选定大标段招标施工总承包的承发包模式后，可结合上述合同体系的范本对工程交易进行法律保障。不同的合同系列所适用的范围、合同标的、权责划分、风险分担、责任追索等要点均各有其特殊性。发包方在选择承发包模式后，需结合模式特点、项目需求、发包方的意愿与能力等从多角度选择合适的范本或对其进一步调整，作为招标过程中发包方合同策划的重要内容。

我国的工程合同体系主要受FIDIC合同体系的影响，并随着工程实践需求逐步出现与完善，对于前述5大合同体系及我国工程合同体系的对比分析主要见表4-1。

工程合同体系特点对比分析表　　表4-1

类别	合同文本	主要特点	适用范围
FIDIC	《施工合同条件》（红皮书）	单价合同；业主提供设计、承包商负责材料设备采购和施工、咨询师负责监理；三方按图纸估价，按实结算，不可预见条件和物价变动允许调价；业主强控制	DBB模式
FIDIC	《生产设备和设计施工合同条件》（黄皮书）	总价合同；承包商负责设备承发包、设计和施工，咨询师负责监理；不可预见条件和物价变动允许调价；业主较多控制	DB模式
FIDIC	《设计承发包（EPC）/交钥匙工程合同条件》（银皮书）	总价包干合同；承包商全部承担设计、承发包和施工，直到投产运行；除不可抗力外，其他风险均由承包商承担；业主重视最终成果，对工程较少介入	EPC模式
FIDIC	《简明合同格式》（绿皮书）	综合了其他模式，用于较小工程项目发包	
ICE	ICE（99版）	单价合同，合同价格确定及其结算原理同FIDIC	土木工程施工发包
ICE	《ICE分包合同标准格式》	规定了总承包商与分包商签订分包合同时采用的标准格式	DBB模式CM模式
JCT	JCT98标准合同	有6种版本，分别为私营项目和政府项目的带工程量清单、工程量清单项目表和不带工程量清单形式；业主参与度高、变更控制力强、成本确定性高	
JCT	CD98	承包商承担房屋设计和施工，其责任全由承包商承担，无咨询师角色；边设计边施工；变更控制弱、业主参与度较高	
JCT	CDPS98	承包商承担房屋部分设计和全部施工，其责任由承包商承担；业主负责方案设计的完成，承包商据此深化设计；可边设计边施工；业主参与度较高、成本确定性很高、变更控制弱	
JCT	IFC98	用于一些没有复杂安装的工程，介于JCT98与MW98之间；业主参与度低，但对变更控制力强、成本确定性高	
JCT	MW98	包括一份简单协议和关于税收的补充条款，主要用于小型简单工程；给出了双方的责任和义务，但对比较复杂情况下的风险分担比较粗糙；合同金额通常较低；业主参与度低	直接分包
JCT	MC合同	所有承包商与顾问全由业主直接发包；业主必须是项目管理专家；没有固定的标准格式；业主全程参与，成本确定性不高	CM模式
NEC	工程施工合同	业主与总承包商的主合同，也被用于总包管理的一揽子合同	DBB模式CM模式
NEC	工程施工分包合同	用于总承包商与分包商间的合同	DBB模式CM模式
NEC	专业服务合同	用于业主与项目管理人、监理人、设计人、测量师、律师、社区关系咨询师之间的合同	DBB模式CM模式

类别	合同文本	主要特点	适用范围
NEC	裁决人合同	用于指定裁决人解决任何NEC合同项下的争议	DBB模式 CM模式
AIA	A系列	用于业主与承包商的标准合同文件，包括合同条件，还包括资质报表、各类担保的标准格式等	DBB模式 CM模式
	B系列	用于业主与建筑师之间的标准合同文件，其中包括专门用于建筑设计、装修工程等特定情况的标准合同文件	
	C系列	用于建筑师与专业咨询人员的标准合同文件	
	D系列	建筑师行业内部使用的文件	
	F系列	财务管理报表	
	G系列	建筑师企业及项目管理中使用的文件	
中国	《建设工程施工合同（示范文本）》GF—2013—0201	以FIDIC为施工合同范本撰写而成，适用于土木工程，包括各类建筑、民用住宅、交通设施及线路、管道施工和设备安装	DBB模式
	标准施工招标文件（2007年版）的合同条件	适用于房屋建筑工程、土木工程、线路管道和设备安装工程、装修工程等建设工程的施工承发包活动	
	标准设计施工总承包招标文件中的合同示范文本	适用于设计施工一体化的总承包招标	DB模式
	《建设项目工程总承包合同示范文本（试行）》GF—2011—0216	适用于建设项目工程总承包承发包方式。"工程总承包"是指承包商受发包人委托，按照合同约定对工程建设项目的设计、采购、施工（含竣工试验）、试运行等实施阶段，实行全过程或若干阶段的工程承包	工程总承包

由上述对比分析可知，目前国内外对于有关"施工总承包"模式的合同范本缺失，本项目的合同暂无精确的可供直接参考的合同范本，需根据本项目的具体情况选择合适的合同范本和框架。

三、广州地铁施工合同类型选择影响因素分析

工程合同类型选择总体上必须匹配发包方选定的承发包模式，并符合项目自身的特点及发包方的特殊要求。在广州地铁11号线工程项目合同选择或调整过程中，主要影响因素如下所述：

（一）发包方选定的承发包模式

发包方选定的承发包模式从总体上基本确定了项目工作分解结构（WBS）到合同的工作分解结构（CWBS）框架，界定了项目参建各方的利益与责任整体架构，并初步界定了项目临时组织的契约框架。如DBB模式下，合同体系基本包括施工合同、监理合同、分包合同、采购合同等，施工合同属于项目组织的主合同；而EPC模式下，合同体系的主合同

为EPC总承包合同，其他合同可能包括咨询服务合同、分包合同和采购合同等。

为解决分标段招标时界面管理复杂造成交易成本较高的问题，广州地铁11号线项目选择了集成化的大标段招标，选定施工总承包模式，通过施工总承包方的集团化优势管理各承建工区以防止风险回流。因此，本项目合同类型的选择必须与发包方选定的大标段招标施工总承包模式相匹配。

（二）项目有关的影响因素

项目的特点对于合同选择或调整具有直接影响，其具体因素及其影响机理如表4-2所示。

项目内部因素对合同选择的影响分析　　　　　　　　　　　　　　　　表4-2

序号	影响因素	说明
1	建设项目设计深度	设计资料的完备性影响合同价格的形成：项目达到施工图设计阶段，通常可选择总价合同形式寻求早期造价的确定；项目达到初步设计阶段，则通常选择单价合同形式；如果项目仅达到概念设计阶段，则可考虑成本加酬金合同形式
2	项目准备时间及工期紧迫度	不同的项目准备时间与工期要求对合同选择有直接影响，若准备时间过短、工期紧迫，则通常以成本加酬金合同为宜；如果准备时间充裕、招标时间充分，可采用单价或总价合同形式
3	项目规模及复杂度	若项目大且复杂程度高，则意味着对承包商技术水平要求高、项目风险大，从而业主选择合同的自由度降低，总价合同采用较少；或者造价确定性高的部分采用总价合同形式，不准确部分则可采用其他形式。 若项目复杂度低，规模较小则总价合同、单价合同或成本加酬金合同均可考虑
4	项目外部环境因素	包括承包商市场竞争态势、项目所在地的政治、经济、劳动力状况等影响合同选择，一般而言，业主相对承包商的议价能力强、项目外部风险小则业主选择合同的自由度更高，多种合同模式可灵活选择

广州地铁11号线项目是初步设计和施工图设计完成并审批后开始进行招标，采用总价合同和部分单价包干相结合的方式。并且广州地铁11号线施工总承包项目作为市政基础设施投资建设项目，具有投资大、技术复杂、建设周期长、工期紧迫的特点，是一项资金密集、技术密集的系统工程。因此，本项目选择的合同类型需要满足广州地铁11号线的复杂特点以保证工程的顺利实施。

（三）发包方的特殊要求

发包方的特殊要求主要包括发包方的项目管理能力、参与项目管理的意愿、风险态度及其他具体的需求。上述因素不仅影响到发包方对于成熟合同范本的借鉴与选择，更直接决定了发包方对于合同条款的调整与修订。因此，广州地铁集团对11号线项目中的特殊要求，包括施工总承包方的工程范围、施工管理、项目公司等，这不仅决定了广州地铁11号线如何选择合同类型，同时影响合同具体专用条款的拟定，以满足发包方对项目的要求。

综上所述，对于广州地铁11号线施工总承包项目而言，发包方对于合同范本的选择与调整的策划受到多种因素的综合影响。概括而言，其合同选择与调整受到选定的承发包模式、项目特点与发包方特殊要求的直接影响，涉及具体项目时，发包方可根据其侧重的主要因素通过一定的评估方法（如AHP、FAHP、DEA等）予以确定，形成合同策划与调整的总体指导思想。

经分析，确定本项目合同文本主要依据《建设工程施工合同（示范文本）》GF—2013—0201进行编制。

四、广州地铁11号线合同投资控制关键点分析

广州地铁集团有限公司与承包联合体（中国中铁股份有限公司及广州建筑股份有限公司）签订施工总承包合同，使得施工总承包方在广州地铁11号线项目建设期间拥有项目的建设管理权。地铁公司作为发包人，其合同控制的关键点包括：

（一）投资控制目标的确定与分解

本工程的合同总价包括总价包干、部分单价包干和风险包干，而投资控制目标的整体实现需要通过上述两部分的分解目标优化控制去实现。因此，本项目中控制面临的首要问题即在于如何合理的确定项目总价及其对于总价包干部分与单价包干部分的界定，从而合理确定出本工程的投资控制总额及其分解目标。

（二）施工总承包模式下工程变更管理

本项目的投资规模大、建设标准高、实施模式新等特点必然产生工程变更管理的复杂性，而变更价款的确定及其对策直接成为影响施工总承包合同结算价的重要因素。如前文所述，模式的首次应用、施工总承包合同示范文本的缺失等原因使得施工总承包工程中变更管理缺乏可供直接借鉴的惯例可循，从而成为本项目中投资控制（或合同管理）的关键要点。

（三）施工总承包模式下的结算与支付管理

城市轨道交通项目的综合性、专业复杂性使得设计、施工通过一个总承包商直接完成存在技术上的巨大障碍，从而专业分包成为必然。因此，工程顺利实施是总承包商、专业分包商合力的结果，而结算与支付的及时性会成为施工总承包商与分包商顺利实施工程施工的一大关键因素。

（四）施工总承包项目的合同框架

目前，我国并无统一的施工总承包合同框架指导性文件，各地具体实施的施工总承包项目中，采用的合同框架内容构成具有多样性，从而因地制宜地选择施工总承包项目合同

框架，针对性地进行施工总承包项目的合同策划存在依据不足；而11号线工程施工总承包是广州地铁集团首次采用施工总承包（大标段发包）模式，如何形成可行的并有助于为广州地铁后续工程提供指导的施工总承包合同框架是需要首先解决的关键问题。

（五）施工总承包项目的风险分担

风险分担是工程实践中的核心问题，关系到多维项目绩效目标的实现程度，同时也是合同策划与条款设计中的关键问题。本工程中风险分担的依据、分担的过程以及风险分担方案将直接成为投资控制、合同管理的重要原则，是本项目顺利实施所必须解决的关键问题。

（六）施工总承包项目的合同条件

合同条件的构成、内容约定等直接反映了交易双方的权力配置、风险分担、利益分配、违约责任等关键要点，为交易双方履约提供了一种锁定效应。因此，设计与本项目采用的施工总承包模式相适应的合同条件也是发包人合同策划与管理的重点。

五、广州地铁11号线合同文本编制的整体思路

广州地铁11号线施工总承包项目核心问题聚焦于工区承建单位的控制权分配、三方风险的合理分配、责任界面有效明确等内容上，由此，针对上述问题及前述项目背景，提出"一流程、二主线、三列表、七原则"的合同编写整体思路。

（一）一流程：合同总体策划流程

通过综述合同编制的一般原则，将广州地铁11号线施工总承包合同总体策划流程归纳为：由项目总目标和战略分析到分项目承发包策划与项目管理流程策划，再到招标文件与合同文件起草的全过程编写。具体合同策划流程如图4-4所示。

（二）二主线：合同风险策划+项目管理策划

为满足广州地铁11号线项目大标段招标施工总承包模式的要求，本合同策划按照合同风险策划和项目管理策划两条主线进行，在合同中预设再谈判机制注入柔性以适应招标选择的初始信任水平高的施工

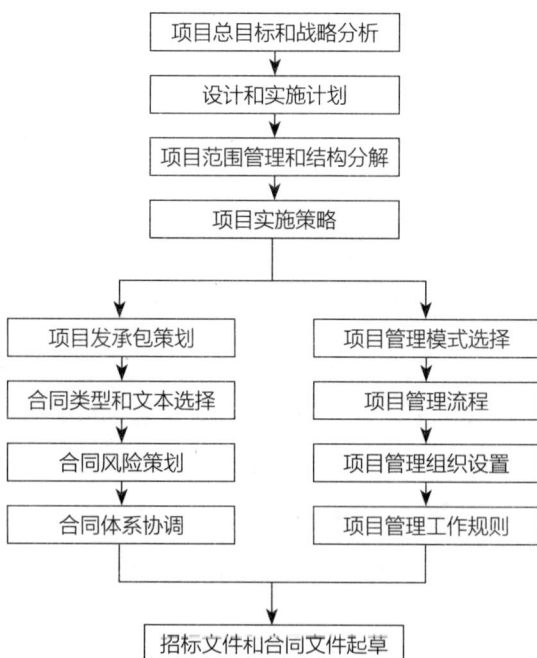

图4-4　广州地铁11号线施工总承包合同总体策划流程

总承包方。本书希望一方面用柔性的风险策划应对广州地铁11号线的不确定性，另一方面用治理理论的项目管理策划解决项目的组织结构问题。

（三）三列表：风险分担一览表＋工作责任一览表＋工作程序一览表

IPPCE团队将解开合同管理的三把钥匙分为风险分担一览表、工作责任一览表和工作程序一览表。在广州地铁11号线项目的合同策划中，将合同的具体条款拟定分解为合同的三把钥匙，在此基础上可进一步细化为七项关切。三把钥匙明确了合同分析的方向，七项关切则为合同条款的进一步细化与确定，将具体表现在合同条款的拟定中。

（四）七原则：风险责任对等、风险收益对等、风险补偿对等、参与权对等、权力约束对等、信息沟通对等、协调配合对等

（1）原则一：风险责任对等原则

风险责任对等为重点分析合同中关于甲乙双方（广州地铁集团与施工总承包方）的合同计价方式、风险包干范围、风险分担格局以及免责条款等内容。本书通过对比分析其他省市的地铁施工合同文本，总结以下要点。

1）合同计价方式。常表现为：总价包干形式，总价包干与据实结算相结合的方式。广州地铁11号线项目为总价包干+单价包干+风险包干形式。

2）风险包干范围。已深化到具体费用层面。

3）风险分担格局。甲方承担的风险基本上是甲方的行为风险、法律风险和经济分析，乙方承担的风险主要为乙方的行为风险。双方共担的风险则包括了不利物质条件、化石文物、不可抗力、工程照管以及各方投保转移的风险。

4）免责条款。范围不一，基本涵盖二次搬运、仓储保管、成品保护所需费用、乙方为甲供材料设备生产商提供装卸、场地及水电接驳点、保管、安装及成品保护等费用、政府原因导致的弃土费用变化等内容。

（2）原则二：风险收益对等原则

根据合同内容分析的结果得出，风险与收益是否对等主要体现在价款调整与工程变更两方面。

1）环境变化方面。广州地铁11号线具体表现为，不给予调整、法律法规变化据实结算、税率变化据实结算等。

2）材料价格调整方面。广州地铁11号线合同规定对项目中的主要材料（例如混凝土、水泥、钢材、电缆等）进行调整。

3）物价波动方面。发生物价波动时允许调整，调整幅度视情况确定。

4）价格调整方面。依据广州当地相关文件进行调整。

5）变更估价方面。广州地铁11号线参照有适用、无适用、有类似、无类似原则，或将增加部分下浮。

6）变更额支付方面。将变更分类分级，确定支付的原则。

（3）原则三：风险补偿对等原则

风险补偿对等条款主要包括收益共享条款、违约罚金条款及损失补偿条款。通过合同对比得出如下分析。

1）收益共享条款对比分析。收益共享条款中主要包括工程奖励和合理建议两个内容。

2）违约补偿条款对比分析。违约补偿条款内容主要涉及质量缺陷惩罚、工程延误惩罚以及履约惩罚。

3）损失补偿条款。该条款基本为索赔内容，可进行删减。

（4）原则四：参与权利对等原则

该部分表现为合同中关于各项程序的条款约定。具体包括支付程序、索赔程序、变更程序、验收程序与移交程序（或删减移交程序）等内容。

编制原则：甲方的参与权利，合同事件处理过程中甲方有参与权，并对处理结果设置征求对方意见的环节；乙方的参与权利，合同事件处理过程中乙方有参与权，并对处理结果设置意见反馈的环节。

（5）原则五：权利约束对等原则

权力约束对等分为甲方约束与乙方约束两部分，其中甲方约束表现为支付时限要求与约定、调价时限要求与约定、验收时限要求与约定，乙方约束包括工作时限要求与约定、退场时限要求与约定。

编制原则：对甲方权力约束，合同事件处理程序中对甲方权力做出约束，不能单方面做出决定；对乙方权力约束，合同事件处理程序中对乙方权力做出约束，不能单方面做出决定。

（6）原则六：信息沟通对等原则

信息沟通对等分为信息沟通事件、争议处理、重新谈判三方面，其中信息沟通事件的相关条款涉及早期预警条款、信息传递条款、信息共享条款等；争议处理的相关条款涉及双方和解条款、第三方调解条款等；重新谈判即约定项目进行中二次谈判（再谈判）的相关条款，包括不确定事件的预设等内容。

（7）原则七：协调配合对等原则

该部分表现为配合协作与应急联动两个方面，其中配合协作涉及设计交底与外部协调等条款；应急联动包括应急处理、联席会议等条款。

第三节　11号线合同框架优化分析

一、广州地铁11号线施工总承包合同框架概述

广州地铁11号线施工总承包项目发包方通过合同策划，以《建设工程施工合同（示范

文本）》GF—2013—0201为基础，形成了一个由合同协议书、通用合同条款和专用合同条款三部分构成的一个合同结构，如图4-5所示。

图4-5 广州地铁11号线施工总承包合同

其中，作为具有锁定交易平台、锁定交易内容、锁定交易方式、锁定问题处理等基本功能的合同文本主要由合同协议书、通用合同条款、专用合同条款和附件等综合构成，其核心内容涵盖在合同条件中，广州地铁11号线施工总承包合同条件的基本内容框架如表4-3所示。

广州地铁11号线施工总承包合同条件框架内容　　　　　　　　　　表4-3

条款号	目录	内容
1	一般约定	1.1 词语定义与解释；1.2 语言文字；1.3 法律；1.4 标准和规范；1.5 合同文件的优先顺序；1.6 图纸和承包商文件；1.7 联络；1.8 严禁贿赂；1.9 化石、文物；1.10 交通运输；1.11 知识产权；1.12 保密；1.13 工程量清单错误的修正
2	发包人	2.1 许可或批准；2.2 发包人代表；2.3 发包人人员；2.4 施工现场、施工条件和基础资料的提供；2.5 资金来源证明及支付担保；2.6 支付合同价款；2.7 组织竣工验收；2.8 现场统一管理协议
3	承包商	3.1 承包商的一般义务；3.2 项目经理；3.3 承包商人员；3.4 承包商现场查勘；3.5 分包；3.6 工程照管与成品、半成品保护；3.7 履约担保；3.8 联合体
4	监理	4.1 监理人的一般规定；4.2 监理人员；4.3 监理人的指示；4.4 商定或确定
5	工程质量	5.1 质量要求；5.2 质量保证措施；5.3 隐蔽工程检查；5.4 不合格工程的处理；5.5 质量争议检测
6	安全文明施工与环境保护	6.1 安全文明施工；6.2 职业健康；6.3 环境保护
7	工期和进度	7.1 施工组织设计；7.2 施工进度计划；7.3 开工；7.4 测量放线；7.5 工期延误；7.6 不利物质条件；7.7 异常恶劣的气候条件；7.8 暂停施工；7.9 提前竣工
8	材料与设备	8.1 发包人供应材料与工程设备；8.2 承包商采购材料与工程设备；8.3 材料与工程设备的接收与拒收；8.4 材料与工程设备的保管与使用；8.5 禁止使用不合格的材料和工程设备；8.6 样品；8.7 材料与工程设备的替代；8.8 施工设备和临时设施；8.9 材料与设备专用要求
9	试验与检验	9.1 试验设备与试验人员；9.2 取样；9.3 材料、工程设备和工程的试验和检验；9.4 现场工艺试验
10	变更	10.1 变更的范围；10.2 变更权；10.3 变更程序；10.4 变更估价；10.5 承包商的合理化建议；10.6 变更引起的工期调整；10.7 暂估价；10.8 暂列金额；10.9 计日工
11	价格调整	11.1 市场价格波动引起的调整；11.2 法律变化引起的调整
12	合同价格、计量与支付	12.1 合同价格形式；12.2 预付款；12.3 计量；12.4 工程进度款支付；12.5 支付账户
13	验收和工程试车	13.1 分部分项工程验收；13.2 竣工验收；13.3 工程试车；13.4 提前交付单位工程的验收；13.5 施工期运行；13.6 竣工退场
14	竣工结算	14.1 竣工结算申请；14.2 竣工结算审核；14.3 甩项竣工协议；14.4 最终结清

条款号	目录	内容
15	缺陷责任与保修	15.1 工程保修的原则；15.2 缺陷责任期；15.3 质量保证金；15.4 保修
16	违约	16.1 发包人违约；16.2 承包商违约；16.3 第三人造成的违约
17	不可抗力	17.1 不可抗力的确认；17.2 不可抗力的通知；17.3 不可抗力后果的承担；17.4 因不可抗力解除合同
18	保险	18.1 工程保险；18.2 工伤保险；18.3 其他保险；18.4 持续保险；18.5 保险凭证；18.6 未按约定投保的补救；18.7 通知义务
19	索赔	19.1 承包商的索赔；19.2 对承包商索赔的处理；19.3 发包人的索赔；19.4 对发包人索赔的处理；19.5 提出索赔的期限
20	争议解决	20.1 和解；20.2 调解；20.3 争议评审；20.4 仲裁或诉讼；20.5 争议解决条款效力

二、广州地铁11号线施工总承包合同框架优化

（一）各类施工类合同示范文本与广州地铁11号线施工总承包合同对比分析

将广州地铁11号线项目最初的施工总承包合同与FIDIC合同系列（施工合同条件和EPC合同条件）、13版建设工程施工合同、07标准施工招标文件通用合同进行对比分析，其比较要点主要有：上述合同的内容框架；上述合同的关键要点。通过比较，得出上述合同的共同点或合同内容框架应包括的基本要素，并以此作为广州地铁11号线施工总承包合同范本内容框架的基本参照。

从上述施工类合同示范文本与广州地铁11号线施工总承包合同的内容框架对比分析来看，可以得出以下基本结论：

（1）施工类标准示范合同文本均采用通用合同条款与专用合同条款的架构予以设计；

（2）各种标准施工类合同范本的内容框架具有较大的相似性，其基本内容要素有较大的相似性；

（3）广州地铁11号线施工总承包合同从范围上比分标段施工类合同更大，但所包括的基本内容要点与施工类合同并无太大差别，可以借鉴施工类合同（或者FIDIC系列中的红皮书合同范本）的内容框架将其20条内容进行规范，但因其标段为整条线路，在具体的合同条款拟定时，可以参考借鉴工程总承包的相关条款。

（二）广州地铁11号线施工总承包合同撰写方向

通过将广州地铁11号线施工总承包合同内容框架与标准施工类合同、部分施工总承包实践中采用的合同文本对比分析可见，广州地铁11号线施工总承包工程由于采用了一种大标段招标的模式，需要选定初始信任水平较高的施工总承包方，其在项目实施过程中拥有更大的控制权。因此，本项目的合同文件应既不同于标准施工类合同也不同于标准设计施

工总承包项目所采用的合同文件形式。广州地铁11号线施工总承包合同是一种兼有标准施工类合同及施工总承包工程实践合同文本特点的特殊合同形式，其内容框架是上述两类合同核心内容要素的综合反映，并需要在合同中预设较大柔性即再谈判机制以应对不可预见的风险。

（三）广州地铁11号线施工总承包合同范本撰写内容框架优化设计

基于此，广州地铁11号线施工总承包合同范本撰写内容的基本框架优化如下：

（1）合同示范文本分通用条款与专用条款两部分，以利于有效区分一般性条款及体现不同项目特殊性的条款。专用条款对通用条款进行相应补充。

（2）通用条款写作侧重于一般性、整体性的约定，体现简明、规范的特点。在通用条款中需要将发包方和施工总承包方的权力、义务进行划分，并在此基础上全面详细地列举出未来可能发生再谈判的事件，保证本合同"刚柔并济"。

（3）专用条款写作主要针对合同内容的核心环节展开，其框架性内容与通用条款保持一致性呼应，专用条款的具体内容需要对通用条款中的再谈判事件进行详细描述，包括工程量、价格、工作程序等内容，从而保证预设再谈判机制的合同柔性能够充分发挥作用。此外作为地铁项目中甲方特殊诉求的一种补充形式可继续以附件形式保留"甲方要求"。

第四节　11号线合同条款确定分析

一、广州地铁11号线施工总承包再谈判机制的设置

预见成本、缔约成本、证实成本的存在导致了工程项目合同不完全成为必然，发承包双方专用性资产的投入导致了合同交易双边关系的锁定，因此或然事件发生以及合同条款不可证实情形的出现，均会导致发承包双方在事前及事后寻找不完全合同的治理手段。自我实施机制追求的是不完全合同制定过程中双方合同内的协商解决，其目的是不要把公平解决希望寄托于不能准确证实合同条款的第三方（法院），而是利用终止商业关系威胁来达到双边关系的平衡；再谈判则强调交易双方在合同后的某个时点对合同履行过程中的或然事件及责任分担等进行二次或多次协商，由此加强合同签订前的合同设计。由此可以看出，在合同的不确定履行过程中，自我实施机制和再谈判的本质含义并不存在太大的差异，共同点则是均在合同内寻找矛盾解决方式。因此，对于工程项目合同来说，再谈判对于妥善处理合同内事件以及或然事件等具有十分重要的作用，是维持稳定合同关系的有效手段，工程项目合同再谈判必不可少。工程项目已经形成了较为成熟的再谈判方式，项目再谈判具有明显的频发性、双边性特征，并且不同谈判方式之间在事件解决能力和执行程序上存在明显差异。

（一）事件层级与项目层级再谈判方式划分

再谈判是重要的处理工程项目不完全合同自然事件、或然事件以及纠纷事件的合同内机制，是在锁定双边关系中避免敲竹杠的有效手段。再谈判效率受技术效率和配置效率两个方面影响，其中技术效率主要是反映具体再谈判方式在解决工程合同事件的解决能力；配置效率主要是反映再谈判投入资源与再谈判方式的匹配上（避免资源浪费）、再谈判方式与再谈判事件的匹配上。

1. 基于合同状态补偿的事件层级再谈判

事件层级再谈判具体指可以按照合同中已规定的程序和原则自动进行处理发生的不确定事件的方式。此类再谈判是对合同状态的补偿，不需要双方进行面对面的协商，具体包括工程项目实施过程中已经形成的比较成熟的签证、变更、调价、索赔等再谈判方式。工程项目实施具有长远的历史，无论是发包人还是承包人均在长期、多次的市场交易和工程实践中积累了大量的合同管理经验，为了快速应对常见的不稳定因素与或然事件，在工程合同中安排了具体的状态补偿条款，即签证、变更、调价、索赔等处理机制，当预期自然事件与或然事件发生后，双方即可以按照约定的再谈判方式进行处理。由此也为不完全合同的执行节约了交易成本。

2. 基于合同状态补充的项目层级再谈判

项目层级再谈判具体是指按照合同规定的程序和原则处理不能或合同未规定具体的处理机制的事件的处理方式。此类方式是对合同状态的补充，没有明确的程序可以执行，不能按照合同自动进行，具体指合同约定自然事件与或然事件处理机制之外的"和解调解"，是发承包双方在合同内直接对话的再谈判。不完全合同包括合同有缺口和存在不可证实条款两种情形，事件层级再谈判方式主要解决合同预期到的自然事件与或然事件，而项目层级再谈判则主要用来处理合同中未约定的事件、合同条款存有争议的事件以及事件层级再谈判处理不当引发的纠纷事件。与合同内已规定明确的处理程序和原则，可以自动进行解决的事件层级再谈判相比，项目层级再谈判即和解调解是处理不能按合同约定程序自动进行处理的事件，需要双方面对面进行的再谈判方式。而相比仲裁和诉讼，和解调解属于没有第三方强制的裁决结果的合同内解决机制范畴，仍是双方自愿协商进行处理不确定事件的方式。

两个层级再谈判具体划分如图4-6所示。

广州地铁11号线项目再谈判的目的是妥善处理不完全合同下发生的自然事件与或然事件，是寻求合同内解决的重要手段，是避免第三方证实不公与资源浪费的有效举措。同样，再谈判层级划分也是实现再谈判制度优化的必然要求。

（二）事件层级与项目层级再谈判的合同状态调整

不确定性事件的发生以及合同条款约定的不完整导致了工程项目事件层级和项目层级再谈判的必然发生。通过事件层级再谈判对工程项目合同进行补偿和项目层级对合同的补

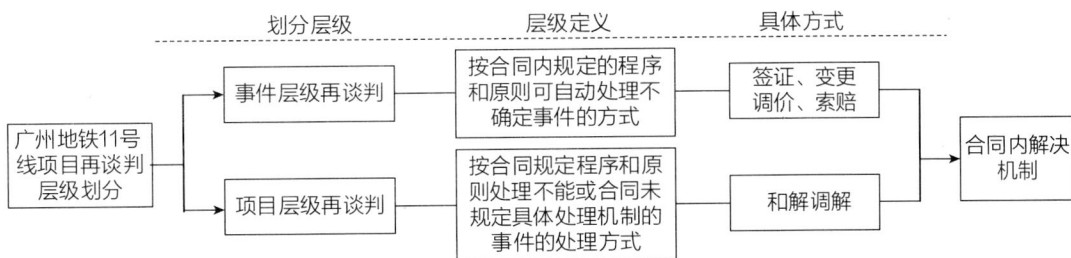

图4-6 事件层级再谈判与项目层级再谈判划分示意图

充则是实现合同关系由不稳定到稳定转变的重要途径。由此可知，工程项目中出现的不确定性事件以及合同中未预见的或然事件发生导致了合同关系的变化，具体表现为合同状态的不稳定，而发承包之间通过事件层级和项目层级再谈判来协调处理合同关系，则是实现合同内补偿和合同外补充的重要手段，也是合同状态由不稳定向稳定转变的过程。因此，对于工程项目事件层级和项目层级再谈判与合同状态之间的关系可以表述如下。

第一，工程项目再谈判是实现合同状态不稳定向稳定转变的重要手段，合同的三维状态模型将合同状态描述为时间、物理和合同关系三个维度，其中再谈判即是按照合同关系处理打破物理边界与时间边界事件的过程；而一旦谈判的事件超越现有合同关系的约束范围，即合同出现缺口或无法证实，则需要通过调整合同关系来处理打破物理边界与时间边界的事件。前者通常表现为事件层级的再谈判，后者则多是项目层级的再谈判。由此，可以将不稳定的合同状态归于稳定状态。

第二，工程项目再谈判是实现不完全合同状态补偿的自我实施机制，Klein和Hart在不完全合同治理研究中，虽然前者重点关注合同后的制度设计，后者关注合同前的所有权配置，但是均是在合同内研究不完全合同的解决机制。工程项目再谈判的对话双方是发包人和承包人，是交易合同的对应主体，基于不完全合同的共识，双方利用再谈判解决矛盾纠纷与合同缺口是典型的自我实施机制。此种解决方式优点体现在三个方面：一方面是双方面对长期的双务合同关系，需要多次处理不完全合同带来的意见分歧，而利用再谈判方式进行解决，能够有效节约不完全合同的履行成本费用；另一方面是，合同内的再谈判有利于保持双方的交易合同关系，通过充分的交流与沟通能够更好地表达自己的观点与主张，为协调解决双边争议提供快速通道；第三，合同内再谈判能够有效避免第三方意见的干预，如果将不完全合同带来的纠纷诉诸法院，不但会导致第三方力量的强加干预，浪费成本费用，同时第三方证实能力的有限性，必然导致合同处理的不公平或效率低下。因此，再谈判是不完全合同履行过程中，实现合同状态补偿的有效自我实施机制。

第三，合同状态回归稳定是衡量工程项目再谈判效率的重要指标。工程项目合同是典型的不完全合同，并且具有双边专有性投资、双边关系锁定以及承包商"乐于敲竹杠"的特点。合同执行过程中，不完全性因素的广泛存在必然导致合同状态改变的常态性，而稳定状态则是暂时的。再谈判的作用则体现在对合同状态偏离稳定状态的调整，包括时间维度、物理维度和合同关系维度。在进行工程项目再谈判效率评价时，一方面需要关注再谈判人力、物力成本的投入，同时也需要对再谈判持续时间进行关注，还需要兼顾合同关系友好程度。因此，合同状态由不稳定回归稳定的过程以及速率是反映工程项目再谈判效率的重要指标。

不完全合同导致了合同物理边界、时间边界与合同关系的不稳定，也即合同状态的不稳定。再谈判则是综合处理物理边界被打破、时间边界被打破以及合同关系不协调的重要手段。因此，工程项目再谈判是实现合同状态由不稳定向稳定转变的有效措施，是实现合同状态补偿有效的合同内自我实施机制，同时合同状态回归稳定的效果也是衡量再谈判效率的重要指标。

（三）事件级再谈判机制的设置

1. 签证再谈判

签证是可以用来进行工程结算的文件，具有一定的证据效力。所以对签证的处理与审核也尤为重要，工程实践中要避免一些无效签证充当结算依据，进而获得不正当利益的现象发生，如缺少程序要件和伪证类的签证均属于无效的签证（图4-7）。

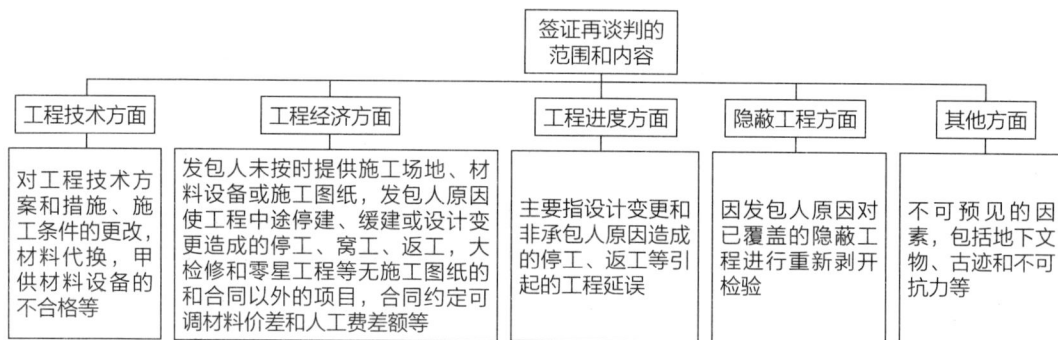

图4-7　签证再谈判的范围与内容

对签证再谈判进行处理和审核的要点有时间性、规范性和真实性三方面（图4-8）。

签证再谈判是在施工现场解决合同以外的零星工作或非承包人责任事件的一种快速灵活的方式，其程序较简单，法律效力较强。广州地铁11号线设置的签证再谈判机制流程图如图4-9所示。

由上图所示签证再谈判的程序可以得出两个关键点：一是签证的内容，一般指不在合同范围的零星项目和不是承包人原因的事件；二是签证的时限，承包人要收到发包人指令7天之内提交签证的书面报告，且发包人要在接收签证书面报告以后48个小时内核实并反馈意见，若在该时限内没有回复意见，则可视为发包人已认可该签证报告。

2. 变更再谈判

由于初始签订的合同是不完的，随着工程的建设双方对工程认识的不断加深，以及些不确定事件的发生，常需要施工中对设计图纸出现的漏洞和错误、工程的范围、技术要求等进行修改，因此形成了工程变更。广州地铁11号线变更再谈判的分类如图4-10所示。

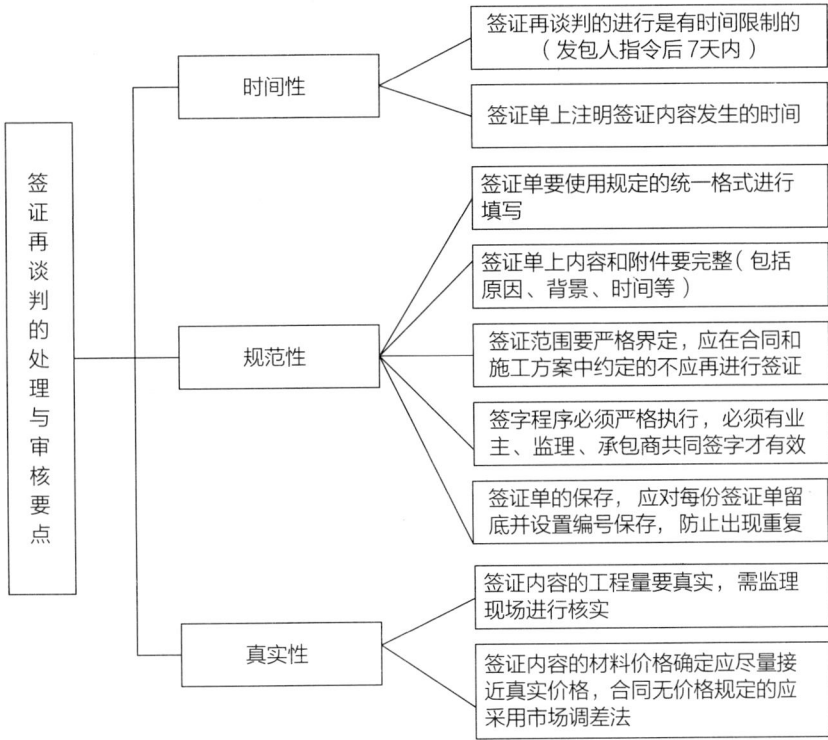

图4-8 签证再谈判的处理与审核要点

时间性
- 签证再谈判的进行是有时间限制的（发包人指令后7天内）
- 签证单上注明签证内容发生的时间

规范性
- 签证单要使用规定的统一格式进行填写
- 签证单上内容和附件要完整（包括原因、背景、时间等）
- 签证范围要严格界定，应在合同和施工方案中约定的不应再进行签证
- 签字程序必须严格执行，必须有业主、监理、承包商共同签字才有效
- 签证单的保存，应对每份签证单留底并设置编号保存，防止出现重复

真实性
- 签证内容的工程量要真实，需监理现场进行核实
- 签证内容的材料价格确定应尽量接近真实价格，合同无价格规定的应采用市场调差法

签证再谈判的处理与审核要点

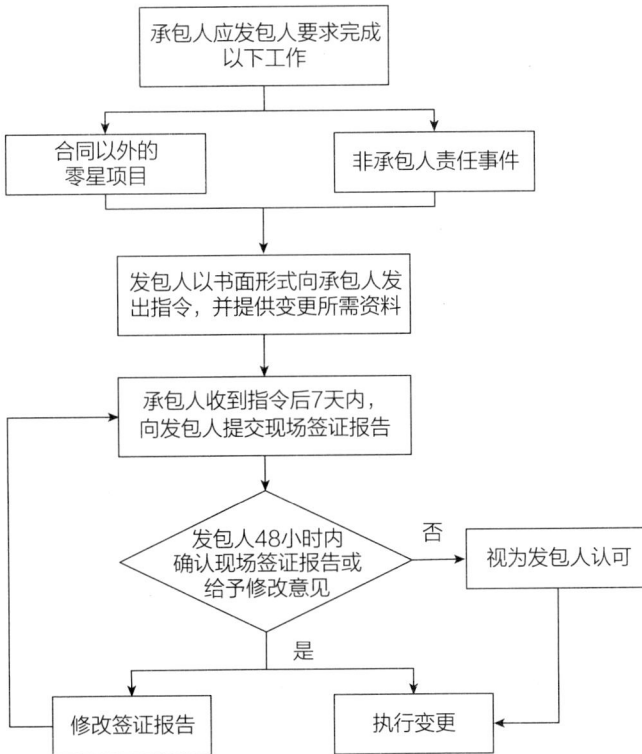

图4-9 签证再谈判的程序

承包人应发包人要求完成以下工作
→ 合同以外的零星项目
→ 非承包人责任事件
↓
发包人以书面形式向承包人发出指令，并提供变更所需资料
↓
承包人收到指令后7天内，向发包人提交现场签证报告
↓
发包人48小时内确认现场签证报告或给予修改意见
— 否 → 视为发包人认可
— 是 ↓
修改签证报告 / 执行变更

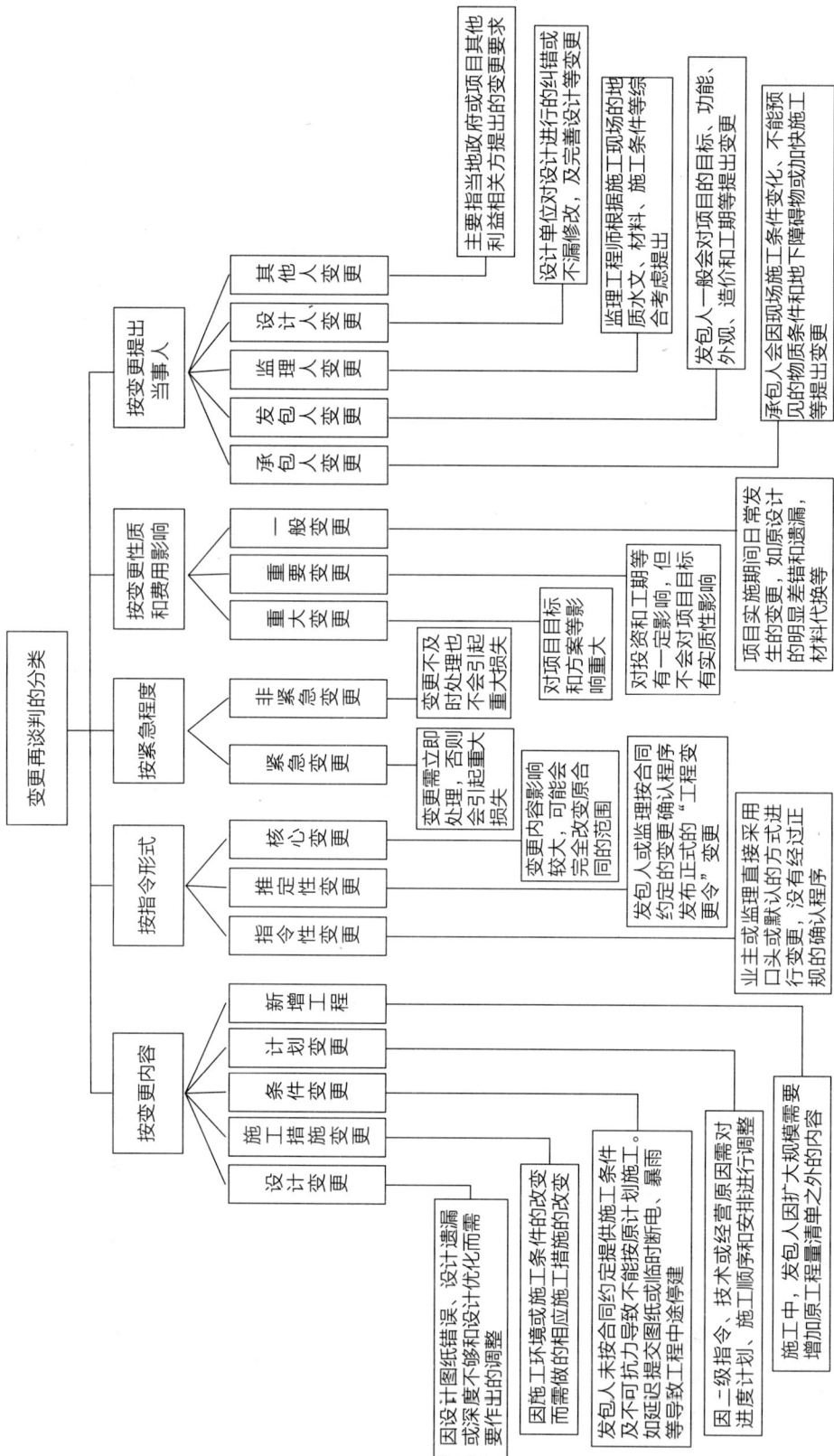

图4-10 变更再谈判的分类

广州地铁11号线合同是依据《建设工程施工合同（示范文本）》（2013版，简称"13合同"）主要框架编制，其对变更再谈判的范围作出如下规定：

（1）增加或减少合同中任何工作；

（2）改变合同中任何工作的质量标准或其他特性；

（3）改变工程基线、标高、位置和尺寸；

（4）取消合同中任何工作，但转由他人实施的工作除外；

（5）追加额外的工作；

（6）改变工程的时间安排或实施顺序。

工程实践中，变更再谈判的提出常有三种情况：发包人提出的变更再谈判、监理人提出的变更再谈判和承包人合理化建议引起的变更再谈判，由此三种情况下变更再谈判的程序也稍有差别。依据广州地铁11号线合同中规定的变更确认、变更指示和变更估价等过程和相关资料绘制变更再谈判的程序，如图4-11所示。

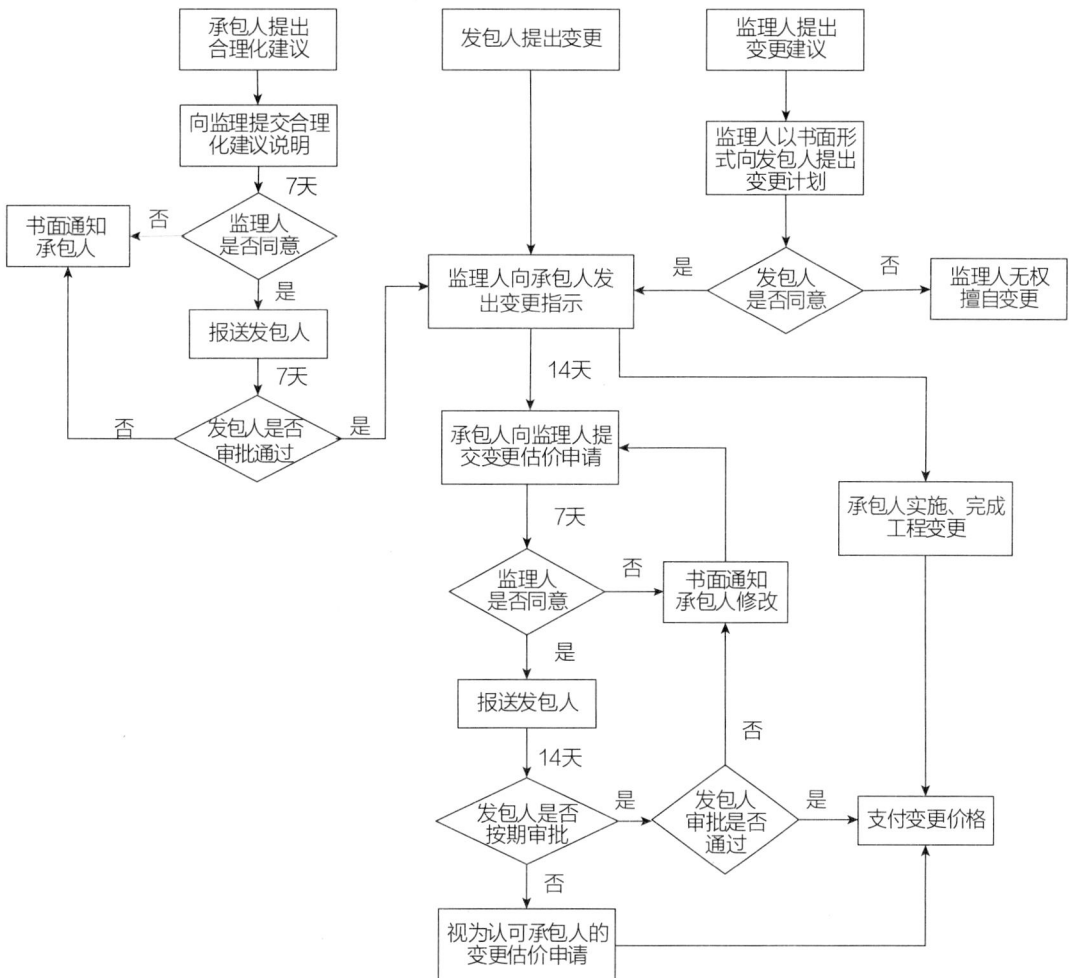

图4-11　变更再谈判的程序

由上图可以看出，变更再谈判程序在发包人、承包人和监理人提出三种情况下的主要区别在于监理人向承包人发出变更指示之前的步骤。

（1）承包人合理化建议所需程序比较复杂，因为其建议说明书需先经监理人同意，再报发包人审批。

（2）监理人提出变更的程序复杂度次之，直接将变更计划上报发包人审核即可。

（3）而发包人自己提出的变更，不需提交任何一方审查或批准，便可直接令监理人向承包人发出变更指示。

（4）承包人提出的合理化建议上报监理人和发包人审查和审批是有时间限制的，而监理人提出的变更计划上报发包人审批没有时间限制。

3．索赔谈判

索赔再谈判过程中，发承包双方要遵循"以合同为准则，以事实为依据"的原则，依据和证据的有效性直接决定了索赔再谈判的成功与否，所以在索赔再谈判中发承包双方最重要的任务之一就是尽可能地提供证明力较强的依据和证据。那么项目实施中哪些文件和资料可以作为依据与证据是发承包双方首先需要明白的关键问题。各类包含具体证据资料详见图4-12所示。

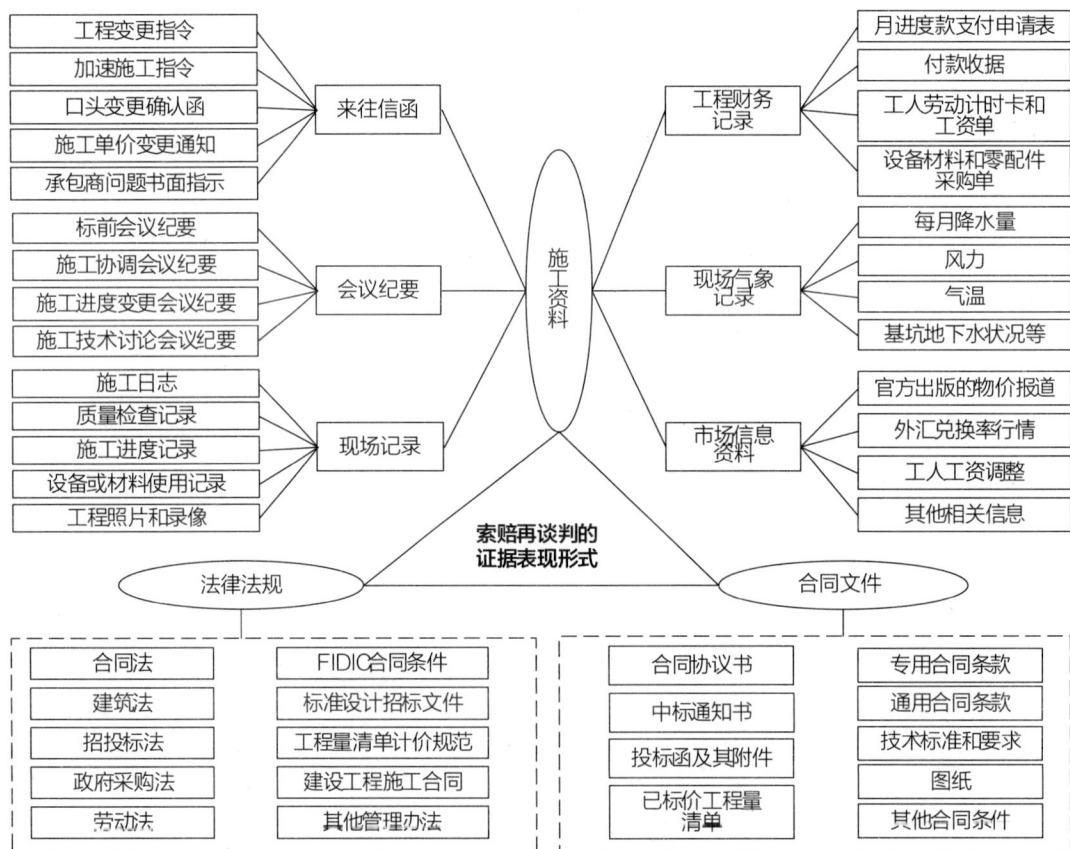

图4-12 索赔谈判的证据表现形式

由上图可以看出，施工资料对整个索赔再谈判的成功起着很重要的作用，其资料种类繁多，呈现的具体形式也各式各样。且这些资料基本都在施工过程中生成，资料签认或制作时易由于工作人员的不认真、不负责产生错误或纰漏，甚至可以造假等现象，另一方面就是资料收集和保存的不及时、不完整。这些都能够影响索赔再谈判的结果，进而影响因索赔事件引起的合同状态改变的补偿效果。

广州地铁11号线项目实践中的索赔再谈判可以说是按合同内约定程序进行自我实施机制解决双方矛盾的最后一个关卡。索赔再谈判通常是承包商主动提出的，对于施工中签证不能、变更不能和调价不能等遗留问题，承包商一般会选择通过索赔再谈判弥补自己的损失，取得经济补偿。但索赔事件的处理要按照一定的程序进行，所以，对索赔事件的处理程序就直接关乎发承包双方之间的利益分配问题。本项目合同约定的索赔谈判程序如图4-13所示。

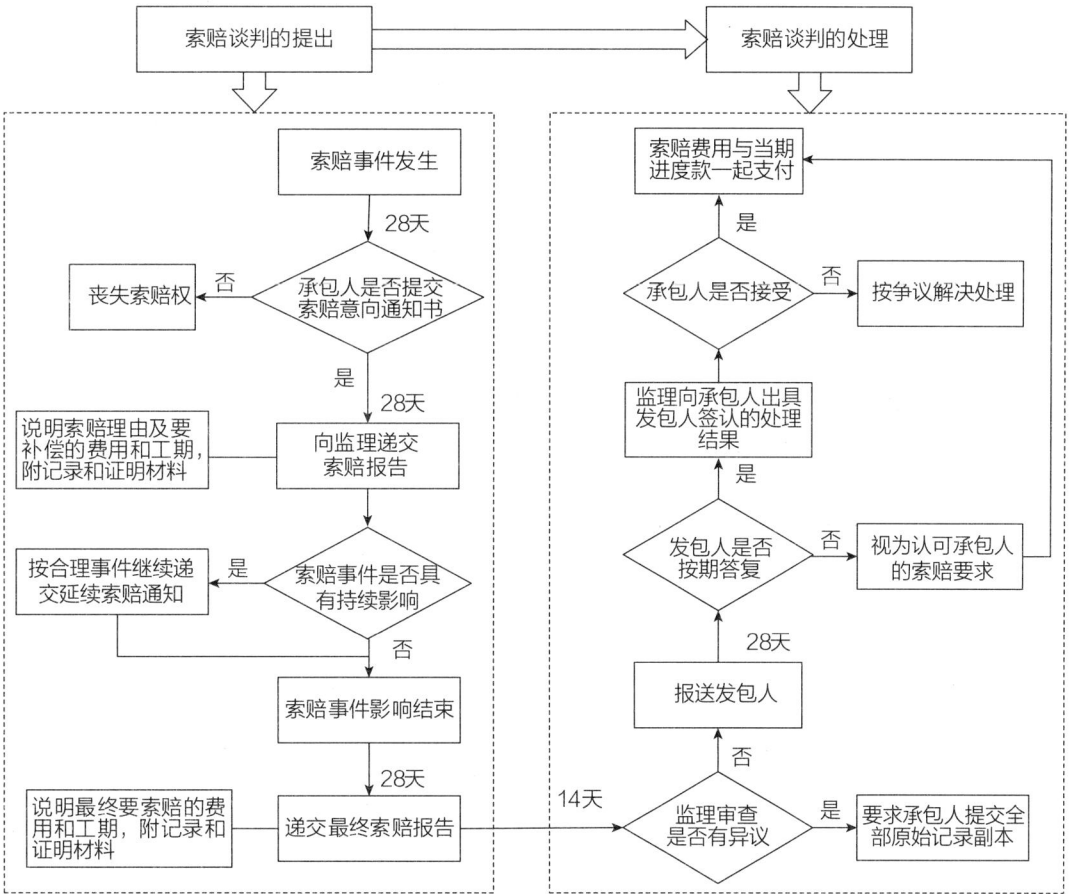

图4-13 索赔谈判的处理程序

由上图可知，索赔事件发生引起索赔再谈判的程序一般分为索赔提出和索赔处理两部分。其中整个程序最明显的关键点是时间的限制，从事件发生→索赔意向通知书的提交→

索赔报告→最终索赔报告→发包人的答复，每一环节均有时限，且均为28天。特别需要注意的是提出索赔意向的时间，如果承包人在索赔事件发生之后28天仍未提交索赔意向通知书的，则再无此项事件的索赔权，则无法对易造成的合同状态改变，此外，程序中任一环节出现问题都将影响到索赔再谈判结果，决定着合同状态的补偿程度，即索赔方最终获得的费用或工期的延长的补偿大小。

（四）项目级再谈判机制的设置

项目层级再谈判指合同约定自然事件与或然事件处理机制之外的"和解调解"，是发承包双方在合同内直接对话的再谈判。不完全合同包括合同有缺口和存在不可证实条款两种情形，事件层级再谈判方式主要解决合同预期到的自然事件与或然事件。对于施工过程中发生合同中未约定的事件、合同条款存有争议的事件以及事件层级再谈判处理不当引发的纠纷事件。本着节约交易成本、时间和人力资源及双方关系考虑，发承包不会直接采用仲裁和诉讼，而更倾向于选择和解调解的项目层级再谈判。

和解调解再谈判解决的事件或范围为事件层级再谈判，即按合同已规定的签证、变更、调价和索赔再谈判不能解决的事件和合同中未约定的事件、合同条款存有争议的事件产生的纠纷。对于事件层级再谈判不能解决进而产生纠纷所指的范围，可能是事件层级再谈判的一部分，也可能就是所有事件层级再谈判的范围。而对于合同中未约定的事件，则指不常发生的，没有在合同中约定的，不能够在签订合同时预期到的事件，这是对事件层级再谈判范围的补充。那么对于合同条款存有争议的事件，则是指合同中虽有约定，但约定的内容、解决方式或程序不清，使双方对该类事件的处理产生争议，此时也需要采用项目层级再谈判解决。由此可得出，和解调解再谈判的内容和范围很广泛，几乎包含工程项目实施过程中发生的所有不确定事件和风险事件。

二、广州地铁11号线施工总承包合同柔性条款设置

（一）合同功能及合同条款维度划分

IPPCE团队基于不完全契约理论的研究，认为由于人们的有限理性、信息的不完全性以及交易事项的不确定性，使得显示所有的特殊权利的签约成本和执行成本过高，不完全契约必然存在，也就是说交易主体事前不可能在合同中约定好所有的事情，这意味着不完备合同事后需要调整。合同事后调整依赖于事前合同约定以及再谈判机制的设置，在合同中预先设置柔性条款就为事后双方再谈判进行合同调整提供了依据。再谈判机制下，合同中预设风险分担和合同调整等柔性条款，使得合同的功能从保卫各自的利益转向了促进双方合作。

合同控制功能是为了保护交易双方的各自利益而设置的条款，目的在于约束和控制双方的行为，阻止机会主义行为。合同协调合作功能是为了适应变化而设置的柔性条款，提高应对不确定性（机会或者威胁）的调整能力，目的在于促进交易双方沟通和合作，促进长期关

系。根据前表，可将广州地铁11号线施工总承包项目的通用合同条件按照功能不同分为两个维度：一是控制性功能的合同条款，二是促进协调合作的合同柔性条款，见表4-4、表4-5。

工程合同的控制性功能的合同刚性条款维度划分 表4-4

刚性维度	合同条款类型	条款解释	11号线合同条款
责任约束	角色责任	发包人、承包商、分包人、工程师等角色的权利及义务（对权力的约束）	2. 发包人3. 承包商 4. 监理人
	风险责任	发包人负责的基本风险及对应风险的责任划分；承包商负责的基本风险及对应风险的责任划分	
保证约束	履约担保	承包商履约担保规定	3.7 履约担保
	支付担保	业主支付担保规定	2.5 资金来源证明及支付担保
	预付款担保	预付款担保规定	12.2.2 预付款担保
	质量保证金	质量保证金计取及保管规定；保修期限及保修责任规定	15.3 质量保证金
	竣工验收	竣工验收的程序、期限；竣工结算的程度方式和期限	13. 验收和工程试车
惩罚约束	违约责任	不同主体违约行为约定（是否明确具体）；承担违约责任的方式；合同终止和解除	16. 违约
	逾期竣工	逾期竣工处罚条款	7.5 工期延误
	质量标准	竣工验收质量条款；质量缺陷责任承担方式	5.1质量要求

工程合同的协调合作性功能的合同柔性条款维度划分 表4-5

柔性维度	合同条款类型	条款解释	11号线合同条款
调整柔性	风险分担条款	合同价格类型；不同合同类型风险分配的原则；风险范围约定	5.1 质量要求 5.4 不合格工程的处理 13.4 提前交付单位工程的验收
	工程变更条款	一般变更、设计变更、其他变更	10.1 变更的范围 10.2 变更权 10.3 变更程序 10.6 变更引起的工期调整
	价款调整条款	价格调整条款（法律法规、物价波动、清单错误修改）；工程数量计量条款（据实还是包干）；竣工延误的工期调整（非承包商原因引起）；暂估价项目价差调整	11.1 市场价格波动引起的调整 11.2 法律变化引起的调整
协调柔性	争议解决条款	共同协商条款；第三方调解条款；竣工结算争议解决	20.1 和解 20.2 调解 20.4 仲裁或诉讼
	信息共享条款	风险早期预警性条款；应急联动条款；冲突解决；联席会议；文件收发联络；信息沟通方式	18.7 通知义务

柔性维度	合同条款类型	条款解释	11号线合同条款
激励柔性	绩效激励条款	收益分享条款（提前竣工奖励；质量标准体现优质优价；承包商价值工程奖励条款）；价款支付条款（是否与绩效考核挂钩，形成不同支付比例；保留金提前退还条件、价款调整的支付方式）	10.5 承包商的合理化建议
	损失补偿条款	索赔条款（不可抗力、不利物质条件）条款；违约补偿条款	11.1 市场价格波动引起的调整 11.2 法律变化引起的调整

（二）柔性条款设置

本书将广州地铁11号线施工总承包合同的通用条款划分为基于控制性功能的刚性条款和基于协调合作功能的柔性条款。本书制定该项目的风险分担原则为实事求是、合理、双赢，对具有柔性特征的通用条款按照不确定性发生后再谈判的内容进行专用条款的细化。首先要将项目风险划分为可控和不可控两类，将不可控制的风险从项目中剥离出来。对于施工总承包方有能力控制住的可控风险尽量由施工总承包方控制和管理，进行风险费包干；其次，对于不可控风险，尤其是有经验的施工总承包方也无法预见和控制的，尽量不要纳入风险包干费中，可以据实结算和调整，但是要在合同中明确责任范围和进行动态调整的条件。最后，对于不确定事件要在合同中设置再谈判条款，但要明确再谈判的条件和权力。

广州地铁11号线施工总承包项目需要在合同专用条款中通过设置风险分担条款柔性、调整条款柔性、协调条款柔性、激励条款柔性等合同柔性条款，实现项目风险在参与方之间的有效转移，预设再谈判机制促进风险分担调整快速实现。借鉴上表，对广州地铁11号线项目专用条款预设再谈判机制实现合同柔性的条款设置包括：

（1）设置合同计价类型柔性。合同计价方式和风险分担结合在一起，就意味着要选择合同计价类型。合同计价类型有三种：总价合同、单价合同及成本加酬金合同。不同合同价格类型的合同柔性是不同的，所对应的风险范围和合同补偿方式有非常大的区别。

广州地铁11号线施工总承包合同采用总价包干和单价包干相结合的合同价格形式，具体如下：

1）总价包干项目：本合同工程范围内的建筑工程（不含孤石处理、溶土洞处理、建筑物保护加固注浆）、安装工程、乙供设备及工器具购置、场地准备及建设单位临时设施、白蚁防治。

2）单价包干项目：管线迁改、绿化迁移、交通疏解、道路恢复、孤石处理、溶土洞处理、建筑物保护加固注浆、静力爆破、地下连续墙双轮铣成槽。

3）以资金补偿形式自行迁改的管线（如军警、国安、铁路等特殊管线），按补偿协议据实结算。

（2）设置合同调整柔性。针对已经在合同中明确分配给某一方的风险，形成合同调整条款作为合同事后调整的依据。合同调整柔性主要包括合同变更条款和价款调整条款。

广州地铁11号线施工总承包合同变更调整分为两部分：

1）采用概算下浮方式总价包干项目变更合同价款调整原则。因政府或发包人原因引起的相对于初步设计图纸发生的规划调整、实施范围变化、重大方案变化、重大地质变化、工法变化、政策性调整等属初步设计范围外项目，经政府同意，办理初步设计概算调整程序后，按调整后对应初步设计概算金额和本合同约定的下浮率调整总价包干项目价款。

因政府或发包人原因引起总价包干项目范围内地下连续墙非双轮铣成槽工艺变更为双轮铣成槽工艺，或石方开挖非静力爆破方式变更为静力爆破，变更项目按10.4.2的原则调整合同价款，并相应扣减总价包干项目的合同价款。

2）单价包干项目变更合同价款调整原则

因政府或发包人原因引起的相对于招标工程量清单发生的工程量变化和项目增减，按应予计量的实际完成工程量调整合同价款。

（3）设置合同激励柔性。一是针对某绩效目标的实现，受益方要给予对方收益分享以示奖励；二是承担了应该由对方承担的风险和责任后发生损失，对损失进行补偿。通过设计与绩效考核挂钩的支付条件或共担风险的责任重新分配的触发条件，为合理确定共担风险的责任和分配比例提供依据。

广州地铁11号线项目在专用条款的其他规定中第九条设置了本合同要求执行《关于印发〈广州市轨道交通工程建设安全检查评分管理办法（试行）〉的通知》（穗铁企〔2009〕64号文），施工总承包方必须无条件执行。通过安全巡检形成的结果纳入发包人诚信评价考核，发生的奖励或罚款在次月计量支付时支付或扣除，罚款金额在结算时不予退还。

（4）设置合同协调柔性。针对项目的不确定性事件，按照程序公平优于分配公平原则，设计协调条款柔性，包括争议解决条款信息共享条款再谈判条款，通过设计共同协商、风险早期预警、应急联动、冲突解决、联席会议、再谈判启动等条款实现对于不确定事件发生后的适应和应对。

广州地铁11号线项目在不可抗力条款的设置上，除通用合同条款约定的不可抗力事件之外，视为不可抗力的其他情形：敌对行动（无论是否宣战）、入侵、外敌行为、军事政变、恐怖主义、空中飞行物坠落或其他非合同双方当事人责任或原因造成的罢工、停工、爆炸、火灾等，以及当地气象部门规定的情形；当地地震部门规定的情形；当地卫生部门规定的情形。

不可抗力事件发生后，施工总承包方应立即书面通知发包人和监理人，并在力所能及的条件下迅速采取措施，尽力减少损失，发包方应协助施工总承包方采取相应措施。监理人认为应当暂停施工的，施工总承包方应暂停施工。不可抗力事件结束后的7天内，施工总承包方向监理人通报受害情况和损失情况，并预计清理和修复的费用。不可抗力事件持续发生，施工总承包方应每隔7天向监理人报告一次受害情况。不可抗力事件结束后的28天内，施工总承包方应分别按照第7条、第19条规定索赔工期、费用。

（三）广州地铁11号线施工总承包合同价款调整设置

1. 广州地铁11号线施工总承包项目合同价格的构成

（1）工程费用的确定原则：

以由双方参与的经政府相关部门审定批准的11号线初步设计概算的工程费用为基数，确定土建、轨道工程、安装装修工程等下浮率。

（2）风险包干及其他费用确定原则：

风险包干及其他费用：包括但不限于以下已包含在承包人合同总价中的风险费用，不再另行计算。

包括总承包人对分包人、材料设备供应商的选择（含通过招标选择）与管理的费用，承包人对发包人委托的其他施工、供货等单位的管理，承包人对甲供材料设备的协调管理，承包人的人员工资，场地设施，为完成工程所需与非施工总承包范围工程接口的协调管理，施工图勘察设计管理与配合，配合联合调试及通车试运行，"三权移交"前的保安保洁、隧道清洗、垃圾清运以及合同约定的由承包人代替发包人实施的管理职责所引起的为满足本工程管理所需的一切总承包管理费用。

（3）工程建设其他费用中的监理设施费、施工借地费、场地准备费、招标交易服务费据实结算。

（4）合同价格形式

本合同采用总价包干和单价包干相结合的合同价格形式，具体如下：

总价包干项目：本合同工程范围内的建筑工程（不含孤石处理、溶土洞处理、建筑物保护加固注浆）、安装工程、乙供设备及工器具购置、场地准备及建设单位临时设施、白蚁防治。

单价包干项目：管线迁改、绿化迁移、交通疏解、道路恢复、孤石处理、溶土洞处理、建筑物保护加固注浆、静力爆破、地下连续墙双轮铣成槽。

以资金补偿形式自行迁改的管线（如军警、国安、铁路等特殊管线），按补偿协议据实结算。

（5）预付款

预付款用于承包人为合同工程实施购置材料、工程设备、施工设备、修建临时设施以及组织施工队伍进场等。预付款的额度和支付在专用合同条款中约定。预付款必须专用于合同工作。

预付款的扣回与还清：预付款在进度付款中扣回，扣回办法在专用合同条款中约定。在颁发工程接收证书前，由于不可抗力或其他原因解除合同时，尚未扣清的预付款余额应作为承包人的到期应付款。管线迁改、绿化迁移周转金：按管线迁改、绿化迁移签约合同金额的10%作为周转资金，周转资金在形象进度完成90%前从进度款中完成冲抵。第一次周转金在完成下述全部工作后支付：①签订本合同；②提交履约担保；③以承包人名义开具的与周转金金额一致的合法、合规、有效的增值税专用发票（含发票联及抵扣联，符合增值税相关规定要求）。年度预付款：按经发包人批准的当年投资计划总额的10%支付。年度预付款在完成下述全部工作后支付：①签订本合同（第一次申请时提供）；②提交履约担保（第一次申请时提供）；③以承包人名义开具的与年度预付款金额一致的合法、合规、有效的增值税专用发票（含发票联及抵扣联，符合增值税相关规定要求）。

年度预付款的扣回：当年的完工产值达到当年度投资计划的10%时开始扣预付款。当月预付款扣还金额＝预付款×当月完成工程总值/年度投资计划×1.1，当年预付款未扣完，余额将在下年度的预付款中抵扣。如预付款未能在工程完工前100%扣还，发包人有权采用预付款保函提现方式进行抵扣。

（6）安全文明施工费的支付

承包人应制定专项的安全措施费使用计划，经监理人和发包人审查符合开工条件支付该费用总额50%；其余费用按照施工进度以及发包人、监理人、承包人共同核定的安全措施落实情况按月支付。

（7）工程进度款的支付

发包人按不高于工程价款（包含合同内计量及材料调差总额）的90%支付进度款。其中进度款的1%作为安全质量考核金，发包人每月对承包人进行安全质量考核，根据考核分数（其中安全考核分数占60%，质量考核分数占40%）按比例支付安全质量考核金，具体如下：

1）90分以上（包括90分），支付比例为100%；

2）80~90分（包括80分），支付比例为80%；

3）70~80分（包括70分），支付比例为50%；

4）70分以下，不给予支付；

5）扣留部分安全质量考核金不再支付，待工程完工后办理合同变更。

2. 广州地铁11号线施工总承包合同价款调整策略

从项目组织的本质来说，柔性是一种必然的客观属性，已有学者证实，项目组织本身就是应对变化环境而出现的产物。项目驱动型组织依靠临时性的项目团队，灵活、不固定的组织方式，最大程度地实现了组织柔性，有利于应对市场和技术带来的不确定性。在推崇组织柔性化的研究中，项目驱动型组织被视为一种能够实现组织柔性目标的柔性组织形式。这类组织的重要特征是"即兴创造""点对点响应"，组织不受制于先前结构或惯例所沉淀的记忆，而是处于不断重新设计和创造过程中。基于这些研究结论，项目驱动型组织的成功不再得益于劳动分工、标准程序、一致性规则等带来的效率优势，而逐渐让位于灵活、自治、"即兴创造"所带来的柔性优势。

基于上述分析，可见建设项目合同由于目标的固定以及不断变化的环境，合同（包括合同附件）中关于工作内容的约定必然是一种柔性。并且这种柔性代表着项目组织本身的特征，客观属性。合同柔性实现路径见图4-14。

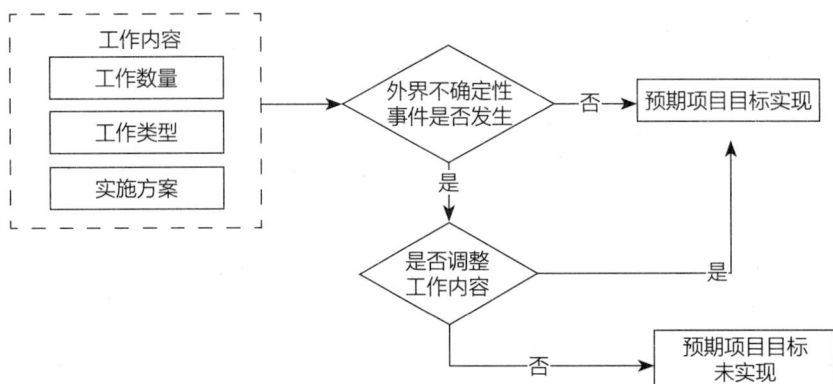

图4-14　合同柔性实现路径

既然，项目组织可被抽象为一种合同，并且通过上述的分析，由于项目本身的特征，合同中关于工作内容的约定必然是一种柔性，这也体现了项目组织的一种灵活性的特点。那么合同中另一个重要的内容就是价格的安排了。不同于关于工作内容约定的柔性，关于合同价格调整的条款不一定具有柔性。为了便于分析，我们首先假设一种理想的状态，即业主支付给承包商的价格与承包商所完成的工作内容相关，且成正相关关系。此外，建设项目合同价格包含了用于项目建设的必要成本以及承包商进行施工活动的报酬，从这个视角来看，建设项目合同价格可表述为成本加报酬两个部分，因此本书从成本和报酬两个视角构建合同价格柔性的基本模型，如图4-15所示。因此，我们给定了如下模型。

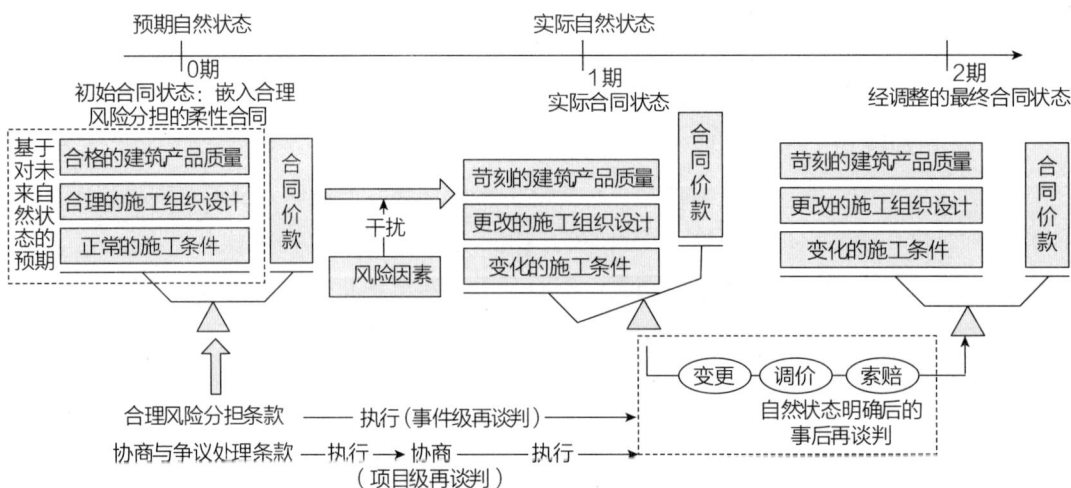

图4-15　合同价格柔性模型

从上述模型可知，此时合同价格也同样具有柔性，并且这种柔性较高，随着承包商工作内容的调整，也进行了相应的调整。考虑到柔性合同本身具有双刃剑效应，广州地铁11号线项目对合同柔性的程度进行了一定的控制，并纳入合同中的价款调整条款中，具体如表4-6所示。

广州地铁11号线基于风险分担的条款设置 表4-6

风险因素			基于风险分担的条款设置
成本因素	合同中关于量差的约定		单价部分：因政府或发包人原因引起的相对于招标工程量清单发生的工程量变化和项目增减，按应予计量的实际完成工程量调整合同价款。 总价部分：量差不予调整
	合同中关于变更调价的约定	允许调价的变更事件	因政府或发包人原因引起的相对于初步设计图纸发生的规划调整、实施范围变化、重大方案变化、重大地质变化、工法变化、政策性调整等属初步设计范围外项目，经政府同意，办理初步设计概算调整程序后，按调整后对应初步设计概算金额和本合同约定的下浮率调整总价包干项目价款。因政府或发包人原因引起总价包干项目范围内地下连续墙非双轮铣成槽工艺变更为双轮铣成槽，或石方开挖非静力爆破方式变更为静力爆破
	物价波动调价	调价事项	交通疏解、道路恢复及构成永久工程或设计施工工艺所必需的工程所需要的人工及乙供主要工程材料可进行调差，可调差乙供主要材料范围：交通疏解、道路恢复：钢筋、商品混凝土、商品沥青混凝土；土建：钢筋、钢材（指型材、板材、钢管）、商品混凝土、水泥；轨道：钢筋、商品混凝土；供电：接触网铜材类（接触导线、架空地线）、接触网铝材类（汇流排）；通信、信号：电缆。机电设备安装：电缆、DN150及以上钢管；其他人工、乙供材料和设备在实施期间，无论市场价格波动程度如何，发包人均不予调差；其价格波动的风险因素已体现并包含在合同价款的风险包干费中
		调价原则	仅当实施期人工、材料信息价格涨落幅度超过合同工程基准期（概算编制期）材料信息价格5%时，方对超过5%部分价差进行调整
	不可抗力	事件	地震、海啸、瘟疫、骚乱、戒严、暴动、战争和专用合同条款中约定的其他情形。敌对行动（无论是否宣战）、入侵、外敌行为、军事政变、恐怖主义、空中飞行物坠落或其他非合同双方当事人责任或原因造成的罢工、停工、爆炸、火灾等，以及：（1）当地气象部门规定的情形；（2）当地地震部门规定的情形；（3）当地卫生部门规定的情形
		调价原则	（1）永久工程、已运至施工现场的材料和工程设备的损坏，以及因工程损坏造成的第三方人员伤亡和财产损失由发包人承担； （2）承包人施工设备的损坏由承包人承担； （3）发包人和承包人承担各自人员伤亡和财产的损失； （4）因不可抗力影响承包人履行合同约定的义务，已经引起或将引起工期延误的，应当顺延工期，由此导致承包人停工的费用损失由发包人和承包人合理分担，停工期间必须支付的工人工资由发包人承担； （5）因不可抗力引起或将引起工期延误，发包人要求赶工的，由此增加的赶工费用由发包人承担； （6）承包人在停工期间按照发包人要求照管、清理和修复工程的费用由发包人承担。 不可抗力发生后，合同当事人均应采取措施尽量避免和减少损失的扩大，任何一方当事人没有采取有效措施导致损失扩大的，应对扩大的损失承担责任。因合同一方迟延履行合同义务，在迟延履行期间遭遇不可抗力的，不免除其违约责任

风险因素			基于风险分担的条款设置
激励因素	奖励条款	奖励事项	承包人提出的合理化建议降低了合同价格或者提高了工程经济效益的奖励为：无
		奖励额度	
	罚款条款	罚款事项	本合同要求执行，即《关于印发<广州市轨道交通工程建设安全检查评分管理办法（试行）>的通知》（穗铁企〔2009〕64号文），承包人必须无条件执行。通过安全巡检形成的结果纳入发包人诚信评价考核，发生的奖励或罚款在次月计量支付时支付或扣除，罚款金额在结算时不予退还

　　根据上述对施工总承包合同条款的定义与分类，结合广州地铁11号线的项目自身特点，将广州地铁11号线的工程施工合同的具体条款进行归类划分，柔性条款在广州地铁11号线施工总承包合同中的体现如表4-7所示。

　　广州地铁11号线项目合同条款设置要考虑刚性条款和柔性条款的相互作用。合同条款的设置既要考虑合同实现对合同当事人的控制功能，又要考虑合同对合作关系的保护及项目价值的维持。如果以控制和保护功能为主，则承发包双方应根据合同柔性状态的描述性指标设计柔性程度较低的刚性合同，对合同当事人行为与选择的约束和限制条款更多，包括责权利条款以及项目绩效目标、惩罚与奖励。可以不设置早期预警机制，不提承包商的索赔权，注入的柔性要素更少。如果以适应和协调功能为主，则承发包双方应注重关系维度的合同条款的设置，根据合同柔性状态的描述性指标设计柔性程度较高的完全柔性或局部柔性合同，所设计的合同条款应注重条款的动态激励性及灵活的重新谈判设计，力争在合同订立过程中就能设想到履行中可能出现的各种问题，并预先制定有效的解决措施。但是条款的设计要注意刚性条款与柔性条款的相互作用，柔性条款虽为状态补偿提供了依据，但是需要刚性条款为柔性条款的实现提供保证。

三、广州地铁11号线施工总承包合同刚性条款设置

（一）刚柔并济条款改善合同履约效率

　　工程变更条款的刚性与柔性都是相对于合同履约效率的某些方面（如进度、成本、质量）的规定而言。比如合同中工程变更条款规定无论施工过程中的工程量如何变动，发包人均不会以投标文件中的工程量为基准调整项目综合单价，则这种条款在成本方面就是刚性的，承包人会因为此类霸王条款降低履约合同的积极性，最直接的表现就是减少人材机的投入，但若变更条款工程量偏差超过15%时，则综合单价相应调高或调低，承包人则能最大程度上感到公平，自然就能尽心尽力完成项目，从而改善了合同的履约效率。再比如，工程变更条款规定变更价款的审批只需要经过监理人的审批，这种合同条款属于柔性的，但却可能导致监理人与承包人之间的"合谋"行为，最终损害发包人的利益，造成合

表4-7

广州地铁11号线施工总承包合同柔性条款分类一览表

序号	柔性事项类别	条款号	广州地铁11号线施工总承包合同专用条款内容	合同约定担方	调整内容		再谈判类型	
					费用	工期	事件级	项目级
1	工程知识产权的保护	1.11.3	承包人在使用材料、施工设备、工程设备或采用施工工艺时，因侵犯他人的专利权或其他知识产权所引起的责任与发包人因此而遭受损失的，承包人应当向发包人承担损失赔偿责任	承包人	√			√
2	算术性错误的调整	1.15.3	承包人投标文件中出现算术错误，导致其实际总造价与报价总金额不一致时，按以下原则予以修正： (1) 若数量有误，以核准的数量级为准； (2) 若用小写表示的金额和用大写表示的金额不一致，以金额低者为准； (3) ……	依据调整原则进行调整	√	√	√	
3	发包人的权利	2.9.2	发包人有权根据工程总体需要对工程进度、质量、安全、环境保护、文明施工的目标进行合理调整	依据内容确定后进行调整	√	√		√
4	施工期间事故的处理	6.1.8	事故处理所发生的费用和（或）延误的工期由事故责任方承担	责任方承担	√	√		√
5	发包人承担的安全生产责任	6.1.9(2)	发包人有下列行为之一或由于发包人原因造成安全事故的，由发包人承担责任： ①要求承包人违反安全文明施工规范操作施工的； ②对承包人提出不符合国家、省有关安全文明施工法律法规和强制性标准规定要求的； ③……	发包人	√	√		√
6		6.1.9(3)	发包人应负责赔偿以下各种情况造成的损失： ①工程或工程任何部分的占用所造成的第三者财产损失； ②由于发包人原因在施工场地及其毗邻地带造成的第三者人身伤亡和财产损失； ③……	发包人	√			√
7	施工场地的占用与管理	6.1.10	为减少占道面积及交通干扰，市区内的施工占用的情况详见《技术条件》。发包人提供生活设施，如承包人认为场地不足由承包人自行解决	发包人	√			√

序号	柔性事项类别	条款号	广州地铁11号线施工总承包合同专用条款内容	合同约定承担方	调整内容		再谈判类型	
					费用	工期	事件级	项目级
8	因发包人原因导致工期延误	7.5.1.1	合同履行期间，由于下列原因造成单位工程工期延误超过180天的，承包人有权要求发包人顺延超过180天部分的工期。以下情况发生时承包人提出，经监理工程师核实后由合同双方当事人协商确定。构成争议的，由合同双方当事人按照第20条【争议解决】规定处理	发包人		√		√
9		7.5.1.2	由于上述原因造成工期延误的，发包人将按以下原则调整合同费用：(1)发包人要求承包人赶工的，单位工程剩余部分按合同价0.05%的赶工费，则给予发包人单位工程剩余部分合同价总价的1%；发出赶工指令时该单位工程剩余部分所有工程补偿费用不超过合同总价的1%；(2)本合同范围内所有工程补偿费用不超过合同总价的1%	发包人	√		√	
10	因承包人原因造成工期延误	7.5.2.1	对于发包人指示完成的关键工期，承包人必须按时完成。由于承包人原因，造成关键线路的关键工期拖延，影响了工程总计划的，按每拖延一天，赔付额度为合同价款的0.01%，误期赔偿费最高限额按合同价款的1%	承包人	√		√	
11		7.5.2.2	由于承包人原因造成工程延期，导致监理工程师延期服务时，发包人保留向承包人索赔的权利	承包人	√			√
12	承包人顺延工期的申请	7.5.6	监理人应在收到承包人按照合同条款第7.5.1款规定予以核实（最终）工期顺延报告和详细资料后的28天内，按照专用合同条款第7.5.1款对影响关键线路的关键工期的事件进行相应工期顺延延工期的理由，发包人仅对影响关键线路的关键工期进行相应工期顺延	发包人	√	√		√
13	承包人更换盾构机	8.8.1	除以上(1)中的情况外，因承包人原因更换盾构机，承包人须向发包人支付500万元/台的违约金	承包人	√		√	
14	施工材料的供应	8.10.2	在未取得发包人批准的情况下，承包人就地自购买钢筋、混凝土材料的，发包人将暂停计价，待承包人把擅自购买钢筋、混凝土材料清运出场后才计价，并在计价时扣除该部分材料清单款的20%作为处罚，产生的其他后果由承包人负责	承包人	√	√	√	

序号	柔性事项类别	条款号	广州地铁11号线施工总承包合同专用条款内容	合同约定承担方	调整内容		再谈判类型	
					费用	工期	事件级	项目级
15	发包人指定防水材料供应	8.11.2	合同规定属于发包人指定供应的防水材料，在未取得发包人批准的情况下，承包人就擅自购买防水材料的，发包人将暂停计价，待承包人把购买的防水材料清理出场后才计价，并在计价时扣除该部分分包材料款的20%作为处罚，产生的其他后果由承包人负责	承包人	✓	✓	✓	
16	变更的范围	10.1	除专用合同条款另有约定外，合同履行过程中发生以下情形的，应按照本条约定进行变更： (1) 增加或减少合同中任何工作，或追加额外的工作； (2) 经发包人同意取消合同中的任何工作； (3) ……	责任方承担	✓	✓		✓
17			工程变更不应使合同作废无效。工程变更应按照第10.4条规定确定变更的工程款；影响工期的，工期应相应调整	责任方承担	✓	✓		✓
18	变更的执行	10.3.2	承包人收到监理人下达的变更指示后，认为可以执行变更的，应当书面说明实施该变更指示对合同价格和工期的影响，且合同当事人应按照第10.4款〔变更估价〕约定确定变更估价	发包人	✓	✓	✓	
19	概算下浮方式总价包干项目的变更	10.4.1	因政府或发包人原因引起的相对于初步设计图纸发生的规划调整、重大方案变化、重大地质变化、工法变化、政策性调整等属于设计范围外项目，经政府同意，办理初步设计概算调整程序后，按调整后对应初步设计概算金额和本合同约定的下浮率调整总价包干项目价款	发包人	✓		✓	
20	单价包干项目的变更	10.4.2	因政府或发包人原因引起的相对于招标工程量清单发生的工程量变化和项目增减，按应予计量的工程量调整合同价款	发包人	✓		✓	
21	总价措施项目清单调整	10.4.2.2	因政府、发包人颁布的安全施工、文明施工、绿色施工、环境保护技术标准或规范发生变化，安全文明施工费可作调整	发包人	✓		✓	✓

序号	柔性事项类别	条款号	广州地铁11号线施工总承包合同专用条款内容	合同约定承担方	调整内容		再谈判类型	
					费用	工期	事件级	项目级
22	市场价格波动引起的调整	11.1.1	人工、乙供主要材料按季度进行调差。交通疏解、道路恢复及构成永久工程或设计施工工艺所必需的工程材料可进行过差调整	发包人	√		√	
23		11.1.2	仅当实施期人工、材料信息价格涨落幅度超过合同工程基准期（概算编制期）材料信息价格5%时，方对超过5%部分价差进行调整	发包人	√		√	
24	法律变化引起的调整	11.2	基准日期后，法律变化导致承包人在合同履行过程中所需要的费用发生除合同另有约定以外的增加时，由发包人承担由此增加的费用；减少时，应从合同价格中予以扣减。基准日期后，因法律变化造成工期延误时，工期应予以顺延	发包人	√	√	√	
25	发票赔偿责任的界定	12.4.7	承包人开具的发票在送达发包人后如发生丢失、灭失，或被盗等，应按照税法规定和发包人的要求及时积极协助发包人在税法规定期限内办理发票的进项税额的认证抵扣手续，否则由此造成的经济损失，由双方协商分担	责任方承担	√			√

同履约效率降低。但工程变更条款规定全部工程变更价款审批必须经发包人的合约部门审批并记录在案，则这种条款就是"刚性"的，可最大程度上减少发包人与承包人、监理人之间的信息不对称现象，从而改善合同履约效率。此外，工程变更条款规定承包人提出的合理化建议后的收益共享比例为零，承包人在目前建筑市场的位势差效应的影响下虽不会产生机会主义行为，但也不会进行完美履约。若规定按照投资节约部分按20%的比例进行收益共享，则这种柔性条款可最大限度上将承包人行为从字面履约行为向完美履约行为改善。由此可以看出，工程变更条款不只是一个构念，而是一个集合。不同的工程变更条款采取不同的柔性程度，才能最大限度地降低承包人机会主义行为发生的可能性，转而促进承包人的字面履约行为甚至是完美履约行为，从而提高合同履约效率。

（二）审批类条款刚性设计提高履约效率

根据前述内容的基本结论，可以得出：工程变更审批类条款主要包括四类，分别是工程变更事项的审批，工程变更价款的审批，承包人合理化建议的审批和工程变更价款申请的时限要求。这四类条款仅有遵循刚性设计才能最大程度上提高合同履约效率。这是因为，就变更事项的审批而言，仅有发包人审批，才能确定变更实施的必要性，降低监理人与承包人恶意变更的可能性，保障项目的顺利进行；就变更价款的审批而言，仅有发包人审批，才能确定变更价款的具体数额，降低监理人与承包人"合谋"的可能性，在投资控制方面最大程度上提高合同履约效率。就合理化建议审批而言，仅有发包人组织专家以价值工程为标准进行审批，才能尽量减少承包人为实现个人利益最大化的恶意变更，进而提高合同履约效率；就工程变更价款申请时限而言，仅有发包人在工程变更实施完成后开始审批并计入期中支付，才能最大程度上避免承包人以申请变更价款妨碍其他分部分项工程的实施为由进行恶意索赔，进而提高合同履约效率。

广州地铁11号线合同中刚性条款设置如表4-8所示。

当工程变更风险发生时，既可能涉及合同中事先约定的事件，如工程量的改变、不可抗力的产生等，又可能涉及合同中未约定的事件，如地质条件的改变、业主要求的改变等内容，这些均将造成合同履约效率下降。为了保障合同的顺利履行，就必须采取合理的补偿措施，最终目的是使合同达到新的平衡状态，发承包双方积极地履行合同。根据工程变更条款是否有具体约定，柔性条款应当以契约的自我履行与发承包双方再谈判两种方式进行状态补偿。前一种的状态补偿途径仅需按照合同约定，按就就班应对项目实施过程中的不确定事件，后一种状态补偿途径则不能按照合同规定的程序和原则进行处理，而是需要发承包双方根据实际情况，商定或确定不确定事件出现后的处理程序和价款数额等内容。刚性条款诸如严格的审批等内容的作用有两方面：第一是严格区分工程变更事项产生的责任方，有且仅有非承包人原因产生的工程变更才应得到合理的经济补偿；第二是合理地认定工程变更，防止承包人为实现自身利益最大化采取"道德风险"行为，进行恶意变更。工程变更刚性和柔性条款的实现如图4-16所示。

表4-8

广州地铁11号线施工总承包合同刚性条款分类一览表

序号	刚性事项类别	条款号	广州地铁11号线施工总承包合同专用条款内容	合同约定承担方	调整内容	
					费用	工期
1	化石、文物的保护	1.9	文物保护具体实施流程严格按《广州市文物保护规定》执行，承包人发现文物后不及时报告或存在其他过错的，致使文物灭失或损坏的，所发生的全部经济、法律、维稳、行政处罚等责任由承包人承担	承包人	√	√
2	出入现场的权利	1.10.1	除专用合同条款另有约定外，承包人应负责修建、维修、养护和管理施工场地外所需的施工便道（施工场地与城乡公共道路间的通道），包括维修、养护和管理现场发包人提供的道路，并承担所有费用	承包人	√	
3	场外交通的完善	1.10.2	场外交通设施无法满足工程施工需要的，由承包人负责完善并承担所有费用	承包人	√	
4	场内临时设施的修建	1.10.3	除专用合同条款另有约定外，承包人应负责修建、维修、养护和管理施工场地内所需的临时道路和交通设施，包括维修、养护和管理发包人提供的道路和交通设施，并承担相应费用。承包人修建的道路和交通设施应免费提供给发包人使用	承包人	√	
5	知识产权的保护	1.11.3	承包人在使用材料、施工设备、工程设备或采用施工工艺时，因侵犯他人的专利权或其他知识产权所引起的责任，由承包人自行承担。发包人因此而遭受损失的，承包人应向发包人承担赔偿责任	承包人	√	
6	承包人报价的限制	1.15.2	承包人投标文件中的工程量清单中没有填入单价或总价的清单项目，应视为该项目价款已包含在其他项目的单价或总价中，发包人将不另行支付	承包人	√	
7	全线土方调配	2.9.3	发包人保留对工程土方进行合理调配的权力，为此承包人应在施工过程中根据监理人的指示，随时配合发包人进行土方调配。发包人将提前三天通知承包人，承包人不得拒绝发包人通过监理人下达的土方合理调配的指示，费用不作调整	承包人	√	
8	承包人应履行的义务	3.1.12	合同工程或某单位工程已竣工移交给发包人之前，负责已完工程的照管工作。照管期间发生损坏的，应予以修复并承担费用	承包人	√	√
9	分包人的选择	3.5.2	当承包人不具备资质资历业绩，且未在投标文件中及专用合同条款中明确分包单位时，应按照国家、省、市招投标的相关规定，采用合法方式选择符合专业资质和业绩要求的分包人，承包人有义务禁止分包人将分包工程再次分包。无论采用何种方式确定分包人，本合同价款均不因分包价而进行调整	承包人	—	—

序号	刚性事项类别	条款号	广州地铁11号线施工总承包合同专用条款内容	合同约定承担方	调整内容	
					费用	工期
10	分包管理	3.5.4	发包人如发现分包人的工作不符合合同规定，有权向承包人发出要求纠正违约行为的通知。在不危害其他可能的补救措施的情况下，采取合理措施予以补救，发包人采取此类合理措施所产生的费用应由承包人无条件自行负责支付，由此引起的工期延误等后果应由承包人承担	承包人	√	√
11	承包人向雇员支付工资	3.11	承包人应按时足额向雇员支付劳务报酬，并不低于当地最低工资标准。因承包人拖欠其雇员工资而造成群体性示威、游行、劳动行政部门投诉、停工等一切后果，由承包人承担。对发包人造成损失和（或）导致工期延误的，应赔偿发包人的损失，工期不予顺延	承包人	√	√
12	重新检查	5.3.3	隐藏部分重新检查，经检查证明工程质量符合合同要求的，由发包人承担由此增加的费用；经检查证明工程质量不符合合同要求的，承包人应按照监理人的指令重新返工，直到验收合格为止，由此增加的费用和延误的工期由承包人承担	承包人	√	√
13	不合格工程的处理	5.4.2	因发包人原因造成工程不合格的，由此增加的费用和（或）延误的工期由发包人承担	发包人	√	√
14	质量与检验收的一般要求	5.6.1	因承包人原因造成工程质量达不到合同约定验收标准的，发包人或监理人有权要求承包人返工直至符合合同要求为止，由此造成的费用增加和（或）工期延误由承包人承担	承包人	√	√
15	现场文明施工管理	6.1.6	承包人应在财务账目中单独列项备查，不得挪作他用，否则发包人有权责令其限期改正；逾期未改正的，发包人或监理人可以责令其暂停施工，由此增加的费用和（或）延误的工期由承包人承担	承包人	√	√
16	承包人的安全责任	6.1.9.2	若承包人认为发包人的指令违反了安全管理规定，可以拒绝执行，同时必须书面向监理人提交有关说明，否则，责任由承包人承担	相关责任方	√	√
17	施工场地的占用与管理	6.1.10	合同实施期间发包人不再提供缺少的场地，当实际工期超出合同工期后，延期服务费由承包人承担，费用也不再调整	承包人	√	√
18	承包人原因导致工期延误	7.5.2	由于承包人原因造成工程延期，导致监理工程师延期服务，延期服务费延期向承包人索赔的，发包人保留向承包人索赔的权利。若造成发包人被他人索赔的，发包人被他人索赔时	承包人	√	√

序号	刚性事项类别	条款号	广州地铁11号线施工总承包合同专用条款内容	合同约定承担方	调整内容	
					费用	工期
19	承包人原因引起暂停施工	7.8.2	承包人不得以与发包人有争议或争议未解决为由而单方面停工。否则，工期不顺延；造成工期延误的，承包人承担责任	承包人		✓
20	指示暂停施工	7.8.3	为了保证工程质量安全，监理工程师有权下达停工令，责令承包人停工整改，由此造成的损失由承包人自行负责，造成工期延误的，承包人应承担责任	承包人	✓	✓
21	乙供材料设备不符合要求	8.3.2	承包人采购的材料和工程设备不符合设计或有关标准要求时，承包人应在监理人要求的合理期限内将不符合合同设计或有关标准要求的材料、工程设备运出施工现场，并重新采购符合要求的材料，由此增加的费用和（或）延误的工期，由承包人承担	承包人	✓	✓
22	乙供施工材料的管理	8.10.5	承包人采购的钢筋、混凝土材料不符合设计或有关标准要求时，承包人应在监理工程师要求的合理期限内将不符合设计或有关标准要求的钢筋、混凝土材料运出施工现场，并重新采购符合要求的材料，工程设备，由此增加的费用和（或）延误的工期，由承包人承担	承包人	✓	✓
23		8.10.6	发包人或监理工程师发现承包人使用不符合设计或有关标准要求的钢筋、混凝土材料时，有权要求承包人进行修复、拆除或重新采购，由此增加的费用和（或）延误的工期，由承包人承担	承包人	✓	✓
24	发包人指定防水材料供应	8.11	承包人应严格按供货合同规定及时支付货款，若因不能及时支付货款造成供货合同纠纷的，由承包人承担由此增加的费用和（或）延误的工期；由此原因造成工程延误的，承包人应承担所有责任	承包人	✓	✓
25	样品的检测	9.2	工程材料、实体的抽查，检验结果与事前约定不符的，监理人必须扩大对该批材料的抽查范围，增加数量抽检。承包人或监理人书面通知的限期内全部无条件拆除、更换，并运出施工现场；造成的工期延误，费用增加均由承包人承担	承包人	✓	✓
26	材料和工程设备的检验试验费用	9.3.4	发包人委托的第三方检查、检验费用，若检验不合格，费用（含复检）由承包人承担；若符合本合同规定标准要求的，检验费用由发包人承担	相关责任方	✓	

序号	刚性事项类别	条款号	广州地铁11号线施工总承包合同专用条款内容	合同约定承担方	调整内容	
					费用	工期
27	现场工艺试验	9.4	如合同有约定或监理人发出书面指令，承包人应进行现场工艺试验。承包人应根据监理人提出的书面要求，编制工艺试验措施计划，提交监理人确认并由其报发包人审批。合同外增加的试验项目费用由发包人承担	发包人	✓	
28	法律变化引起的调整	11.2	基准日期后，法律变化导致承包人在合同履行过程中所需要的费用发生除合同另有约定以外的增加时，由发包人承担由此增加的费用；减少时，应从合同价格中予以扣减。基准日期后，因法律变化造成工期延误时，工期应予以顺延	发包人	✓	✓
29	合同变更价款的支付	12.4.4	合同变更经政府主管部门或政府主管部门授权的单位（部门）批准后，签订补充协议后按此变更的实施进度支付。合同变更中变更子目为正的支付至全合同变更（不含材料调差）金额的90%，变更清单子目为负的按100%扣减	相关利益方	✓	
30	拒绝接收全部或部分工程	13.2.7	对于单位工程验收不合格的工程，承包人完成整改后，经重新组织验收仍不合格的日无法采取措施补救的，则发包人可以拒绝接收不合格工程，因不合格工程导致其他工程不能正常使用的，承包人应采取相关措施确保相关工程的正常使用，由此增加的费用和（或）延误的工期由承包人承担	承包人	✓	✓
31	提前交付单位工程的验收	13.4	发包人在全部工程竣工前，使用已接收的子单位工程或分部工程导致承包人费用增加的，发包人应承担由此增加的费用	发包人	✓	
32	政府专项验收	13.8	检测费用由发包人承担，复检费用由承包人承担。如因承包人的原因造成不合格需要复检的，复检费用乙方承担	相关责任方	✓	

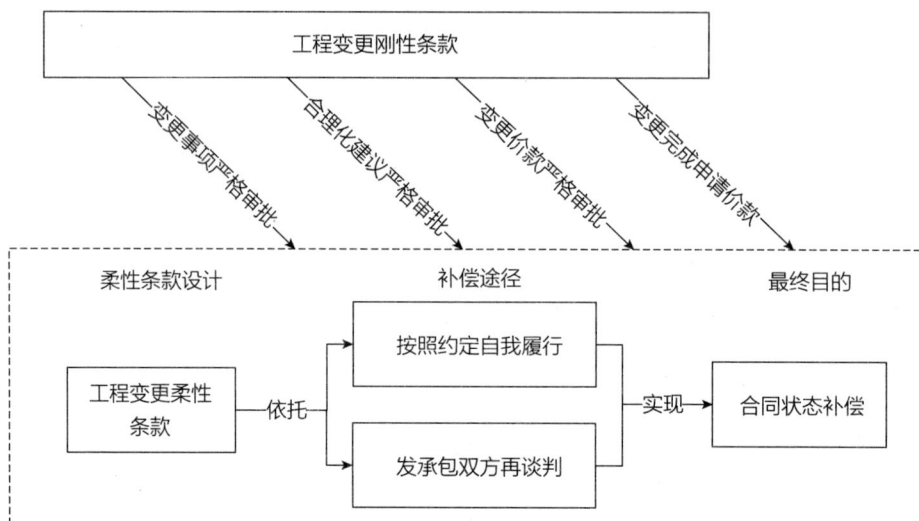

图4-16　刚性条款与柔性条款的实现

以此为基础，刚性条款可为柔性条款提供必要的约束，若不存在刚性条款，无论柔性条款的适应性有多强，都是没有规矩和准则的条款，极易引发承包人的机会主义行为，降低合同履约效率。

第五节　本章小结

本章以广州地铁11号线的合同再谈判为着力点，从Hart和Williamson等研究的不完全合同理论入手，分析工程项目实施过程中再谈判存在的根本原因。又结合成虎、李晓龙和尹贻林的合同状态理论，解释再谈判的目的和作用，即对合同状态的补偿和补充。再谈判机制的前提与实现路径是为合同合理有效地注入柔性，即设置可调整的事项。向合同中注入柔性可提高项目管理绩效，但合同柔性在使用过程中却是一把双刃剑。过大的柔性可导致承包人机会主义行为，而过高的刚性则可能导致合同失去应对项目或然事件的灵活性。在此基础上，广州地铁11号线合同提出"适当柔性"的概念，并将再谈判机制划分为两个方面："事件级再谈判"（通过签证、变更、调价和索赔等方式解决）与"项目级再谈判"（通过和解与调解的方式解决），分别对应合同柔性的"适当柔性"与"完全柔性"。"适当柔性"为合同条款约定为可调整，但调整的范围与调整幅度有刚性约定；"完全柔性"为合同条款可调整，具体如何调整未作约定，需通过和解、调解的方式解决。合同状态补偿、合同再谈判机制、合同柔性三者的逻辑关系为：合同的不完备性导致需要进行合同状态补偿、合同状态补偿通过合理设置再谈判机制实现、合同柔性的注入保障了再谈判事件有序进行。三者相辅相成，共同确保了重大工程大标段招标的投资控制得以实现。

通过上述文献分析与概念逻辑界定，引出广州地铁11号线施工总承包合同方案的设计过程。由于目前国内尚无相应施工总承包的合同示范文本，确定一个合同体系为合同策划的重点内容。前期通过对比现行的工程合同体系，确定本项目施工合同以13合同范本为依据。即广州地铁11号线施工总承包合同整体采用13合同范本的章节框架与通用条款，在合同专用条款中详细约定本项目的个性化需求，同时也在项目专用条款中合理注入柔性，激励施工总承包商进行"完美履约"。合同策划过程中进行了投资控制关键点分析，综合广州地铁11号线的项目区位、地铁建设现状、业主管理能力等方面，识别出投资目标的确定、施工总承包的变更管理、项目支付与结算管理、项目风险分担等为广州地铁11号线施工总承包合同的编制关键点。基于此，给出了广州地铁11号线合同文本编制的整体思路，即"一流程、二主线、三列表、七原则"。

通过对广州地铁11号线施工总承包合同框架的分析，给出了合同框架的优化方式，包括合同示范文本分通用条款与专用条款两部分，以利于有效区分一般性条款及体现不同项目特殊性的条款；在通用条款中需要将发包方和施工总承包方的权力义务进行划分，在此基础上全面详细地在专用条款中列举出未来可能发生再谈判的事件，保证本合同"刚柔并济"；专用条款与通用条款保持一致性呼应，需要对通用条款中的再谈判事件进行详细描述，包括工程量、价格、工作程序等内容，保证预设再谈判机制的合同柔性能够充分发挥作用。

最后，介绍广州地铁11号线具体的再谈判机制的设置和合同柔性、刚性条款的设置。广州地铁11号线的再谈判机制分为事件级再谈判和项目级再谈判，事件级再谈判通过签证、变更、索赔、调价等方式进行，给出了相应的再谈判手段的范围和流程，为其他重大工程进行大标段发包时再谈判机制的设置提供依据。对本项目的合同柔性进行了逐条识别与分析，将其以表格的形式呈现出来，并将其与再谈判机制结合起来，分析每条柔性条款采用何种再谈判机制。特别的，广州地铁11号线在不可量化风险中采用"包干取费"，如某些不可预见原因导致的影响较小的停工、窝工，设计图纸某根管线设计位置不合理等现象，这些不可量化的风险均遵循工程变更的流程，则会大量浪费发承包双方的人力、物力，基于此，广州地铁11号线合同采用"风险包干"的形式统一支付风险费用，并对风险包干的范围进行明确界定，此为"适当柔性"的典型代表事项。通过柔性条款的设置保障了合同再谈判机制的有效进行，以此使重大工程大标段发包的投资控制得以实现。

第五章

基于控制权下沉的权利分配机制

本章节的核心内容是以控制权下沉为靶向的广州地铁11号线施工总承包方相关方责任划分研究。集成化的发承包模式是涉及面广、结构复杂、影响深远的复杂系统,其本质就是利用施工总承包方的专业化实现项目在全生命周期上的价值增值,因此施工总承包方的行为在建设项目的顺利实施中起到至关重要的作用。所以如何有效地激励施工总承包方成为关键,为此在广州地铁合同中提出了合理风险分担,为承发包双方之间的契约关系注入柔性,保障发承包双方拥有在合同所预留的空间中经济而又快速地响应不确定性的能力。

但是在承包方增信机制不健全、市场信息不对称情形下,发承包双方信任不足,发包方选择合理风险分担面临着承包方履约行为相机选择的困境。为避免上述困境的出现,发包方需要为合同注入"适度的柔性",在提倡合理风险分担的基础上,也需要进行控制权的合理配置,通过契约规定缔约双方的一系列权利与工作责任,最大程度上保障各参与方的责权利统一,避免施工总承包方的机会主义行为产生。因此11号线采用大标段招标模式后,为实现对施工总承包方的控制,且对分包方有一定的管理权,故着重在支付、结算、变更、人员任命、分包商以及材料设备供应商的选取等关键节点上规定了发承包双方的权利与责任,从而保障了在有效激励施工总承包方的基础上,实现了发包方控制权的下沉,确保发包方对于项目的整体把控。本章研究框架图如图5-1所示。

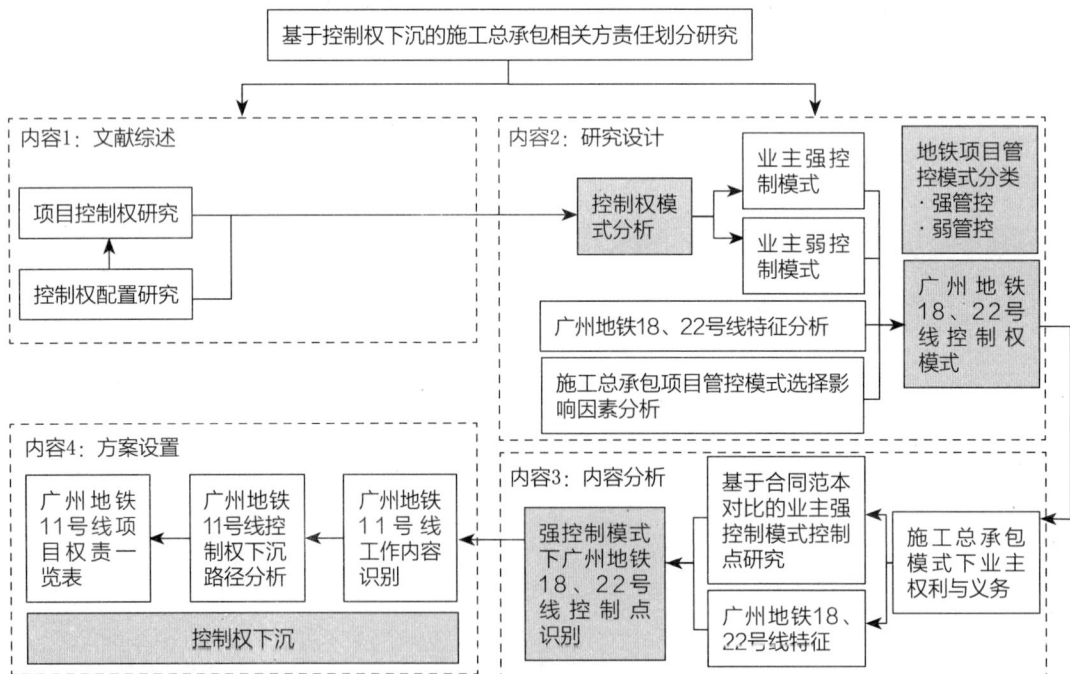

图5-1　本章研究框架图

第一节　控制权下沉理论基础

一、控制权基本概念

对于控制权问题的关注源于企业中委托代理关系的出现，用于解决因所有权与经营权相分离而产生的问题[128]。伯利和米恩斯认为控制权是指通过行法定权力的行使或对其他人施加影响，是排他性地利用企业资源从事投资和市场营运的决策权[129]；德姆塞茨[130]则认为，企业控制权主要集中在企业稀有资源的使用和处置方面，是具有排他性质的一组权利束；周其仁[131]提出控制权是"对一公司的业务经营及决策有主导之权力"，从决策经营的角度强调了企业控制权实质为利用企业资产的排他性权利。基于以上的研究，徐霞等[132]认为PPP项目中控制权分配主要解决的是，项目投资决策权在公私之间的归属问题；叶晓甦等[133]认为PPP项目控制权的本质是建立在资源基础上的企业控制权，并认为它是影响公私合作效率的基础。Tirole[134]等认为项目控制权源于对诸如信息、专业优势等关键资源的掌控而非对物质资产的所有权。

杜亚玲等[135]在对BT项目交易过程中的所有决策节点梳理的基础之上，指出BT项目交易中各决策节点的控制权可划分为决策控制的控制权和决策经营的控制权两个层次和提议权、审批权、执行权、监督权四种控制权，其中审批权是控制权的核心，且公、私两大阵营掌握审批权的决策节点个数之比是衡量BT项目控制权强度的尺度。

严玲等[136]依据代建人是否拥有与利益相关方的签约权以及在项目实施过程中代建人应对合同状态变化的范围，将控制权也区分为强弱两种类型，强项目控制权以代建人拥有工程变更处理权和工程款审批与支付权为表征，而弱项目控制权不拥有以上两种权利。

此外，严玲等[137]在以PPP模式建设的城市基础设施项目契约的研究中，根据项目控制权强弱及与之匹配的风险分担的有效性，将控制权划分为强控制权、标准控制权、弱控制权配置的三种项目交易模式。在强控制权配置下，项目承办方拥有融资、投资权，负责组建项目公司进行建设期业主项目管理，直接与项目的利益相关者签订相关合同。在弱控制权配置下，项目主办方对项目前期、工程设计进行管理和控制，还参与项目建设施工管理，项目主办方直接与利益相关者签订相应的合同。标准控制权模式则介于二者之间，项目主办方与承办方共同协商与其他利益相关者签订相应合同。

郑小侠[138]通过问卷调查法，对标准PMC模式的控制权进行了实证分析，得出一套标准的PMC模式的项目控制权的分配方案。根据控制权分配方案，各决策控制点的控制权可划分为决策控制的控制权和决策经营的控制权两个层次，提议权、审批权、执行权、监督权四种控制权。在工程项目中这四种控制权在不同的决策阶段具有不同的表现形式，例如，招标选择权体现出在招标初始阶段的提议权；进度管理权体现出在施工阶段对进度控制的执行权力；进度款审批权体现出在进度款拨付时的审批权力；安全监督权体现对建设过程中所有安全事项的监督权力。项目控制权的构成如图5-2所示。

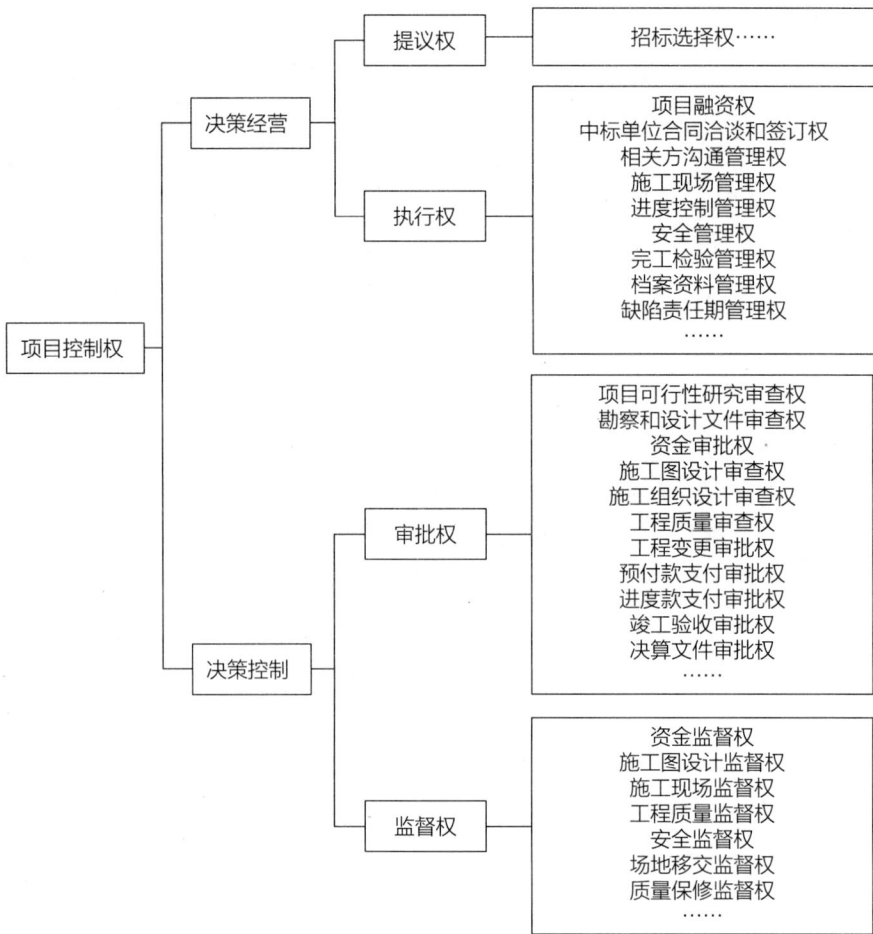

图5-2 项目控制权构成图

基于以上分析，识别出项目控制权的总体类型，如表5-1所示。

项目控制权类型一览表 表5-1

序号	学者	项目类型	发包方控制权类型
1	杜亚玲等	BT项目	提议权、审批权、执行权、监督权
2	王中和	BT项目	项目决策阶段：项目规划建议权、项目策划权、采用BT模式建议权
			项目实施阶段：勘察设计主体选择权、组织与管理权、承办人选择权、合同谈判与签订权、施工管理权、变更审批权、索赔判定权、对共管账户支付的监管权、承包方选择的知情权、工程验工计价审核权、监督权、工程接收权
3	严玲等	代建项目	工程变更处理权和工程款审批与支付权
4	严玲等	PPP项目	强控制权配置下，项目承办方拥有融资权、投资权、签约权
			弱控制权配置下，项目主办方拥有项目前期、工程设计控制权
			标准控制权模式：项目主办方拥有与主办方协商签约权

序号	学者	项目类型	发包方控制权类型
5	郑小侠	PMC模式项目	提议权：招标选择权
			审批权：项目融资权、中标单位合同洽谈和签订权、相关方沟通管理权、施工现场管理权、进度控制管理权、安全管理权、完工检验管理权、档案资料管理权、缺陷责任期管理权
			执行权：项目可行性研究审查权、勘察和设计文件审查权、资金审批权、施工图设计审查权、施工组织设计审查权、工程质量审查权、工程变更审批权、预付款支付审批权、进度款支付审批权、竣工验收审批权、决算文件审批权
			监督权：资金监督权、施工图设计监督权、施工现场监督权、工程质量监督权、安全监督权、场地移交监督权、质量保修监督权

二、控制权类别划分

关于控制权的定义从两个角度出发，一是从法律视角出发的表决权；二是基于实际情况的所有权。在公司治理领域中，该定义不能解释市场对公司的控制机制。为了弥补研究上的空白，Marris、Walliamson和Manne等人在前人研究的基础上研究经理人滥用职权对公司运行的影响，该项研究考虑了不正当使用控制权对公司管理的影响。Porta等人通过计算直接控制权与间接控制权的数量为控制权的计算作出贡献。在公司中控制权的展现是一个动态的过程，表现为某人或某个部门在一件事情的决策过程中的一系列行为，这种行为的效率表现为控制权的效力。对于控制权内涵的讨论主要集中于两种解释，法学解释和经济学解释。

法学解释中的控制权最早在美国的证券法和证券交易法中规定与经济学中的解释存在差异，该定义侧重直接或间接的引导某人的管理或政策方向的力量，而不是通过合同，或者其他方式作为控制权的载体。我国在法学视角下控制权的研究也取得了一定的成果。殷召良[22]指出控制权是对公司的资源与决策起到决定作用的人所拥有的。杨华[23]认为控制权的大小与占有企业资源、股份有关，同时认为拥有控制权的人能够影响利益的形成以及利益的分配。张圣怀[24]通过案例分析，研究上市公司中股东之前的控制权相互影响关系。甘培忠[25]从资源学派的视角研究控制权的归属，认为在公司中对资源占有绝对优势的人具有作出决策的权能，控制权是由所有权中派生出来的。

经济学解释中的观点主要有三种：一是伯利和米恩斯在其著作《现代企业与私有财产》中，通过公司董事会对公司行为的指挥得出拥有实际权力的人手中拥有控制权，同时，控制权包含能够对董事会成员进行选择的权利[26]；二是产权理论中的控制权解释，交易成本经济学中将控制权分为特定控制权与剩余控制权[27, 28]，前者为合同中事先约定的合同主体间划分的权利；后者为应对不可预见事件的处理权[29]；三是Loss[30]、周其仁[31]则从企业的经营与控制的角度将控制权分为决策控制权和决策经营权，他认为公司的控制权应赋予对公司业务具有经营及决策的人或者部门手中。

综上，关于控制权的理解可以是多角度的。公司控制权表现为对资源的占有性、对产品价值的影响程度等，项目控制权主要表现为对建设项目的所有权，以及建设过程中各种突发事件的管理权利。因此基于以上的分析，控制权的分类见表5-2所示。

项目控制权的分类表　　　　　　表5-2

序号	作者	分类	定义
1	Hart、Moore	特定控制权	能在事前通过契约加以明确规定的决策权
2		剩余控制权	事前没有在契约中明确规定的决策权
3	Aghion、Tirole	名义（形式）控制权	理论上应由谁做出决策，一般源于所有权
4		实际控制权	实际做出决策的权力，其来源于对信息的掌握，具有名义控制权的人未必就是实际控制权的主体
5	Fama、Jensen	决策经营权	决策提议权和执行权
6		决策控制权	决策审批权和监督权

三、控制权基本配置

在工程项目领域，控制权的研究集中在PPP项目、BT项目以及代建项目中控制权的合理配置。由于11号线的建设没有运用PPP模式，这里仅分析BT项目以及代建项目中控制权的配置。

（一）BT项目控制权配置研究

就国内BT项目的控制权而言，目前的研究中以严玲、杜亚灵等人为常见与主流。公用事业和基础设施项目参与各主体对于项目报送与备案、金融杠杆使用、"旁站"监督、工程变更等的操作与决定权，即是使用BT模式进项项目开发时体现控制权的一种表现，严玲、崔健近期的研究结论与上述观点颇为一致，并且基于上述观点，类比管理学中关于"强弱矩阵"的论述，提出BT模式中的风险与控制权——对应情况下的三种模式，即强BT、标准BT与弱BT。杜亚灵进一步指出，项目的控制权问题是一个集成问题，不可固化为单一线性，而是多线程集成的束状信息流。为厘清BT项目决策阶段的控制权，需要对控制权权利束进行解构，并分为提议权、审批权、执行权、监督权，上述权利束的解构应该与项目风险的配置建立合乎逻辑的一一映射关系。

BT项目控制权配置的研究特征可概括为两点：①控制权是一系列权力束，可以解构为具体权利；②控制权配置应与风险分担结果相匹配。

（二）代建项目控制权配置研究

对代建项目各参与主体控制权的研究已形成一定规模，以严玲为代表的一众研究人员逐渐形成独具特色、自成体系的研究风格，并持续影响代建项目的控制权配置。严玲、赵华在研究中提出了风险配置与控制权相得益彰的配置模型，并以此为基石建立了上层项目管理模式架构。他们在研究中指出，应当将诸如一票否决权、追索权、监督核验权、获利权等具体权利与风险进行配对，以"权利与风险对等"的原则配置项目的权利。严玲、邓新位、邓娇娇以项目控制权作为调节变量，构建了公共项目治理与代建人激励的关系模型。严玲、刘媛媛面向代建人问责，指出代建人拥有了项目的实际控制权，就应该承担相应的职责，相应控制权及职责应在代建合同中明确，以实现代建单位的责任与权利的统一。

第二节　广州地铁11号线项目控制权下沉研究设计

一、基于合同范本对比的业主控制模式分析

根据上述合同条款对比可知，业主可以初步判断其适合拥有项目控制权的范围，据此将项目控制权在业主与总承包方之间进行明确划分，以保证总承包方可以充分发挥其能力，其控制权配置如表5-3所示。

项目质量控制权配置　　　　　　　　　　　　表5-3

项目控制权配置指标		FIDIC红皮书	《建设项目工程总承包合同示范文本（试行）》
设计阶段	设计原则及标志的制定权	业主	业主
	设计文件的审核权	业主	业主
采购阶段	工程物资的供应权	双方共有	双方共有
	工程物资质量的检查权	业主	业主
	分包商的选择权	总承包方	业主
施工阶段	建设过程的管理权	总承包方	业主
	建设各方协调管理权	总承包方	总承包方
	竣工验收权	业主	业主

项目所有权的配置与项目风险分担方式和收益分配方式是三位一体的关系，即"权、责、利"是内在统一的关系。因此，应充分考虑项目所有权配置下风险分担中权、责、利的统一。根据表5-3中业主与总承包方之间所配置的项目控制权的大小来分配双方应承担的风险，具体如表5-4所示。

工程总承包模式下的风险分担   表5-4

风险来源	风险因素名称	FIDIC银皮书	《建设项目工程总承包合同示范文本（试行）》
项目勘察设计风险	现场基础资料的不完整、不正确	总承包方	业主
	设计文件的错误	总承包方	总承包方
采购风险	设备、材料质量不合格	总承包方	总承包方
项目施工风险	各专业协调不利	总承包方	总承包方
	过程质量事故及风险责任	总承包方	总承包方
	监理工作失误	—	业主

　　可以发现，对于工程总承包项目而言，业主对于项目的管控可以分为两种：一种是弱管控模式，在此种模式下，业主对于项目拥有较少的控制权，其承担的风险也相对较小；另一种模式是强管控模式，在此种模式下，业主拥有较大的控制权，与之对应的风险也更大，此时业主不仅控制的范围更大，控制也更加具体，具体见图5-3。

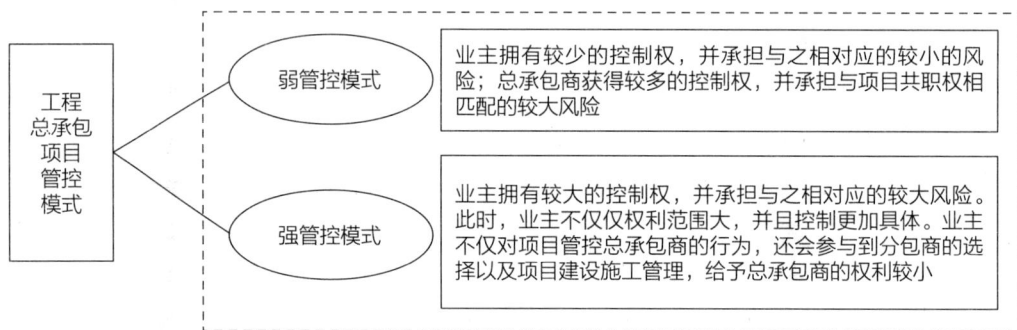

图5-3　两种控制模式特点对比

　　通过对比可以发现，工程总承包模式下两种管控模式其所对应的控制权与风险是相匹配的。在国内，由于特定的风险环境和信任条件，施工总承包模式下业主更倾向于加强对总承包方的控制。

工程总承包模式下的风险分担   表5-5

风险来源	风险因素名称	FIDIC银皮书	《建设项目工程总承包合同示范文本（试行）》
项目勘察设计风险	现场基础资料的不完整、不正确	总承包方	业主
	设计文件的错误	总承包方	总承包方
采购风险	设备、材料质量不合格	总承包方	总承包方
项目施工风险	各专业协调不利	总承包方	总承包方
	过程质量事故及风险责任	总承包方	总承包方
	监理工作失误	—	业主

二、施工总承包管控模式选择的影响因素分析

（一）项目类型

项目类型是决定业主采取何种管控模式的重要因素。当项目的最终产品能够用某一具体指标来衡量其功能时，适宜采用弱管控模式，反之则适宜采用强管控模式。例如，当项目为工厂、发电厂、石油开发项目以及大型基础设施项目时，适宜采用弱管控模式。这类项目有个明显特点，即可以用某一指标来衡量其功能，工厂项目可以用产量衡量，发电厂可以用发电量衡量，石油开发项目可以用石油开采量衡量。因此，业主可以采用弱管控模式，最终验收产品的生产水平即可。这类项目的业主一般要求：合同价格和工期具有高度的确定性，因为固定不变的价格和工期对业主来说至关重要；承包方始终需要全面负责设计、采购和施工工作，业主很少参与到项目的具体执行过程中。

而当项目为房屋建筑工程或者是无法强调产品的最终功能的项目时，这类项目无法用某一具体指标来衡量其功能，适宜采用强管控模式。例如在地铁项目中，最终功能很难定义，业主所关心的也不仅仅是最终能承载多少人，有多大建筑面积之类的内容，还包括建筑的外观，装修的工艺，材料、设备的品牌等。对于这些要求的实现，就要做到过程中的控制，图纸的审核、材料的选择、施工工艺的监控往往就在所难免了。因此，此类无法强调产品的最终功能的项目，只能控制其生产过程，故业主应加强对总承包方实施过程的监控，采用强管控模式。

（二）项目融资情况

项目的融资情况也是影响业主采取何种管控模式的重要因素。当总承包方也是项目的融资方时适宜采用弱管控模式，当总承包方不是项目的融资方时适宜采用强管控模式。根据FIDIC银皮书序言中的描述，"拟定这一合同格式，目的不仅要适用于BOT项目或类似投资模式下的设计采购施工（EPC）合同"。因为出于人的本性和固有习惯，业主很难做到将项目的管理工作全部移交给总承包方，而相比于总承包方不参与融资的项目，在总承包方参与融资的情况下承包方同时又是业主中的一员，总承包方的话语权更大，容易推进工程总承包模式的实施。

（三）地下隐蔽工程情况

地下隐蔽工程情况也是影响业主采取何种管控模式的重要因素。当项目地下隐蔽工程较多时适宜采用强管控模式，反之则适宜采用弱管控模式。首先，根据FIDIC银皮书序言中规定，"如果建设工程内容涉及相当数量的地下工程，或投标人未能调查的区域内的工程不适用于《设计采购施工（EPC）/交钥匙工程合同》"，FIDIC银皮书的合同条件属于弱管控模式，因此，地下隐蔽工程数量较多，则适合采用强管控模式。其次，工程所包含的地下隐

蔽工程太多，会使得总承包方无法判定具体的工作，无法给出比较准确的工程项目报价单，在项目实施过程中容易造成大量的变更，因此需要业主加强对地下隐蔽工程的管理。

三、广州地铁11号线施工总承包管控模式选择

从广州地铁11号线项目的特征来看，首先，广州地铁11号线项目的最终功能很难定义，业主所关心的也不仅仅是最终的承运量，还包括站台的外观，装修的工艺，以及材料、设备的品牌等。对于这些要求的实现，就要做到过程中的控制，材料的选择、施工工艺的监控往往就在所难免。因此，本项目无法强调产品的最终功能的项目，只能控制其生产过程，故业主应加强对总承包方实施过程的监控，采用强管控模式。再次，广州地铁的融资主要由业主方负责，业主承担的风险较大，因此，也需要采用强管控模式。最后，由于广州地铁11号线均为地下敷设，地下隐蔽工程较多，可能的变更较多，也适宜采用强管控模式严控总承包方的变更控制。

另一方面，广州地铁11号线项目采用大标段招标的施工总承包模式，目的就是为了在保证项目质量的前提下保证工程建设进度。采用大标段招标的方式使得业主的工作界面大大简化，总承包方拥有更大的项目控制权，其控制力也大大增强，这就使总承包方有可能产生投机行为，导致业主利益受损。因此，业主就需要加强对总承包方的控制，将业主的控制权下沉，直接对分包商进行控制。

基于以上分析，在项目质量控制上，广州地铁11号线项目业主需采用强管控模式，将其对项目的控制权下沉至可以延展的层面，以保障项目的质量。在轨道交通11号线项目中，政府对于项目的控制权出现逐渐减弱，为了保证政府方的合法权利，市政府可对项目支付监督权、施工图审图权、质量进度监理权、结算审计权加强控制。结合国家相关政策及多年实施项目经验总结出政府让渡给社会资本的是特许经营权，不是项目控制权。建议政府应该加强参与项目管理模式。

（一）权力之一：支付监督权

政府与社会资本共同控制项目支付权，因为项目采用总承包模式，施工导向的项目很容易被社会资本完全掌控。本项目各方出于赢利的本能，例如社会资本方可能采取设计优化和偷工减料的方法节省工程成本，从而使运营资产虚化。控制资产虚化的有效途径就是进行支付审查，即社会资本方和政府将共同投资拨入共管账户，对每一笔支付进行先审后付，这样更有利于合作。

（二）权力之二：施工图审图权

本项目采用工程总承包模式，建议政府主管部门对施工图实施审查权。这样可以保证项目实现预期目标，能使设计优化成果显性化，有利于实施设计优化分享制。从制度上保证伙伴式关系的实现。

（三）权力之三：质量进度监理权

监理机构对工程阶段进行监理，主要是安全质量监督，严控偷工减料，严把安全生产关。基于多年研究发达国家相关法律及规范，结合合同条件，建议应适当改造，借鉴中石化创新的EPCs（有监理的工程总承包）。

（四）权力之四：结算审计权

赋予政府结算审计权——工程结算是决算的基础，决算是形成资产价值的簿记依据，而资产价值则也是项目回报机制的基数。市政府掌控工程结算审计权后可以保证资产实化，从而不乱付一分钱。伙伴关系必须建立在公开公平公正的基础，任何一方不当得利都会损害合作伙伴关系。市政府对实施结算审计后就能合理高效地支付或补助，社会资本可摆脱暴利的诅咒。

第三节　广州地铁11号线招标方案控制权下沉内容分析

一、基于项目控制权配置的投资控制手段与工具选择的适配模型

通过引入公共项目治理理论，以项目控制权配置为主线将本项目投资控制划分成3个层次：行政监管层、契约治理层与项目管理层，不同层次的投资控制需要相应的控制手段与工具匹配，以实现该层次投资控制目标。该模型中投资控制目标在各层次表现为不同的形式，上一层次的目标是下一层次控制目标的依据与约束，相应地各个层次的控制手段与工具便有所不同，该模型给出了3个控制层次中选择控制手段与工具的方法。

适配模型的具体实施流程表现为：①项目控制权的识别；②不同模式下的控制权配置方案分析；③基于项目控制权配置的投资工具选择。

二、基于项目控制权配置的投资控制手段与工具选择适配模型的应用

结合对广州地铁11号线项目特征的分析，说明本项目的强管控投资控制模式。

（一）项目控制权的识别

对于施工总承包模式中项目控制权的分类识别，结合项目WBS可以得到较清晰的识别，从而为控制权的有效分配提供一个可操作的依据。

（二）项目行政监管层的控制权配置及控制手段与工具选择

广州地铁11号线采用大标段招标模式，经分析总结相关参与方的主要工作内容如表5-6所示。

参与主体	工作内容介绍	主要责任
发包方	广地铁作为地铁11号线的发包方,主要负责的工作是:办理相关许可、批准或备案,提供施工现场、施工条件、基础资料;发包方有权对承办人负责实施的对工程质量、安全、工期、造价有重要影响的工作进行监督和管理	监督、审核管理
施工总承包方	中国中铁作为施工总承包方,主要负责的工作是:负责办理本工程施工总承包责任范围以内的政府批准手续及进行施工现场场地的准备工作,对工程安全、质量、工期和成本负责,按法律规定和合同约定向发包方移交完成的工作成果,并在保修期内承担保修义务编制施工组织设计和施工措施计划;及时向分包人支付合同价款,完成竣工资料立卷及归档,并按合同条款约定的竣工资料的套数、内容、时间等要求移交发包方	协调、实施、管理
分包方	各承建工区以及材料设备供应商等作为分包方主要负责的工作是:施工劳务作业,提供材料和工程设备。其中各承建工区作为施工总承包方的下属单位,需要服从施工总承包方的相关指令,按指令实施具体的工作	具体实施

通过进一步分析广州地铁11号线合同条款,且结合各参与方的主要责任,总结出项目实施阶段各参与方在前期准备、质量、安全、进度、费用、竣工验收方面的工作内容与各自承担的责任,绘制出如表5-7所示的工作责任一览表。

大标段施工总承包模式工作责任一览表   表5-7

阶段	工作内容	依据来源(广地铁11号线合同)		
		发包方	施工总承包	分包
开工前准备	办理相关许可、批准或备案;提供施工现场、施工条件以及基础资料	负责	协助	—
	选派发包方代表(负责本工程质量、安全、进度等与此有关的一切事宜)	负责	配合	—
	办理法律规定的有关施工证件和批件	协助	负责	配合
	分包方选择	审查	负责	配合
	编制施工组织设计,主要是施工方案、施工进度计划和施工平面图	审查	负责	配合
	发包方有权对承包方项目经理部及其主要管理人员的资格和能力进行考核			
质量管理	对本工程质量保障	监督管理	主要负责	协助
	应按照法律规定及合同约定完成与工程质量有关的各项工作	监督管理	主要负责	协助
	提交工程质量保证体系及措施文件,建立质量检查制度,并提交相应的工程质量文件	监督管理	主要负责	协助

阶段	工作内容	依据来源（广地铁11号线合同）		
		发包方	施工总承包	分包
质量管理	对施工人员进行质量教育和技术培训，定期考核施工人员的劳动技能	—	主要负责	协助
	对材料、工程设备等进行全过程的质量检查和检验，并编制工程质量报表	审查	主要负责	协助
	施工中出现质量问题或竣工验收不合格的返修工作	审查	主要负责	协助
	工程质量目标的调整	负责	配合	配合
	工程土石方进行合理调配、全线轨道车使用、轨道区及车站区占用进行合理调配	负责调配	听从、租用	听从、租用
进度管理	进度目标修改监督	主要把控	配合	配合
	向分包提供保存完好的一切基准点、基准线和其他有关的标准	监督	负责	配合
	编制施工组织设计和施工措施计划	审查	负责	配合
	发包方保留施工期间在本合同施工场地的所有围栏及永久建筑物上设置广告或张贴画面和文字等的所有权	主要把控	配合	配合
	发包方保留指定供应商供应本合同工程范围内的部分材料、器材和设备的权利	主要把控	配合	配合
	若因承包方的原因出现赶工，承包方必须采取一切措施赶工，并不得提出任何与此相关的费用要求。若不是承包方的原因而需要赶工，发包方将与监理人一起对此与承包方协商，解决与此相关的问题	监督管理	配合	配合
变更管理	发包方提出变更	负责	配合	配合
	承包方提出变更	确认	负责	配合
	变更引起合同价款、工期等的调整	确认审查	按合同执行	按合同执行
费用管理	按合同约定支付预付款	负责	确认	确认
	当发包方认为承包方未按合同约定负责合同条款所约定的协调及社会维稳工作或承包方工作不力时，发包方有权根据需要直接从承包方提交的履约保证金中扣除相关的费用用于此等协调及维稳工作	监管控制	配合	配合
	及时支付其雇用人员工资，并及时向分包方支付合同价款	监督管理	负责	配合
	承包方的资金使用情况进行监督与审查，特定情形下可以直接向分包方支付	监督管理	配合	配合
	据确定的工程计量结果，承包方向发包方提出支付工程进度款申请	审核确认	负责	配合

阶段	工作内容	依据来源（广地铁11号线合同）		
		发包方	施工总承包	分包
费用管理	审核监理人报送的进度支付申请单并支付进度款	负责	确认	确认
HSE管理	采取施工安全和环境保护措施	监督	负责	配合
	配备安全管理机构及专职安全管理人员，应负责对其分包方的管理、监督和指导	监督	负责	配合
	设立安全生产管理目标	监督	负责	配合
	轨行区作业的相关管理办法	监督	负责	配合
	设立专家委员会，负责对重大技术方案、风险管控、质量及安全管理等工作提供专家技术支持	监督	负责	配合
竣工管理	定编制竣工资料，完成竣工资料立卷及归档	审核	负责	配合
	组织竣工验收	审查	负责	配合

基于以上分析，识别出广州地铁11号线项目的行政监管层各部门的主要控制权依据所采用的主要控制工具如表5-8所示。

广州地铁11号线项目行政监督层控制权配置 表5-8

层次	控制主体	投资控制目标	控制权配置	控制手段与工具
行政监督层	广州市政府	合理确定项目概算总额，寻求实现概算刚性约束	项目发起决策权、实施施工总承包模式决策权、承办人选择决定权	设计阶段的控制手段： 1. 建立项目审批制度； 2. 建立咨询评估制度及专家评审制度； 3. 建立项目公示制度及听证制度
	广州市投资主管部门		规划许可审批权、项目立项审批权、设计概算审批权	
	财政部门		财政可行性评审权、结算审计权、资金拨付权、支付审查权	实施阶段的控制手段： 1. 完善相关的法律法规； 2. 完善合同管理； 3. 完善工程交易保障机制
	审计部门	确保资金使用真实、合法和效益	资金使用监督权、财政审计权、结算审计权、支付审查权	实施资金监管的措施： 1. 财政预算管理； 2. 资金集中支付制度； 3. 财政评审制度
	监察部门	维护行政纪律，促进廉政建设	监督权	
	材料、设备供应商	—	—	

可见，行政管理层的控制权配置涉及广州市政府、广州市投资主管部门、财政部门、审计部门、监察部门等多个主体，项目的结算审计权、资金拨付权、支付审查权、资金使用监督权等将是其实现控制权配置的重要内容。

（三）项目契约治理层的控制权配置及控制手段与工具选择

广州地铁11号线项目所采用的施工总承包模式下，对于该模式的理解应抓住项目控制权配置这条主线来把握。首先，通过该项目的合同条款与实践调研可以总结出该项目中，作为项目主办人的广州地铁公司的基本工作内容；其次，明确11号线项目中契约治理层面的控制权配置情况，如表5-9所示。

广州地铁11号线项目契约治理层的控制权配置方案   表5-9

阶段	子阶段	控制权配置方案		控制手段与工具
		广州地铁公司	中国中铁集团公司	
项目决策阶段	可行性研究阶段	项目策划权	—	风险分担方法、类似合同借鉴法等
	评估立项权	采用施工总承包模式建议权	—	
项目实施阶段	勘察设计权	勘察设计主体选择权、组织与管理权	—	
	施工总承包方招标阶段	施工总承包方选择权、合同谈判与签订权	—	
	工程施工建设阶段	施工管理权、变更审批权、索赔判定权、对共管账户支付的监管权、分包商选择的审查权、工程验工阶段的审核权、监督权	施工管理权、支付控制权、变更申请权、索赔权、分包商选择权、监督权	挣值管理法、内部控制法等
	竣工验收、交付阶段	工程接收权	竣工验收申请权	

第四节　广州地铁11号线施工总承包项目控制权配置研究

一、项目控制权优化原则

对于分配出的项目控制权在项目业主与施工承包方之间如何进行有效地配置，控制权配置原则起着至关重要的作用。在不同指导思想下确立的配置原则将指引着控制权的分配过程，最终表现为相应的控制权分配方案及结果，对于委托代理双方的项目管理过程、控制权的分配对策均产生直接影响。11号线项目控制权配置原则必须既符合一般工程项目权责配置实践的普遍原理，又能够满足激励施工总承包方努力工作的特殊要求，充分体现出项目治理结构中"责—权—利"统一的思想，如图5-4所示。

因此，有效的控制权配置应遵循权责匹配的原则，即风险承担者拥有与其承担的风险相匹配的项目控制权，也就是说施工承包方承担的责任要与其获得的项目控制权相匹配。建设项目中业主与承包方之间的风险分担必须伴随着对应的项目控制权的转移，拥有相应的项目控制权才能对于未来的或然事件及其影响因素进行正确的决策。没有相应项目控制权的风险转移是不对称的风险转移，既不利于项目风险地有效管理也不能激励承包方的积极性。原则上施工承包方对于建设项目承担的责任应以其介入以后并拥有控制权的项目内部责任为主要范围。施工承包方若承担风险责任，则应在合同中赋予其相应的控制权，以达到责权对等。

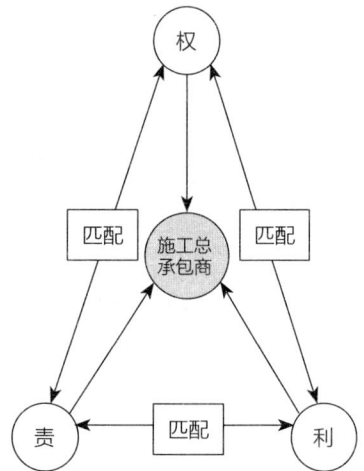

图5-4 施工承包方"责-权-利"
统一示意图
资料来源：自行绘制

二、项目控制权下沉路径

（一）控制权下沉的条款分析

通过对广州地铁11号线施工总承包合同条款以及上述各参与方工作责任一览表的分析，总结本项目控制权下沉的条款主要集中于支付、结算、变更、人员任命、分包方以及材料设备供应商的选取等方面，因此本书将上述方面定义为控制权下沉的关键控制点。其中主要关键控制点的合同条款以及相关分析如下：

（1）发包方有权选择与承包方签订资金专用账户监管专项协议，并在其中约定对承包方资金支付与投入不符合要求时的违约责任、发包方对承包方资金使用情况进行监督与审查等内容；无论是否签订资金专用账户监管专项协议，发包方有权要求承包方提供与资金有关的证明材料，对承包方的资金使用情况进行监督与审查，并要求承包方对材料的真实性、合法性、有效性进行承诺。

以上条款确保了发包方支付给承包方的资金使用情况是由发包方参与监督与审查的，因此发包方可通过资金的支付与监督其使用，保障施工总承包方将其按时按约定的支付给相应的分包方、专业分包方、材料设备供应商等，从而使得发包方即广州地铁与总承包方直接控制的各分包方存在利益上的间接关系，有一定的控制权。从这一角度讲，通过监督审查支付、结算过程中发包方支付给施工总承包方的资金，一方面保障资金的专款专用，一方面保障各分包方的合法权益，实现发包方控制权下沉至各承建工区等。

（2）发包方有权对承包方项目经理部及其主要管理人员的资格和能力进行考核，对不称职人员或施工队伍有权要求承包方予以更换，直至发包方满意为止。

本条款的设置保障了发包方对于项目有效控制的权利。项目经理作为施工总承包方的工作人员，受控于施工总承包方，但是发包方对于项目经理的选择有一定的话语权，从而保障了发包方对于项目实际实施过程中的一定的控制权，且发包方可以对项目经理进行监督，且有权要求承包方更换不合格的项目经理，保障了发包方对于项目直接参与人的监督与管控，从而将控制权下沉至施工总承包方的下属人员。

（3）发包方有权对承包方选定的分包单位、材料设备供应商的资质、业绩、技术和能力等进行审查并有拒绝权，承包方不得提出异议；如果承包方通过招标方式选定分包单位、材料设备供应商，发包方有否决权。

本条款的设置，保障了发包方对于分包单位、材料设备供应商的审查和选择权，从而使得发包方的权利可以下沉至与施工总承包方存在契约与控制关系的分包单位、材料设备供应商，保障发包方对于项目整体的把控。

（4）为了满足本项目的国产化要求，发包方有权要求由承包方或承包方的材料设备供应商将其签订的设备安装材料采购（或发包方要求承包方采购的设备）合同，在合同签订及生效后的15日内应送达一份副本交发包方备案。

本条款的设置充分肯定了发包方对于材料设备的监管权利，从而使得材料设备供应商的工作保持在发包方的监管与掌控范围内，实现发包方控制权的下沉。

（5）变更经发包方批准后，由发包方向监理人发出变更书面批准文件，监理人收到批准文件后发给承包方执行。承包方收到经发包方签认的变更书面批准文件后，方可实施变更。未经许可，承包方无权对工程的任何部分进行变更。

本条款的设置表明变更权主要由发包方掌控，无论是承建工区还是专业承包方提出的变更，都需要得到发包方的审核和认可，从而保障了发包方对于项目的整体把控，从而能够保障合同价款在发包方的有效管理范围内。

通过以上合同条款的分析，基于控制权下沉的发包方与施工总承包方之间责任划分主要是围绕项目实施期间的各项工作展开的，而其中最主要的是基于支付、结算的资金使用以及分包方、专业分包、材料设备供应商的选择以及现场人员的派驻以及变更展开的。发包方的责任主要包括：项目实施期间对于各项工作的参与、负责、监督、审批以及核查等，负责主要指的是提供支付担保，按时支付等；参与是现场派驻人员代表其进行相关工作的参与等；监督是对施工总承包方的资金使用，项目实施等进行的监督，审批是对于施工总承包方提交的各项支付申请等，况且对于施工总承包方提交的工作量等进行核查等。施工总承包方的主要职责是提交各项支付申请，提交相关工作量以及各项变更签证文件等同时配合发包方及监理进行相关工作的考核和验收等。

（二）控制权下沉路径分析

广州地铁11号线采用大标段招标模式后，施工总承包方扮演着至关重要的角色，因此为了保障对施工总承包方的激励提出了合理的风险分担，但是为避免施工总承包方的机会主义行为，因此发包方需要进行合理的控制权配置，实现控制权下沉至各承建工区。由于施工总承包模式的限制，广州地铁只能与施工总承包方打交道，只能把价款支付给施工总承包方，且分包方只对施工总承包方负责，如何打破法律框架的禁锢，使得广州地铁就进度、质量、成本等大的方面与施工总承包方协调，具体细节问题也可以部分实现直接与分包方接触解决，是需要解决的关键问题。广州地铁11号线的控制权配置主要是通过合同条款以及相关的行政指令等来实现的，通过对上述关键控制点的控制权配置条款分析，总结出控制权下沉路径如图5-5所示。

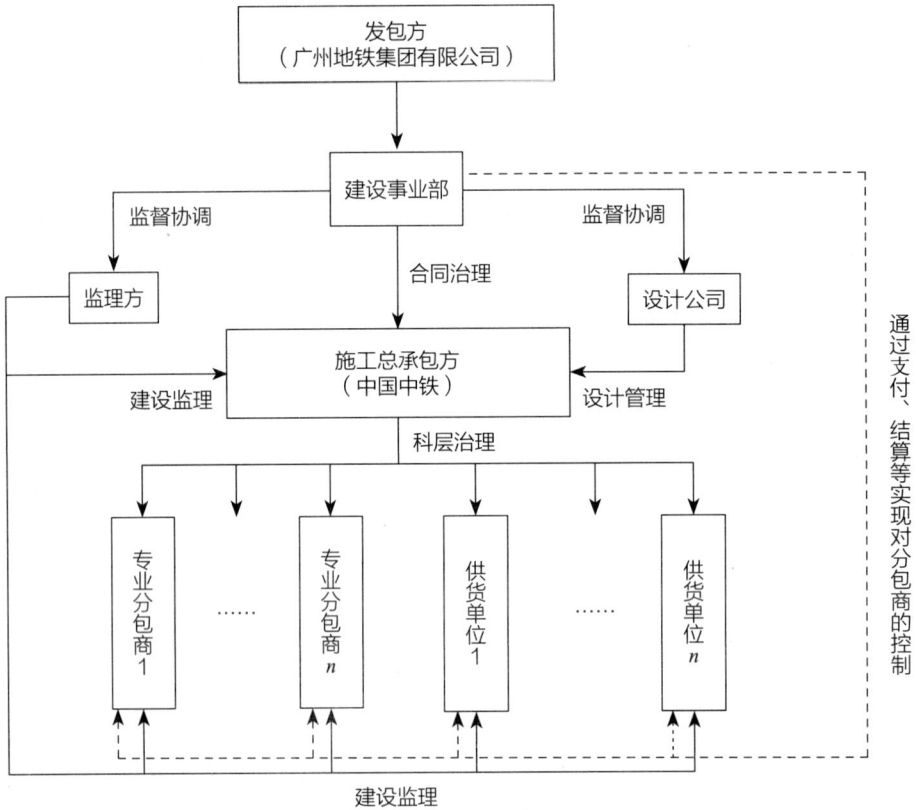

图5-5　控制权下沉路径图

根据以上分析得出以下优化路径：

优化路径一：业主提高对工程总承包方的授权程度，使控制权能够与相应的责任对等，如图5-6所示。

优化路径二：业主降低工程总承包方所承担的责任，使责任能够与相应的控制权对等，如图5-7所示。

优化路径三：业主适当提高一部分授权，同时降低工程总承包承包方承担的责任，最终达到控制权与责任对等，如图5-8所示。

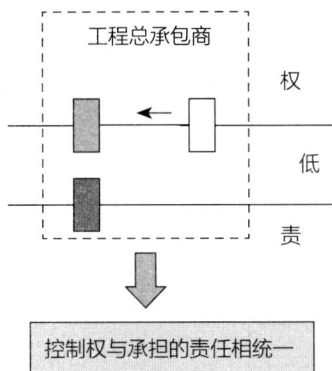

图5-6 控制权配置优化路径一示意图

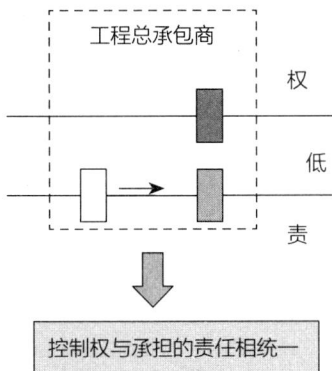

图5-7 控制权配置优化路径二示意图

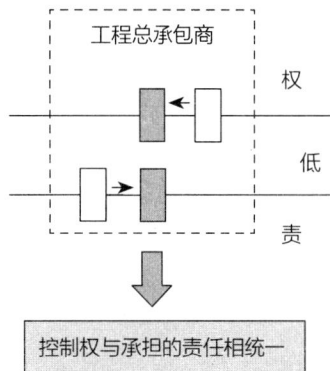

图5-8 控制权配置优化路径三示意图

资料来源：自行绘制

三、基于控制权分析的项目成果表

（一）基于支付、结算、人员任命与选取的各参与方职责分配表

根据上述分析，整理出发包方与施工总承包方基于支付、结算、变更以及分包方、材料设备供应商等关键控制点的责任划分结果一览表，如表5-10所示。

基于支付、结算、人员任命与选取的各参与方职责分配表　　　　表5-10

关键控制点	关键分支	责任解构	责任承担		
			发包方	施工总承包	分包
支付	预付款	预付款申请	审查	完全承担	协助总包
		预付款支付及时	承担支付责任		
		预付款支付不及时	承担支付责任		
		预付款使用监管	监督资金使用		
		预付款及时向分包方支付	监督	完全承担	
	进度款	进度款申请	审查	完全承担	协助总包
		进度款支付及时	承担支付责任		
		进度款支付不及时	承担支付责任		
		进度款使用监管	监督资金使用		
		进度款及时向分包方支付	监督	完全承担	
结算		结算申请	审查	完全承担	协助总包
		及时支付结算款	完全承担		
		未按时支付结算款	完全承担		

关键控制点	关键分支	责任解构	责任承担		
			发包方	施工总承包	分包
变更	施工总承包方提出变更	发包方原因变更	完全承担		
		施工总承包方原因变更		完全承担	协助总包
		不可抗力原因	部分承担	部分承担	
	发包方提出变更	发包方原因变更	完全承担		
		施工总承包方原因变更		完全承担	协助总包
		不可抗力原因	部分承担	部分承担	
现场人员任命	发包方代表	选派发包方代表	完全承担		
		发包方代表授权	完全承担		
	项目经理	项目经理任命	协助、建议	完全承担	
		项目经理工作考核	协助、建议	完全承担	
分包方、供应商选取		选取	协助、建议	完全承担	
		考核	协助、建议	完全承担	

（二）基于支付监督权、施工图审图权、质量进度监理权、结算审计权的合同条款对应设置表

具体参见表5-11。

基于四权的合同条款对应设置表 表5-11

序号	权利	合同条款	条款内容
1	施工图审图权	1.6.6	如果合同约定由承包人负责提供大样图、加工图等配合施工设计图纸的，承包人应在其设计资质等级许可的范围内，按照监理人的工作指令完成施工设计图纸。承包人应按照专用合同条款1.6.1款约定向监理人提交此类施工设计图纸，监理人应在专用合同条款约定的时间内报发包方批准后予以答复。即使经监理人同意，承包人仍应对其施工设计图纸负责
		1.6.7	承包人交图延误的影响：承包人如有自带设计，但由于承包人没有按本合同要求提交图纸、规范或其他文件而造成监理人未能按时发出图纸或指示，由此产生的后果由承包人承担
		1.6.1	图纸的提供和交底：发包方应按照专用合同条款约定的期限、数量和内容向承包人免费提供图纸，并组织承包人、监理人和设计人进行图纸会审和设计交底。发包方至迟不得晚于第7.3.2项〔开工通知〕载明的开工日期前14天向承包人提供图纸
		1.1.2.16	招标图纸是发包方提供给承包人的与初步设计概算相对应的图纸

序号	权利	合同条款	条款内容
1	施工图审图权	1.1.2.17	施工图是根据初步设计图纸进一步深化，落实了施工图会审及技术交底意见，经设计单位、设计总体总包单位、设计咨询单位、施工图审查单位及发包方各方盖章用于施工的图纸
2	支付监督权	1.16.2	如果发包方解除合同，则现场的所有材料和工程设备（周转性材料除外）和合同工程，均应认为是发包方的财产。发包方有权留下属于承包人的任何施工设备、周转性材料，且无需为此支付任何费用，直到永久工程完工为止
		2.9.2	（1）发包方有权选择与承包人签订资金专用账户监管专项协议，并在其中约定对承包人资金支付与投入不符合要求时的违约责任、发包方对承包人资金使用情况进行监督与审查等内容；无论是否签订资金专用账户监管专项协议，发包方有权要求承包人提供与资金有关的证明材料，对承包人的资金使用情况进行监督与审查，并要求承包人对材料的真实性、合法性、有效性进行承诺
			（6）当发包方认为承包人未按合同约定负责合同条款所约定的协调及社会维稳工作或承包人工作不力时，发包方有权根据需要直接从承包人提交的履约保证金中扣除相关的费用用于此等协调及维稳工作
		1.1.5.9	工程款：指为实施、完成并保修合同工程，发包方支付或应当支付给承包人的各种价款，包括进度款、结算款等
		3.1.9	将发包方按合同约定支付的各项价款专用于合同工程，且应及时支付其雇用人员工资，并及时向分包人支付合同价款
		3.2.1	发包方有权要求更换项目经理，由此增加的费用和（或）延误的工期由承包人承担
		10.2	变更经发包方批准后，由发包方向监理人发出变更书面批准文件，监理人收到批准文件后发给承包人执行。承包人收到经发包方签认的变更书面批准文件后，方可实施变更。未经许可，承包人无权对工程的任何部分进行变更。涉及设计变更的，应由设计人按发包方印发的《建设事业总部轨道交通建设工程设计变更管理实施细则（试行）》（穗铁建总总工〔2016〕20号）规定办理，提供变更通知单、变更后的图纸和说明。涉及方案变更的，由设计人按发包方印发的《建设事业总部轨道交通工程方案变更及用户需求书审实施细则（试行）》（穗铁建总总工〔2016〕21号）办理。如变更超过原设计标准或批准的建设规模时，发包方应及时办理规划、设计变更等审批手续
		10.3.1	发包方提出变更的，应通过监理人向承包人发出变更指示，变更指示应说明计划变更的工程范围和变更的内容
			设计人、监理人、承包人提出变更建议的，需要向发包方以书面形式提出变更计划，说明计划变更工程范围和变更的内容、理由，以及实施该变更对合同价格和工期的影响。发包方同意变更的，由监理人向承包人发出变更指示。发包方不同意变更的，监理人无权擅自发出变更指示
		10.4.1	因政府或发包方原因引起总价包干项目范围内地下连续墙非双轮铣成槽工艺变更为双轮铣成槽，或石方开挖非静力爆破方式变更为静力爆破，变更项目按10.4.2的原则调整合同价款，并相应扣减总价包干项目的合同价款
		10.4.2	因政府或发包方原因引起的相对于招标工程量清单发生的工程量变化和项目增减，按应予计量的实际完成工程量调整合同价款

序号	权利	合同条款	条款内容
2	支付监督权	12.4.1	安全文明施工措施费：承包人应制定专项的安全措施费使用计划，经监理人和发包方审查符合开工条件支付该费用总额50%；其余费用按照施工进度以及发包方、监理人、承包人共同核定的安全措施落实情况按月支付
		12.4.2	工程价款（不含安全文明施工措施费）：根据专用合同条款12.3条计量的有关约定按月进行计量支付。根据确定的工程计量结果，承包人向发包方提出支付工程进度款申请，经发包方审核确认无异议后，发包方向承包人支付工程进度款
		12.4.3	进度款支付限额：发包方按不高于工程价款（包含合同内计量及材料调差总额）的90%支付进度款
3	质量进度监理权	1.1.3.15	建设项目竣工验收（国家验收）是指城市轨道交通项目试运营一年以上并且完成竣工结算、各项专项验收后，由政府主管部门组织进行的项目竣工验收，即建设项目国家验收
		1.1.4.5	关键工期是指经双方共同确认的，承包人根据发包方工期要求所策划的关键线路上各工序所耗用的时间
		2.9.1	除专用合同条款另有约定外，发包方有权对承包人负责实施的项目勘察、设计、施工、试运转、移交、质量保修等对本工程质量、安全、工期、造价有重要影响的工作进行监督和管理。承包人应充分配合发包方的各项监管，但此项监督和管理不免除承包人应尽的合同义务和法律责任。承包人有义务确保其履行合同义务的行为合理合法，并且符合合同的约定。承包人不得因发包方行使监管职责而主张发包方对相关后果和责任具有过错，更不得据此要求发包方也承担相关后果和责任（无论全部或部分）
		2.9.2	（2）发包方有权对承包人项目经理部及其主要管理人员的资格和能力进行考核，对不称职人员或施工队伍有权要求承包人予以更换，直至发包满意为止
			（3）发包方有权对承包人选定的分包单位、材料设备供应商的资质、业绩、技术和能力等进行审查并有拒绝权，承包人不得提出异议；如果承包人通过招标方式选定分包单位、材料设备供应商，发包方有否决权
			（4）发包方有权对承包人不符合设计文件、法律、法规、制度和相关办法的行为予以制止，并视其具体行为采取处理或处罚措施
			（5）发包方有权根据工程总体需要对工程进度、质量、安全、环境保护、文明施工的目标进行合理调整
		2.9.3	发包方保留对工程土石方进行合理调配的权力，为此承包人应在施工过程中根据监理人的指示，随时配合发包方进行土石方调配。发包方将提前三天通知承包人，承包人不得拒绝发包方通过监理人下达的土石方合理调配的指示，费用不作调整
		2.9.4	全线轨道车使用、轨道区及车站区占用的调配 （1）发包方保留对全线轨道车使用、轨道区及车站区占用进行合理调配的权力，为此承包人应在施工过程中根据驻地监理人的指示，随时配合发包方进行轨道车使用、轨道区及车站区占用的调配，发包方应提前通知承包人，让其有一个合理的准备时间，承包人不得无理拒绝发包方通过驻地监理人下达的轨道车使用、轨道区及车站区占用的合理调配的指示

序号	权利	合同条款	条款内容
3	质量进度监理权	2.9.4	（2）轨道运输车辆由承包人向发包方或其他承包人租用，由发包方统一调配和管理，通过轨道车运输的材料、设备仅限于大件或特大件，承包人在投标时应提出初步的轨道运输计划供发包方确认，其各项费用已包含在相关报价中
		2.9.5	（1）发包方保留根据工程情况，对进度进行协调的权力，包括对关键工序的关键工期的合理调整
			（2）在进度协调时，若因承包人的原因出现赶工，承包人必须采取一切措施赶工，并不得提出任何与此相关的费用要求。若不是承包人的原因而需要赶工，发包方将与监理人一起对此与承包人协商，解决与此相关的问题
		2.9.6	发包方保留指定供应商供应本合同工程范围内的部分材料、器材和设备的权利
		2.9.7	发包方保留施工期间在本合同施工场地的所有围栏及永久建筑物上设置广告或张贴画面和文字等的所有权
		5.2.1	发包方不得以任何理由，要求承包人在施工作业中违反法律法规、工程建设强制性标准，以及工程质量标准，降低合同工程质量
			承包人按照第7.1款〔施工组织设计〕约定向发包方和监理人提交工程质量保证体系及措施文件，建立完善的质量检查制度，并提交相应的工程质量文件。对于发包方和监理人违反法律规定和合同约定的错误指示，承包人有权拒绝实施
		5.6.3	发包方委托第三方对施工质量进行检查、检验、检测和试验的，第三方的验收结果视为发包方的验收结果
		5.6.5	发包方及其授权的监理人或第三方，具有对任何施工区域进行质量监督、检查、检验、检测和试验的权利。承包人应为此种质量检查活动提供便利条件。发包方对因承包人原因引起的质量缺陷，有权下达修复、暂停、拆除、返工、重新施工、更换等指令
		7.3.1	在承包人正式开工前，由监理工程师组织、发包方主持召开，设计院、设计咨询单位、监理工程师、承包人参加的设计技术交底会
			具体开工时间以发包方、总监理工程师签发的开工令为准。承包人应在接到开工令后的7天内开工，并一直保持合同工程连续均衡施工，直至其被改变为止
4	结算审计权	3.1.10	按照法律规定和合同约定编制竣工资料，完成竣工资料立卷及归档，并按合同条款约定的竣工资料的套数、内容、时间等要求移交发包方
		12.4.3	（1）在缺陷责任期未满，且结算经政府部门审核完毕后，档案资料按发包方要求完成归档，支付至结算金额的94%
			（2）在缺陷责任期已满，且结算经发包方审核完毕但未经政府部门审核，支付至经发包方审核结算金额的95%
			（3）在缺陷责任期已满，且结算经政府部门审核完毕后，档案资料按发包方要求完成归档，支付至结算金额的99%
			（4）发包方全面组织实施的整个工程正式通过国家验收前，财务决算经政府部门审定后，支付剩余价款

序号	权利	合同条款	条款内容
4	结算审计权	14.3	本合同的最终结算以政府终审部门审定的金额为准
		14.5	承包人的竣工结算书报发包方和政府部门审核后，承包人要配合发包方和政府部门做好核对结算数据、提供结算支持材料、对评审结果进行确认并加盖单位公章等结算事宜
		14.6	发包方或政府部门在审核结算过程中，口头通知承包人前来核实结算金额、办理评审结果确认表等结算事宜15天内，承包人不配合相关结算事宜的，由发包方或政府部门再以书面文件催告（函件中说明发包方或政府部门审核的结算金额），承包人在收到该书面催告函件30天内仍不配合办理相关结算事宜的，视为认可发包方或政府终审部门的评审意见。其中政府部门出具的评审结果直接由政府部门与发包方两方确认，责任由承包人承担，承包人不得再对合同结算金额提出异议或请求鉴定
		14.9.1	一旦提交了最终结清申请，承包人即应交给发包方一份书面结清单，同时给监理人一份副本，确认最终申请的总额包括了合同中发生的或与合同有关的所有应付的全部和最终金额。此结清单只有在支付了根据14.7.2款签发的最终结清证书规定的应付金额，以及第3.7款中提到的履约担保（如有）退还给承包人之后才生效
		14.9.2	（1）监理人认为按照合同最终应付的款额
			（2）在对发包方按照合同（除第20条外）所支付的所有款额以及应得的所有款额加以确认后，发包方还要支付给承包人或者承包人还要支付给发包方的余额

通过上述关键节点工作责任解构可以分析，就发包方与施工总承包方而言，在支付、结算、变更、现场人员任命、分包方选取等关键节点工作中，发包方负责大部分监督、审查以及支付责任，掌握着支付权以及人员命名的审查权；施工总承包方负责各种实施申请、人员选取、具体考核等责任，因此掌握着具体实施的权利以及现场管理的权利。就施工总承包方与分包方而言，施工总承包方需要及时向分包方支付进度款以及阶段款，且负责管理协调各分包方的工作，分包方则负责配合施工总承包方各项工作的具体实施，且施工总承包方可以利用科层管理的优势，实现更加高效的组织和协调。

第五节　本章小结

集成化的发承包模式是涉及面广、结构复杂、影响深远的复杂系统，其本质就是利用施工总承包方的专业化实现项目在全生命周期上的价值增值，因此施工总承包方的行为在建设项目的顺利实施中起到至关重要的作用。所以如何有效地激励施工总承包方成为关键，为此在广州地铁合同中提出了合理风险分担，为承发包双方之间的契约关系注入柔性，合理运用控制权，保障发承包双方拥有在合同所预留的空间中经济而又快速地响应不确定性的能力。但是在承包方增信机制不健全、市场信息不对称情形下，发承包双方信任不足，发包方选择合理风险分担面临着承包方履约行为相机选择的困境。为避免上述困境的出现，发包方需要为合同注入"适度的柔性"，在提倡合理风险分担的基础上也需要进行控制权的合理配置，通过契约规定缔约双方的一系列权利与工作责任，最大程度上保障各参与方的责权利统一，避免施工总承包方的机会主义行为产生。

基于控制权配置的理论基础，利用控制权合理配置来约束施工总承包方，能够减少施工总承包方的机会主义行为、提高项目绩效。首先，通过对轨道交通项目关键控制点的识别，理出在合同设计中应重点考虑的项目控制权，即四权：支付监督权、施工图审图权、质量进度监理权、结算审计权。其次，通过对发包方与施工总承包方权利与义务关系的分析，结合控制权配置与下沉的原则，梳理11号线项目控制权配置应遵循的原则，并在此基础上着重论述了11号线控制权下沉的三条路径，即在支付、结算、变更、现场人员任命、分包方选取等关键节点工作中，发包方负责大部分监督、审查以及支付责任，掌握着支付权以及人员命名的审查权；施工总承包方负责各种实施申请、人员选取、具体考核等责任，从而保障了在有效激励施工总承包方的基础上，实现了发包方控制权的下沉，确保发包方对于项目的整体把控。

第六章

基于田野实验
的履约行为
观测预设

第一节　履约行为田野实验理论基础

一、田野实验方法的兴起

一直以来，主流经济学都是通过收集原始数据，并对数据进行处理分析以验证假设，以此来进行理论研究。随着数据可得性的增加，特别是计量经济学的发展，这种对数据进行实证检验为主的方法越来越占据主导地位。但是这种方法也存在一定的局限性，促使经济学家探寻理论研究的科学新方法。20世纪80年代以来，田野实验方法逐渐兴起，得到大部分经济学家的重视与推崇，并成为经济学研究的重要方法之一。

田野实验是实验方法的一种，而实验方法早在文艺复兴时期起即被广泛应用于自然科学研究之中。所谓实验方法是指，将随机获取的实验样本分为两组，一组为处理组，一组为控制组，除一个因素之外，控制其他所有因素并使两组保持一致，对处理组进行处置，通过比较两个组实验结果的差异，分析因果关系，得出结论。实验方法因其可控性、可重复性以及内部有效性，一直是科学研究的重要方法之一。

但在社会科学领域，实验方法一直没有得到重视，而经济学作为一门传统的社会科学一直被认为是不可实验的。计量经济学出现之后，建立在观察法基础上的经验数据整理与分析一直是主流经济学的主导方法，这种方法先提出假设，根据问题搜集和整理数据，然后对数据进行实证分析来检验假设，以此得出结论。20世纪实验经济学为经济学的研究提出了一种新的方法，即实验室实验方法（Laboratory Experiments）。这种方法也是将随机招募的被实验者分为两组，除一个因素之外保持其他因素一致，对处理组进行处置，比较两组结果的差异来测度因果关系。直到20世纪80年代，实验室实验的方法才被主流经济学所承认。

尽管实验室实验具有较好的可控性和可重复性，在一些情况下可以有效地测度变量之间的因果关系，但是它在实验室中进行，缺乏现实的社会背景。因此，由于实验室背景与社会现实的差异，在将实验室实验的结论推广到真实环境中时具有一定的局限性。List[139]指出实验室实验以外部有效性（External Validity）为代价来追求内部有效性（Internal Validity）的最大化。一些经济学家也证实了该方法外部有效性方面的局限，如Henrich, Heine和Norenzayan[140]从被实验者的性质对样本代表性的影响角度分析了实验室实验外部有效性的局限性；Burnham, McCabe和Smith[141]发现被实验者在实验室与社会现实中行为模式的不同，从而对实验室实验忽视了被实验者身份和地位对其行为模式的不同，从而对实验室实验忽视了被实验者社会身份和地位对其行为的影响；Levitt和List[142]，Falk和Heckman[143]对实验室实验的内部有效性和外部有效性进行了综合性的分析。

实验室实验的局限性推动了实验方法上的改进，田野实验作为一种新的实验方法逐步引起经济学家的重视。田野实验在真实的社会情境中进行，更加贴近现实，同时又具有实验方法测度因果关系的优点，近年来在很多领域都得到广泛运用。

Levitt和List[144]认为田野实验方法经历了三个不同的阶段，每个阶段都对经济学的发展产生了很大的影响。第一个阶段是实地实验的萌芽阶段（The Dawn of Field Experimentation）。这个时期的田野实验很少被视为经济学领域田野实验的一部分，因为这些实验的对象都不是人类本身，并且很少在经济学期刊上发表。而Fisher和Neyman在20世纪20年代和30年代的工作展示出，一方面，他们的实验有助于解释农业生产力这一重要的经济学问题；另一方面，这些实验首次把随机性这一关键要素概念化。Street[145]，List和Rasul[146]对该阶段的田野实验的发展有过论述。

田野实验的发展的第二个阶段是20世纪后半叶，这一时期出现了一系列由政府部门主导的大规模的社会实验。第一批实验开始于20世纪60年代末期，实验项目包括雇佣计划、电价设计和住房补贴等[147]。该批社会实验专注于检验项目的效率，而80年代早期的主要社会实验更注重测度改革对现有项目带来的增量变化。这些实验对当时的政策制定产生了重要影响，也引发了关于观察数据和实验数据如何权衡取舍的争论。

第三个阶段是由田野实验在最近十年间的快速发展。通过将实验室实验的严密控制方法引入到社会情境之中，田野实验可以更有效地测度变量间的因果关系。与社会实验类似但不同于第一阶段的农业实验，最新的田野实验方法更注重于把随机化引入被实验者样本之中。与社会实验不同的是，这些实验尽可能在真实的社会情境中招募普通人群，并将随机化引入其中，甚至被实验者也没有意识到自己是实验的一部分。它们的规模要比社会实验小，却比社会实验有更大的理论目标。经济学家通过设计田野实验来检验经济理论，收集构建理论的有用信息以及组织数据对理论假设进行关键参数的测度。因此，与实验室实验和自然生成的数据相比，田野实验可以使经济学家对经济活动有更深的介入和了解，提供更有效的关于人类行为动机的推断。另外，田野实验还可以帮助经济学家确定是否需要重新解读实验室实验和自然生成数据所产生的结论。在进行田野实验时，自然本身不会把被实验者群体随机分为合适的控制组和处理组，这有赖于经济学家进行合理的实验设计，因此会面临更多的不同于实验室实验的挑战，这需要经济学家具备一个系统性的能力，即日常生活中发现实验机会的能力、设计实验的能力、掌握和运用经济理论的能力，处理实验中所产生的复杂关系的人际交往和沟通能力。

通过三个阶段的发展，田野实验被越来越多的经济学家所接受，并运用到以政府和各种组织的合作为代表的经济学研究中。许多经济学家分别从不同的角度对田野实验进行了介绍，如Duflo[148]，Duflo和Kremer[149]介绍了将随机试验用于提高政策有效性时的系统化使用方法；Duflo，Glennerster和Kremer[150]探讨了随机试验的设计问题和技术细节；Roe和Just[151]分析了田野实验的内部有效性和外部有效性的问题；Folk和Heckman[152]对实验室实验和田野实验的区别和互补性进行了分析；List[153]解释了经济学家使用田野实验的原因，并且为设计实验提供了14个要点。田野实验适用领域的广泛性和使用方法的灵活性，以致很难对其进行简单的定义。

二、田野实验方法的类型

田野实验根据不同的方法可以分为不同的类型，Harrison和List[154]的分类最具代表性，他们鉴别出实验情境中的六个关键因素，根据这六个因素的不同可以将田野实验分为不同的类型，这六个因素分别是：

（1）被实验者样本的性质。实验室实验一般以学生作为样本，如果我们把学生视为标准样本，那么在真实的社会情境中随机招募的样本可以称为非标准样本。田野实验通过招募非标准样本力图获取更强的代表性，这种样本可以是某一特定人群，也可以是全部人口。如Haigh和List[155]使用芝加哥期货交易所的期货交易者为样本，而Harrison，Lau和Williams[156]则把整个丹麦人口作为被实验者的样本。

（2）被实验者带入实验中的信息的性质。除了其人口统计学的特征之外，非标准样本中的被实验者可能会把对实验中商品或任务的先验信息带入实验之中。在田野实验中，他们会把对于交易活动的信息以及对交易程序和组织的理解带入实验中，而如果通过实验设计减弱这些信息的重要性可能会导致行为的变化。

（3）实验中商品的性质。实验中的商品是实验情境的重要组成部分之一，它有两种类型：真实的商品和虚拟或抽象定义的商品。在使用虚拟商品时，如果商品本身的性质会影响行为，而构建理论的过程中没有考虑到这一点，那么理论本身的适用性可能受到限制。田野实验用真实的商品进行实验，有效避免了上述问题的产生。近年来采用实际产品来引发估值（Eliciting Evaluation）的实验要比使用虚拟产品诱导估值（Induced Evaluation）的实验明显增多。

（4）实验任务或交易规则的性质。在实验中，实际经验可以启发被实验者有效地完成任务，而缺乏经验的个体可能面临更大的挑战。因此实验任务或交易规则也会对被实验者的行为产生影响。

（5）风险的性质。被实验者在实验室实验和田野实验中所面临的风险是不同的，不同的风险会影响其行为表现。如果被实验者在面对较大额度的收益或损失时会比较谨慎，而面临微小额度的损益时比较轻率，那么实验中面临的风险较小时，实验结果可能值得怀疑。尽管人们也会购买便宜的商品，但是在面临不同的风险水平时，其决策方式可能不同。在一定的预算约束下，田野实验提供了一个在相对贫穷国家评估实质性风险影响的机会。

（6）实验环境的性质。实验环境也会影响行为，实地环境可以提供实验室所不具备的启发行动的背景。而实验室实验可能会导致角色扮演行为，如果没有突显性的报酬，实验经济学家的实验结果会因此而遭到质疑。即使有突显性的报酬，环境的影响依然存在。

根据上述六个情境因素的不同，可以将田野实验进行分类，同时把传统的实验室实验包含在此种类型之中，也有助于我们比较实验室实验和典型的田野实验的区别与联系（表6-1）：

（1）传统的实验室实验（Conventional Lab Experiment）：这种实验方法通过在标准的样本中招募被实验者，并在严格控制的情境和既定的规则下进行。由于被实验者都是大学生，并且在实验室中进行，与真实的社会情境差别较大。

（2）人为的田野实验（Artefactual Field Experiment）：这种实验方法与实验室实验类似，不同点在于人为的田野实验是在非标准样本中招募被实验者，即被实验者的性质不同。这种实验的被实验者不局限于大学生，所以会更加贴近现实。

（3）场景田野实验（Frame Field Experiment）：这种实验与人为的田野实验的不同在于，实验中的商品、任务、风险以及被实验者引入实验的信息都与真实的社会情境相同。它与真实的社会情境更加类似，实验结果更能反映社会中的真实现象，理论成果更普遍化。

（4）自然的田野实验（Natural Field Experiment）：与场景田野实验不同，自然的田野实验在真实的社会情境中进行，被实验者也不知道自己身处实验之中。

实验分类及比较   表6-1

	被试类型	被试信息	激励	实验环境	被试知晓实验	研究者干预	外生改变
实验室实验	大学生	抽象信息	诱导价值	实验室	是	是	否
人为的田野实验	各类人群	抽象信息	诱导价值	实验室	是	是	否
场景田野实验	各类人群	情境信息	真实激励	自然环境	是	是	否
自然的田野实验	各类人群	情境信息	真实激励	自然环境	否	是	否
自然实验	各类人群	情境信息	真实激励	自然环境	否	否	是
非自然实验	各类人群	情境信息	真实激励	自然环境	否	否	否

注：参考自List和Rasul[157]的内容。

为了更有效地验证因果关系，经济学家可能同时进行上述几种类型的实验，如Harrison和List[158]分别采用人为和场景田野实验来验证启发式（Heuristics）的影响；List分别使用了人为、场景和自然的田野实验来验证歧视问题。多种实验方法的结合可以相互验证实验结果，更清晰地反映因果关系，提高理论的可信度。

三、施工总承包商的履约

契约的不完备性导致工程变更不可避免，同时也必然导致履约效率降低。本书重点关注承包人履约行为的效率。承包人行为有三种表现，分别是机会主义行为、字面履约行为和完美履约行为。而面对合同漏洞，承包人亦有三种的行为，分别对应了三种履约效率。

行为一，承包人利用合同漏洞的机会主义行为，主要表现为利用信息优势创造"变更"，该情况下容易造成项目功能的冗余，提高了项目投资，降低了项目价值；策略二，承包人不利用漏洞，安分守己的行为，主要表现为按照合同约定进行履约，不刻意利用漏洞进行"二次经营"，这种情况能够保证项目字面绩效的实现；策略三，主动弥补"漏洞"，主动向业主提供降低成本或者提高项目功能的优化建议，该情况能够实现项目价值的改善，从而实现改善项目管理绩效。鉴于利用漏洞—不利用漏洞—弥补漏洞本身就是合同履约效率低、中、高的表征，而其也恰好对应了承包人的机会主义行为、字面履约行为和完美履约行为。承包人履约效率评价标准见图6-1。

　　针对施工合同的条款以及工程存在的某些情况，可以建立相关履约评价观测指标，并针对每个观测指标设计观测点，采用定量评分等具体办法，定期对履行合同单位的表现情况进行点评，作为完工时最终履约评价报告、履约评价奖罚的依据和企业评标的依据等。

　　根据本项目的特点和签署的具体合同条款可设置如下承包人的履约观测点，供广地铁在广州地铁11号线的施工过程中进行观测。

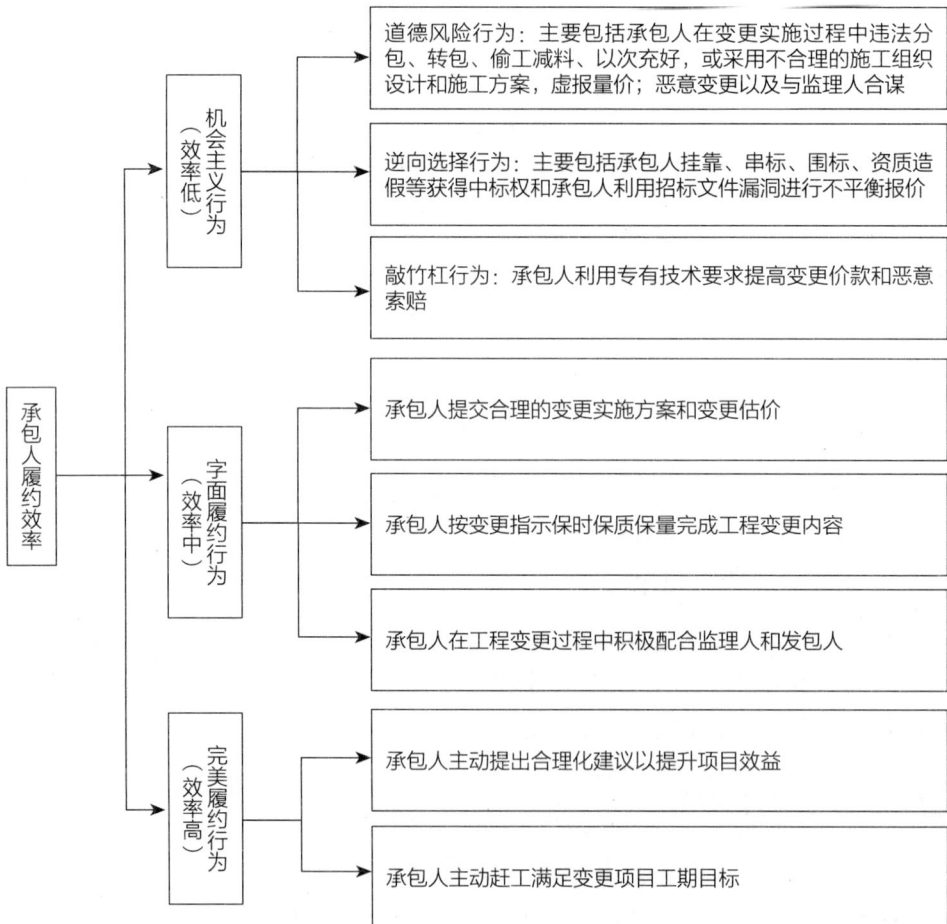

图6-1　承包人履约效率评价标准

第二节　履约行为田野实验方案设计

一、实验思路

本实验通过绩效考核打分的方式，通过提取合同中的柔性条款，制作绩效考核指标集，通过广州地铁集团相应管理人员的现场考核以及过程跟踪打分，形成量化的考核分数，看其是否因大标段招标的设置存在差异。绩效考核为本项目的先决条件，即通过绩效考核后，则认为本项目符合公众基本需求，项目成功。然后进行田野实验横向对比，评价项目履约的过程效率。选取两个正在进行的地铁项目进行田野实验，其中实验组为广州地铁11号线，其建设模式为施工总承包，对照组为广州地铁X号线，其建设模式为平行发包模式。由于在同一个实验组中的情境相同，故本实验将两个项目的区别控制在"大标段"与"平行发包"两种情况中，其他的影响因素暂不作为本实验的变量考虑。在本实验条件下，相同的进度过程中，通过绩效考核标准打分，获得承包商履约行为的量化数值的差异，本差异仅仅由是否为大标段发包来决定，即可以通过该方法判定大标段发包是否真正提高项目管理绩效（承包商履约绩效）。但文章所采用的田野实验在实验方法上与其他研究存在一定差异，需要进行说明。

第一，建设项目的开工时间、建设地点、施工工艺等不同，发生的风险种类与风险概率也不同，其都会影响承包商对风险所做的决策。在建设项目中不可能完全做到严格将实验组和对照组的差别控制在一个变量情况下，故本田野实验提出一个假设，即假设两条地铁线路面临的基本建设情况与风险相同，保证了实验可行的前提。

第二，进行考核指标的制定时，选取的考核指标为两项目合同的共性指标，即两项目合同中均明文规定的合同条款。因此本实验不存在某一方承包商不知情的状态。

第三，本项目进行考核指标打分时，聘请的专家同时为两个项目进行现场考核与量化打分，不存在两份打分结果的评分专家意见、思想不一致的情况。且专家的行业基本覆盖施工期间所涉及的全部专业。

第四，承包商事先了解过程中会进行田野实验，但本实验考核打分时，采用不提前告知承包商的方式进行打分，保证了实验的相对真实性。

二、项目绩效考核指标的设置

绩效考核作为广州地铁11号线的先决条件，需先保证11号线项目通过绩效考核，再对其履约效率进行评价，本研究初步制定了广州地铁11号线的评价指标体系。

（一）绩效评价指标初始指标集的建立

按照本实验中项目管理工作评价时点以及各过程的逻辑层次关系，结合项目实施的具体任务内容，参考项目合同及国家各部委对于相关工程建设的有关程序管理规定和要求

（如《建设工程质量管理条例》《建设工程施工现场管理规定》等）确定了地铁建设实施的初始评价指标集，具体评价指标及简要说明见表6-2。

地铁项目建设实施阶段绩效评价指标初始集　　　　表6-2

指标层	分指标层	评价指标	具体评价指标及说明
施工准备阶段过程绩效评价指标	施工现场准备阶段评价指标	建设场地征地、拆迁及平整工作是否到位；水、电、路工程准备工作是否符合要求	评价拆迁手续是否齐全，拆迁费用、进度是否合理，水电等准备是否到位
	施工监理材料设备招标阶段评价指标	招投标的规范性；中标单位提供的材料设备等是否符合项目建设要求；项目招标率；项目招标质量	评价招标过程是否按国家招投标法规定进行招标；招标文件的编制质量是否满足要求及水平的合理性；投标单位是否有串通投标和不正当的投标行为；投标书的编制质量是否满足要求及水平高低，招标率是否符合要求
	施工手续办理阶段评价指标	手续内容的规范性；手续办理的及时性；年度投资计划编制的合理性	评价相关手续具体内容是否按统一要求格式形成；手续办理是否及时
施工过程绩效评价指标	施工质量控制评价指标	工程质量能力指数；质量控制的合规性及有效性；实际工程优良品率；实际工程返工损失率；HSE标准执行情况	质量控制计划是否可行及有效；质量控制点选取是否合理；选取的质量评价标准是否符合要求
	施工进度控制评价指标	进度控制措施制定情况；关键设备按期到货率；进度控制的合规性及有效性；施工工序的合规性	是否按项目特点制订了建设进度控制措施；进度控制措施是否适当；项目是否按预定工期实施建设；建设进度超前或滞后是否合理；设计变更的内容是否符合规定；变更程序是否合理合法；变更手续是否齐全；影响项目建设规模的单项工程间投资调整和建设内容变更，是否按照规定的管理程序报批，批复手续是否齐全
	投资控制评价指标	投资概算执行情况、实际投资总额变化率、资金利用率、投资控制的合规性及有效性	项目建设是否按照初步设计概算批准的规模、标准和内容实施；有无概算外工程、超概算、擅自提高建设标准和扩大建设规模的情况；调整概算是否依照国家规定的编制办法、定额、标准由具备资质的单位编制，是否经有权机关批准
	月进度资金管理进展阶段评价指标	月检查工程进度记录的完整性；项目月进度用款合理性月进度工程进展完成情况	月检查记录是否完整；是否有利于核查；用款是否合理；月进度进展超前后延后是否合理
	中间验收阶段	验收时点的选取的合理性；验收标准的选择的合理性；验收结果报告的准确性	中间验收点选取是否合理；验收执行标准是否得当
	其他指标	人力资源配置的合理性、承包商的沟通协调能力、承包商的快速反应能力	考核施工单位是否组建了由项目经理和施工技术人员组成的项目部机构。项目经理和施工技术人员的能力与资质是否符合要求。对项目沟通及协调是否及时，反应是否及时合理

1．施工准备阶段

定量指标：

拆迁费用率：实际拆迁费用占计划拆迁费用的比例。

$$拆迁费用 = \frac{实际拆迁费用}{计划拆迁费用} \times 100\%$$

项目招标率：在施工、监理及设备材料选定过程中采用招标形式的项目投资额占项目应招标投资额比例。

$$项目招标率 = \frac{采用招标的项目投资额}{项目应招标投资额} \times 100\%$$

定性指标：

施工监理设备材料招标阶段定性指标：项目招标质量；招投标的规范性；项目招标代理机构选择的合理性。

手续办理阶段为定性指标即根据具体的手续内容规范性和手续办理的及时性能否满足各自要求而确定。

2．施工全过程管理阶段

定量指标：

（1）工程质量能力指数：工程能力指数 $= \sum W_i \times E_i \div R_i \times 100\%$

其中 W_i 为分项工程权重系数，E_i 为分项工程竣工后检验值或运营后抽样检验值，R_i 为分项工程的规范要求值。

（2）实际工程优良品率：指政府投资项目通过竣工验收的实际单项工程质量达到优良个数占验收的单位工程总个数的比率。

$$实际工程优良品率 = \frac{实际单位工程优良数量}{验收鉴定的单位工程总数} \times 100\%$$

（3）实际工程返工损失率：是衡量项目因质量事故造成实际损失大小的相对指标，是政府投资项目累计质量事故停工、返工增加的项目投资额与项目累计完成投资额的比率。

$$实际返工损失率 = \frac{项目累计质量事故停工、返工增加投资额}{项目累计完成投资额} \times 100\%$$

（4）工程延误率：

$$工程延误率 = \frac{项目实际工期 - 项目计划工期}{项目计划工期} \times 100\%$$

（5）关键设备按期到货率：反映关键设备是否按期到货的指标。

$$关键设备按期到货率 = \frac{按期到货关键设备投资额}{关键设备投资总额} \times 100\%$$

（6）实际投资总额变化率：是衡量实际投资总额与预计投资总额变化情况的比率。

$$实际投资总额变化率=\frac{实际投资总额-预计投资总额}{预计投资总额}\times100\%$$

项目实际投资总额变化率大于零，表明项目实际投资总额超过预计或估算的投资额；小于零，表明项目实际投资额小于预计或估算的投资额。

（7）资金利用率：反映项目资金有无改变用途。

$$资金利用率=\frac{实际用以项目的支出金额}{实际到位金额}\times100\%$$

（8）月进度工程进展率：

$$月进度工程进展率=\frac{本月实际完成任务量}{本月计划完成任务量}\times100\%$$

定性指标：人员配置的合理性根据实际结果来确定；质量控制的可行性及有效性根据质量控制结构确定；HSE标准执行情况根据实际情况具体确定；承包商的沟通协调能力由沟通结果是否有利于项目施工来确定、承包商的快速反应能力由对突发等事件反映的处理结构来确定。月检查工程进度记录根据实际记录情况来确定。

3．绩效评价指标体系的建立

评价指标体系的建立实际上是一个逐步优化的过程。经过分析、咨询初步确立的指标体系虽然已经具有一定结构和层次，但是不一定能够满足每一原则的具体要求，还需要对指标体系进行优化，具体优化的内容包括：指标检验以及定量指标筛选。

田野实验承包商绩效评价指标体系 表6-3

指标层	分指标层	评价指标	具体评价指标及说明	参考标准	参考得分
施工准备阶段过程绩效评价指标	施工现场准备阶段评价指标	建设场地征地、拆迁及平整工作是否到位	评价拆迁手续是否齐全，拆迁费用、进度是否合理，项目开工前各项现场准备工作是否按计划进行	工作符合深度要求，进度合格，费用在概算以内	0.8~1.0
				基本符合要求	0.6~0.8
				不符合要求	< 0.6
		水、电、路工程准备工作是否符合要求	评价水电等准备是否到位，施工现场准备工作费用开支是否体现了勤俭节约的方针，是否符合国家有关规定	内容、深度符合规定	0.8~1.0
				基本符合要求	0.6~0.8
				不符合要求	< 0.6
	施工监理材料设备招标阶段评价指标	招标投标的规范性	评价招标过程是否按国家招投标法规定进行政府投资项目招标；标书的编制质量是否满足要求及水平的合理性；投标单位是否有串通投标和不正当的投标行为；招标率是否符合要求	以1分为基础，每违反一项扣除0.3分	

指标层	分指标层	评价指标	具体评价指标及说明	参考标准	参考得分
施工准备阶段过程绩效评价指标	施工监理材料设备招标阶段评价指标	中标单位提供的材料设备等是否符合项目建设要求	是否按国家规定选择招标代理机构,各中标单位提供的服务及产品是否符合建设的具体要求	100%合格	1.0
				基本符合要求	0.6~1.0
				不符合要求	<0.6
	施工手续办理阶段评价指标	手续内容的规范性	评价相关手续具体内容是否按统一要求格式形成;手续办理是否及时	视具体情况在0~1之间打分	
		年度投资计划编制的合理性	评价年度投资计划编制是否符合投资方及建设实施的要求	完全符合要求	1.0
				基本符合要求	0.6~1.0
				不符合要求	<0.6
施工过程绩效评价指标	施工质量控制评价指标	质量控制的合规性及有效性	评价质量控制计划是否可行及有效;质量控制点选取是否合理;选取的质量评价标准是否符合要求;具体评价实际工程质量与国家、行业有关质量标准以及项目立项时的质量目标的实现程度,是否存在因管理不善或擅自变更项目建设内容、建设规模、建设标准等致使工程质量不合格的现象。整体质量控制工作的合规性和有效性	各项均符合要求为1分,一项不符合要求扣除0.3分	
		实际工程优良品率	评价实际工程优良率及实际工程返工率是否达到相关要求	优良率大于85%	0.8~1.0
				优良率70%~85%	0.6~0.8
				优良率低于70%	<0.6
		HSE标准执行情况	考核施工单位在健康、安全、文明施工及环境控制工作的合规性和有效性	完全符合要求	0.9~1.0
				基本符合要求	0.6~0.9
				不符合要求	<0.6
	施工进度控制评价指标	进度控制措施制定情况	是否按项目特点制订了建设进度控制措施;进度控制措施是否适当;设计变更的内容是否符合规定;变更程序是否合理合法;变更手续是否齐全;批复手续是否齐全	措施得当且按合同约定工期完成项目的建设	0.9~1.0
				措施得当且工期延误10%内	0.6~0.9
				措施不当或工期延误超10%	<0.6

指标层	分指标层	评价指标	具体评价指标及说明	参考标准	参考得分
施工过程绩效评价指标	施工进度控制评价指标	进度控制的合规性及有效性	评价施工单位是否按规定编制和实施施工组织计划；项目是否按预定工期实施建设；建设进度超前或滞后是否合理；以及整体进度控制工作的合规性和有效性	依据充分、程序合规、方法得当有效	0.8~1.0
				基本符合要求	0.6~0.8
				不符合要求	< 0.6
		施工工序的合规性	考核是否按国家规定及具体项目要求的工序组织施工，有无违反工序的施工	依据充分、工序合规、方法得当	0.8~1.0
				基本符合要求	0.6~0.8
				不符合要求	< 0.6
	投资控制评价指标	投资概算执行情况	评价项目建设是否按照初步设计概算批准的规模、标准和内容实施；有无概算外工程、超概算、擅自提高建设标准和扩大建设规模的情况；调整概算是否依照国家规定的编制办法、定额、标准由具备资质的单位编制，是否经有权机关批准	按合同约定投资额完成	0.9~1.0
				与合同约定投资额差异在10%以内	0.6~0.9
				与合同约定投资额差异超过10%	< 0.6
		实际投资总额变化率	评价实际投资总额变化率是否符合要求；实际单位工程造价以及实际建设资金成本率是否符合要求	完全符合要求	0.9~1.0
				基本符合要求	0.6~0.9
				不符合要求	< 0.6
		投资控制的合规性及有效性	评价投资控制工作是否符合有关规定，投资控制是否有效	依据充分、程序合规、方法得当有效	0.8~1.0
				基本符合要求	0.6~0.8
				不符合要求	< 0.6
	月进度资金管理进展阶段评价指标	项目月进度用款合理性	月检查记录是否完整；是否有利于核查；用款是否合理；月进度进展超前后延后是否合理	完全符合要求	0.9~1.0
				基本符合要求	0.6~0.9
				不符合要求	< 0.6
		月进度工程进展完成情况	月进度工程进展率是否达到预定目标，调整措施是否合理	达到预定目标	1.0
				没达到预定目标视调整措施情况给分	
	中间验收阶段	验收时点的选取的合理性	中间验收点选取是否合理；验收执行标准是否得当	完全符合要求	0.9~1.0
				基本符合要求	0.6~0.9
				不符合要求	< 0.6

指标层	分指标层	评价指标	具体评价指标及说明	参考标准	参考得分
施工过程绩效评价指标	中间验收阶段	验收标准的选择的合理性	验收执行标准是否执行国家及行业的规定标准，验收标准选择是否合理得当	验收标准得当且一次验收全部合格1.0	1.0
				验收标准得当且一次验收80%以上合格	0.6~0.9
				验收标准不当或一次验收合格小于80%	<0.6
	其他指标	人力资源配置的合理性	考核施工单位是否组建了由项目经理和施工技术人员组成的项目部机构。项目经理施工技术人员的能力与资质是否符合要求。项目施工前是否及时建立了项目的领导机构及精干的施工队伍；领导机构的人员构成及素质是否满足要求；施工队伍各技术工种构成是否合理。项目施工前是否及时组织了劳动力进场，是否对施工队伍进行各种教育及培训；是否对施工队伍及工人进行了施工组织设计、计划和技术交底；是否建立健全了各项规章制度	全部符合要求得1分，缺少一项扣除0.2分	
		承包商的沟通协调能力	与委托人、使用人等利益相关者沟通及协调是否及时	沟通及时处理得当	1.0
				其他视情况给分	
		承包商的快速反应能力	对项目出现的例外情况的反应是否及时合理	反应及时、处理合理得1.0分，其他视情况给分	

本实验的评分准则采用的是0~1.0分制，这是因为在对该阶段的每一具体过程进行评价时，其综合指标值是由本指标的权重乘以具体评价值，在运用适当的评价方法得来的，故采用0~1.0分制有利于评价结果的统一计算和比较。

三、履约行为考核指标的设置

本次田野实验以签订的大标段施工合同为参照点，通过对比实验组和对照组中合同约定的承包商权利义务的执行情况，对控制权下沉、嵌入信任以及再谈判机制的大标段招标的执行效率进行评价，并根据每一项指标进行对比分析，提出大标段招标的改进建议，为广地铁后续的施工招标提供参考。

履约行为可分为机会主义、字面履约和尽善履约三个维度。严玲教授通过借鉴已有的承包人履约行为测度指标，对相似的指标进行情景化处理，得出承包人履约行为测量的量表，如表6-4所示。

承包人履约行为测量表

表6-4

类型	潜在维度	初始测量题项
承包人机会主义行为	隐瞒信息	签约前隐瞒自身掌握的信息与对方签订利己的合同
		隐瞒自身已发现合同中的漏洞
		隐瞒自身已发现能改善项目绩效的方案
	违背承诺	并未像承诺的尽职尽责工作
		并未完成向发包人承诺的全部工作
	逃避非正式协议	惰于对项目环境的变化及时进行适应性调整
		推卸合同中并未明确规定但实际应由其承担的责任
	利用合同漏洞	不平衡报价超过合理额度而获得了超额利润
		利用合同漏洞进行恶意索赔
		利用不确定事件要求发包人让步
承包人字面履约行为	正确履行	按照发包人提供的施工图纸进行施工
		按照合同或协议的约定完成任务
		完成的实际工程量符合合同义务
	充分达成	在完成施工任务过程中尽量减少差错
		完成了合同或协议中约定的所有义务
		完成了合同配套的施工方案、技术细则规定的全部附属工作
	达到绩效目标	交付的工程达到合同约定的绩效目标（质量、工期等）
		实现了自身角色赋予的责任
承包人尽善履约行为	自愿利他	主动为项目付出额外努力，投入程度大于合同约定标准
		主动加紧施工进度，满足发包人预期目标
		主动承担发包人认为具有挑战性的任务
	主动控制风险	积极控制和内化项目风险，抑制风险回流至发包人
		总是以项目整体利益为核心，尽最大能力避免风险损失扩大
		不泄露项目中的关键信息或资料
	协同互助	帮助施工现场需要适应环境的相关参与者
		帮助相关参与者进行协调项目的管理工作
	弥补合同漏洞	告知发包人图纸或合同中存在的错误或疏忽
		主动向发包人提出合理化建议
		揭发对项目不利行为或事件

注：参考自严玲教授文献《建设项目承包人履约行为的结构维度与测量研究——基于契约参照点理论》。

根据上述研究，并结合第五章再谈判条款的划分维度和原则，进行田野实验的观测点设置。

（一）事件级再谈判承包人履约行为观测

本研究通过对效率的定义、效率的类型和效率的影响因素进行综述，结合效率的特点，按照时间、物质、价值三个效率维度对工程项目的履约效率进行了描述。即将履约效率定义为：在谈判人力、物力成本一定的情况下，争议纠纷处理时间的长短，以及合同关系维持的稳定程度。对于具体的纠纷事件，在谈判人力、物力投入一定的情况下，再谈判效率可以表示为时间投入的多少，时间越短效率越高；或者对于固定谈判人力、物力投入，在一定的时间内，解决纠纷事件越多效率越高；当然，在具体评价再谈判行为效率时，还应兼顾对合同关系稳定性的分析，也即谈判事件处理的效果或再谈判创造的价值。因此，事件层级再谈判的效率就是指在人力、物力成本投入一定的情况下，通过签证、变更、调价和索赔再谈判方式解决合同中出现的自然事件和或然事件所用时间的多少。或者说，在人力、物力成本投入一定的情况下，固定的时间内，通过签证、变更、调价和索赔再谈判解决发生合同状态改变的不确定事件的多少。在此过程中，还应考虑再谈判对合同关系的影响。

通过对已有效率相关文献进行综述得出，效率的评价方面主要包括技术效率评价和配置效率评价，其中技术效率评价注重行为活动本身的程序，是对行为活动本身或制度本身合理性的评价；而配置效率评价则强调技术工具与操作对象的匹配性，是问题和解决方法适配的问题。因此，本研究对事件层级再谈判效率的评价从技术效率和配置效率两方面入手，对于事件层级再谈判的技术效率评价则指签证、变更、调价、索赔四种再谈判方式本身程序的评价，包括再谈判程序启动、再谈判程序执行和再谈判程序调整等方面；而事件层级再谈判的配置效率评价则指对签证、变更、调价、索赔四种再谈判方式资源的投入与其解决的不确定事件的匹配性进行的评价，主要包括参与签证、变更、调价和索赔再谈判方式的人员素质、物质资源、时间资源、成本资源等与再谈判内容的匹配。由此可以看出，影响事件层级再谈判效率的关键因素包括再谈判程序启动的难易程度、再谈判程序执行的顺畅程度、再谈判程序调整的空间、再谈判人员素质能力、再谈判物质资源投入大小、再谈判时间长短，以及再谈判资源投入与谈判事件的匹配程度。

事件级再谈判履约行为考核指标　　　　　　　　　　表6-5

序号	履约观测点	履约行为合同表现	履约行为分类	评分标准
1	承包人知识产权侵权行为	合同当事人保证在履行合同过程中不侵犯对方及第三方的知识产权	机会主义：承包人行为涉及侵犯发包人或第三方的知识产权	< 0.6
			字面履约：承包人无知识产权侵权行为	0.6~0.8
			完美履约：承包人无知识产权侵权行为，并主动进行设备、技术、工艺创新	0.8~1.0

序号	履约观测点	履约行为合同表现	履约行为分类	评分标准
2	承包人向雇员支付工资情况	承包人应按合同要求及国家、地方有关规定按时支付工人工资，否则，视为违约	机会主义：承包人故意拖欠雇员、施工队伍的工资以及拒不购买劳动保险	< 0.6
			字面履约：承包人按时支付雇员工资并购买劳动保险	0.6~0.8
			完美履约：承包人按时支付雇员工资并购买劳动保险及其他人身险	0.8~1.0
3	及时接受合同另一方送达的来往信函	发包人和承包人应当及时签收另一方送至送达地点和指定接收人的来往信函	机会主义：收件方以未收到通知为由拒签收信函	< 0.6
			字面履约：收件方正常接收对方来往信函	0.6~0.8
			完美履约：合同双方主动交流、及时沟通，并按时反馈信函接收情况	0.8~1.0
4	发现文物、化石后的处理方式	文物保护具体实施流程严格按《广州市文物保护规定》执行	机会主义：承包人发现文物、化石后私藏或报告不及时	< 0.6
			字面履约：承包人发现文物主动上缴、主动汇报	0.6~0.8
			完美履约：承包人发现文物后积极配合当地文物保护机构对周边地区进行勘测	0.8~1.0
5	承包人配合发包人的土石方调配工作	发包人保留对工程土石方进行合理调配的权力，为此承包人应在施工过程中根据监理人的指示，随时配合发包人进行土石方调配	机会主义：承包人消极配合发包人进行土石方调配	< 0.6
			字面履约：承包人配合发包人进行土石方调配	0.6~0.8
			完美履约：承包人配合发包人进行土石方调配，并提供调配方案供发包人参考	0.8~1.0
6	承包人对于未竣工工程的照管义务	工程接收证书颁发时尚有部分未竣工工程的，还应负责该未竣工工程的照管工作，直至竣工后移交给发包人为止	机会主义：对于未竣工的工程放置不管	< 0.6
			字面履约：负责该未竣工工程的照管工作，直至竣工移交	0.6~0.8
			完美履约：对未竣工的工程做好养护工作	0.8~1.0
7	承包人的权利转让行为	在没有得到发包人事先同意的情况下，承包人不得转让合同或合同的任何部分，或任何利益或权益	机会主义：在没有得到发包人同意的情况下，承包人转让合同利益或权益	< 0.6
			字面履约：承包人不转让或经发包人同意后转让合同权益	0.6~0.8
			完美履约：承包人不转让或经发包人同意后转让合同权益，在正常转让后与发包人做好交接工作	0.8~1.0

序号	履约观测点	履约行为合同表现	履约行为分类	评分标准
8	乙供材料出现不合规现象时承包商做法	承包人采购的材料和工程设备不符合设计或有关标准要求时,承包人应在监理人要求的合理期限内将不符合设计或有关标准要求的材料、工程设备运出施工现场,并重新采购符合要求的材料、工程设备,由此增加的费用和(或)延误的工期,由承包人承担	机会主义:乙供材料出现不合规现象时,承包商隐瞒不报或拒不更换	<0.6
			字面履约:乙供材料出现不合规现象时,承包商将其撤场更换	0.6~0.8
			完美履约:乙供材料出现不合规现象时,承包商将其撤场更换,主动要求监理方与发包人审核材料	0.8~1.0
9	承包人是否按照合同约定及时支付材料款	承包人应按合同约定及时支付材料款	机会主义:承包人未按照合同约定及时支付材料款	<0.6
			字面履约:承包人支付材料款	0.6~0.8
			完美履约:承包人按照合同约定及时支付材料款,并对材料进行审核,保证材料质量	0.8~1.0
10	承包人的安全责任执行	承包人应加强施工作业安全管理,合同约定的安全作业环境及安全施工措施所需费用应遵守有关规定,并包括在相关工作的合同价格中	机会主义:承包人消极对待安全责任	<0.6
			字面履约:承包人进行安全文明施工	0.6~0.8
			完美履约:承包人进行安全文明施工,并加强施工作业安全管理	0.8~1.0
11	项目的环境保护执行情况	承包人应在施工组织设计中列明环境保护的具体措施。在合同履行期间,承包人应采取合理措施保护施工现场环境	机会主义:承包方为节约成本发生破坏环境的行为	<0.6
			字面履约:承包人按照合同约定不出现破坏环境的行为	0.6~0.8
			完美履约:承包人按照合同约定不出现破坏环境的行为,并主动进行设备材料的创新保护环境	0.8~1.0
12	承包人的验收工作	承包人应按照法律规定和发包人的要求,对所有部位及其施工工艺进行全过程的质量检查和检验,报送监理人审查。此外,承包人还应进行施工现场取样试验、工程复核测量和设备性能检测,提供试验样品、提交试验报告和测量成果等	机会主义:承包人违规验收或提交虚假验收报告	<0.6
			字面履约:承包人按照法律规定和发包人的要求,对所有部位验收	0.6~0.8
			完美履约:承包人主动组织发包人、监理人参加合同工程的所有验收工作	0.8~1.0
13	承包人根据监理人指令返工情况	承包人覆盖工程隐蔽部位后,政府、发包人或监理人对质量有疑问,可要求承包人对已覆盖的部位进行钻孔探测或揭开重新检查,承包人应遵照执行,并在检查后重新覆盖恢复原状	机会主义:承包人拒不接受检查	<0.6
			字面履约:承包人按照监理人或发包人指令进行检查	0.6~0.8
			完美履约:承包人按照监理人或发包人指令进行检查,检查后对工程影响较小的,承包人主动承担	0.8~1.0

序号	履约观测点	履约行为合同表现	履约行为分类	评分标准
14	总价包干项目的变更合同价款调整	因政府或发包人原因引起的相对于初步设计图纸发生的规划调整、实施范围变化、重大方案变化、工法变化、地质灾害、政策性调整属初步设计范围外项目	机会主义：承包人利用合同漏洞设置变更	<0.6
			字面履约：承包人根据属初步设计范围外项目的变动进行调价	0.6~0.8
			完美履约：承包人采取一定的方法，减少变更	0.8~1.0
15	承包人的不平衡报价行为	对于在招标文件中由发包人选定的工程量清单中部分项目投标单价在评标过程计算的偏离率超过±20%（不含）的，即被认定为不平衡报价项目	机会主义：承包人采取超低价中标，后期再据实进行变更调价	<0.6
			字面履约：承包人不采用不平衡报价	0.6~0.8
			完美履约：承包人不采用不平衡报价，并且在合同实施过程中主动对单价进行控制	0.8~1.0
16	物价波动引起的调价	人工、乙供主要材料按季度进行调差。构成永久工程或设计施工工艺所必需的工程所需要的人工及乙供主要工程材料可进行调差	机会主义：承包方初期进行不平衡报价，或后期虚报材料合同价	<0.6
			字面履约：按照合同约定进行调价	0.6~0.8
			完美履约：按照合同约定进行调价，承包方主动控制人工、材料的价格	0.8~1.0
17	合同变更价款的确定	合同变更经政府主管部门或政府主管部门授权的单位（部门）批准后，签订补充协议后按此变更的实施进度支付	机会主义：承包商不放过任何可变更的机会或主动制造变更机会	<0.6
			字面履约：承包商据实进行变更并主动签署补充协议	0.6~0.8
			完美履约：承包商自行解决变更问题，无法解决的据实进行变更并签署补充协议	0.8~1.0
18	承包人的竣工清场效果	除合同另有约定外，工程接收证书颁发后，承包人应按以下要求对施工场地进行清理，直至监理人检验合格为止。竣工清场费用由承包人承担	机会主义：承包人消极进行竣工清场	<0.6
			字面履约：承包人按照合同要求进行竣工清场	0.6~0.8
			完美履约：承包人按照合同要求进行竣工清场，并主动提升清理档次	0.8~1.0

注：本观测点来源于广州地铁11号线合同，评分专家视具体情况进行打分。

事件层级再谈判效率反应的是与合同关系稳定程度有关的，签证、变更、调价、索赔再谈判行为资源投入与事件处理效果的关系。结合以上对事件层级再谈判效率的分析得出，事件层级再谈判效率改善包括技术效率提升和配置效率提升两个方面，其中技术效率提升主要指签证、变更、调价和索赔再谈判的程序启动、执行和调整等方面的提升，配置效率提升则是指参与签证、变更、调价和索赔再谈判的人员素质、物质资源、时间资源、成本资源等与再谈判内容的匹配。基于此，结合事件层级再谈判在工程实践中的应用和对事件层级内再谈判方式的对比分析，对事件层级再谈判效率提升和改进提出以下建议。

第一，签证再谈判效率改进的建议。工程实践中，导致签证再谈判效率降低的主要原因在于其人员素质和程序方面。因签证的法律效力较强，可以直接作为工程结算的依据，而其成为法律要件最重要的一条是需发承包双方共同签字确认。而在签证再谈判过程中，由于相关工作人员缺乏签证专业知识或不认真，往往缺少业主的签字，导致签证无效。最终可能会使该事件按索赔再谈判或项目层级再谈判进行处理，造成时间、人力、成本的重复浪费，即本该由签证再谈判解决的事件转化为由索赔再谈判处理，造成事件解决与再谈判方式错配。所以，应加强对签证相关人员的专业素质训练和签证程序执行的规范，从配置效率和技术效率两方面全面提升其效率。

第二，变更再谈判效率改进的建议。最易导致工程变更再谈判效率低的原因在于变更再谈判程序的执行问题或变更人员的专业素质问题，即发包人未按照变更再谈判程序进行变更费用的及时支付或承包人负责变更的人员未及时要求变更费用的支付，导致变更事件直接转化为索赔事件或争议事件[88]。使本该由变更再谈判解决的事件而由索赔再谈判或项目层级再谈判进行处理，致使时间、人力、成本等各种资源的浪费。因此，应加强变更再谈判中变更费用支付程序的执行力和相关人员的变更专业知识教育，达到从技术效率和配置效率两方面提升变更再谈判效率的目的。

第三，索赔再谈判效率改进的建议。工程项目中索赔再谈判的成功与否至关重要，它直接关系到承包人的盈亏局面。索赔再谈判效率降低的主要原因包括程序启动和程序执行及谈判人员素质的要求。程序启动指索赔再谈判的提出，即索赔事件发生后，承包人要在28天内提交索赔意向通知书，若在此期限内未提交，则直接导致承包人索赔权的丧失。而程序执行过程中较难的一个环节为索赔证据的提供，其证据的充分性、完整性和有效性直接决定着索赔再谈判的成功。当然，索赔再谈判如此关键也需要再谈判人员不但具有工程相关专业知识，还要拥有较强的其他素质，如逻辑思考能力、沟通交流能力、组织决策能力和心理素质等。因此，对于索赔再谈判效率的提升也应从技术和配置两方面进行，即如上所说的程序启动、程序执行和再谈判人员素质要求方面。

（二）项目级再谈判承包人履约行为观测

通过本研究对事件层级再谈判效率的分析可以推论出，项目层级再谈判效率的定义，即在人力、物力成本投入一定的情况下，通过和解调解再谈判方式解决事件层级处理不能的事件和合同中未约定的不确定事件所用时间的多少。或者说，在人力、物力成本投入一定的情况下，固定的时间内，通过和解调解再谈判解决发生合同状态改变的不确定事件的多少。与此同时，还应兼顾和解调解再谈判对合同关系的影响。

与事件层级再谈判效率评价相比，项目层级再谈判效率的评价也从技术效率评价和配置效率评价两方面进行。二者不同之处在于技术效率评价，因和解调解程序简单，无正规程序，其技术效率主要指和解调解再谈判程序调整方面，不包括对和解调解再谈判程序的启动和执行；而项目层级再谈判的配置效率评价则与事件层级再谈判相似，指对和解调解再谈判方式资源的投入与其解决的不确定事件的匹配性进行的评价，主要包括参与和解调解再谈判方式的人员素质、物质资源、时间资源、成本资源等与再谈判内容的匹配。因此，影响项目再谈判效率的关键因素包括再谈判程序调整的空间、再谈判人员素质能力、再谈判物质资源投入大小、再谈判时间长短，以及再谈判资源投入与谈判事件的匹配程度。项目及再谈判履约行为考核指标见表6-6。

项目级再谈判履约行为考核指标　　　　　　　　　　　　表6-6

序号	履约观测点	履约行为合同表现	履约行为分类	评分标准
1	承包人不合规行为	发包人有权对承包人不符合设计文件、法律、法规、制度和相关办法的行为予以制止	机会主义：承包人行为存在不符合设计文件、法律、法规、制度和相关办法的情况	< 0.6
			字面履约：承包人行为不存在违法违规的情况	0.6~0.8
			完美履约：承包人行为不存在违法违规的情况，并将自己的每种行为主动、定期向发包人汇报	0.8~1.0
2	承包人的协调和社会维稳工作	发包人认为承包人未完成合同条款所约定的协调及社会维稳工作或承包人工作不力	机会主义：承包人未完成合同条款所约定的协调及社会维稳工作	< 0.6
			字面履约：承包人完成了合同条款所约定的协调及社会维稳工作	0.6~0.8
			完美履约：承包人完成了合同条款所约定的协调及社会维稳工作，并主动为项目推进进行各方协调	0.8~1.0
3	施工图设计优化情况	承包人应保证施工图设计按照初步设计（含修改初步设计）所确定的方案和标准进行设计和深化，不得对初步设计（含修改初步设计）进行修改	机会主义：承包人在进行施工图设计时没有依据初步设计的方案	< 0.6
			字面履约：承包人在初步设计的方案的基础上进行施工图设计	0.6~0.8
			完美履约：承包人在初步设计的方案的基础上进行施工图设计，并根据项目的位置、特点进行设计优化	0.8~1.0
4	承包人资金使用情况	承包人资金使用的真实性、有效性、合法性	机会主义：承包人将资金私自挪作他用，资金支付与投入不合规	< 0.6
			字面履约：承包人的资金使用合规	0.6~0.8
			完美履约：承包人的资金使用合规，并主动节约	0.8~1.0
5	工程的全线进度协调	不是承包人的原因而需要的赶工	机会主义：承包人对于自身原因造成的赶工态度消极，对于发包人原因造成的赶工大幅变更	< 0.6
			字面履约：承包人进行赶工	0.6~0.8
			完美履约：承包人根据工期要求或发包人需求主动进行赶工	0.8~1.0

序号	履约观测点	履约行为合同表现	履约行为分类	评分标准
6	对总监理工程师书面通知的应答	总监理工程师应将确定的事项以书面形式通知发包人和承包人，并附详细依据	机会主义：拒绝接受总监理工程师的书面通知	<0.6
			字面履约：对总监理工程师的书面通知及时作出应答	0.6~0.8
			完美履约：对总监理工程师的书面通知及时作出应答，对于有争议的地方友好协商解决	0.8~1.0
7	承包人的分包管理	承包人应对分包人及分包合同严格管理，禁止承包人或分包人将分包工程再次分包、转包	机会主义：承包人将分包工程二次分包	<0.6
			字面履约：承包人进行分包的非主体工程不再进行分包	0.6~0.8
			完美履约：承包人主动配合监理人、发包人对分包人进行监督检查	0.8~1.0
8	承包人施工管理人员的管理能力	发包人对于承包人主要施工管理人员的资格或能力有异议的，无论发包人能否提供明确的证据，承包人应无条件提供资料证明被质疑人员有能力完成其岗位工作或不存在发包人所质疑的情形	机会主义：承包人施工管理人员的管理能力不足，但向发包人瞒报	<0.6
			字面履约：发包人对承包人施工管理人员的管理能力提出质疑，承包人及时响应	0.6~0.8
			完美履约：发包人对承包人施工管理人员的管理能力提出质疑，承包人及时响应，并提供能力、资质、经验证明，若确有问题，及时更换	0.8~1.0
9	承包人提供地质资料的真实性	承包人应按照国家现行的标准、规范、规程，以及发包人要求进行勘察工作	机会主义：承包人提供地质资料不真实	<0.6
			字面履约：承包人提供真实的地质勘探资料	0.6~0.8
			完美履约：承包人提供真实的地质勘探资料，并联系发包人进行技术交底	0.8~1.0
10	施工图设计错漏导致返工	由于施工图设计错漏及返工，或由于承包人施工错误及延误工期等原因引起的工程变更属于承包人应承担的风险	机会主义：施工图设计错漏而返工，不积极，或为节省资金稍作修改	<0.6
			字面履约：施工图设计错漏而返工	0.6~0.8
			完美履约：施工图设计错漏主动返工，并修改施工图设计，进行重新图纸会审	0.8~1.0
11	承包商对甲供材料的保管与使用	发包人供应的材料和工程设备，承包人清点后由承包人妥善保管，保管费用由承包人在报价中考虑	机会主义：承包商故意损坏甲供材料，后期自行填补，申请变更	<0.6
			字面履约：发包人供应的材料和工程设备，承包人清点后由承包人妥善保管	0.6~0.8
			完美履约：发包人供应的材料和工程设备，承包人清点后由承包人妥善保管，并定期向监理人与发包人汇报材料状况	0.8~1.0

序号	履约观测点	履约行为合同表现	履约行为分类	评分标准
12	承包人测量放线的施工控制网	承包人接桩后，必须对控制网进行复测和对桩点进行保护	机会主义：承包人没有对控制网进行复测和对桩点进行保护	<0.6
			字面履约：承包人接桩后，对控制网进行复测和对桩点进行保护	0.6~0.8
			完美履约：承包人接桩后，对控制网进行复测和对桩点进行保护，复测情况及处理措施报告经监理工程师审核批准，接桩后于15天内上报给发包人审定	0.8~1.0
13	承包人提前发现发包人提供的基准资料错误	承包人发现发包人提供的测量基准点、基准线和水准点及其书面资料存在错误或疏漏的，应及时通知监理工程师	机会主义：承包人发现发包人提供的基准资料错误，隐瞒不报，并以此作为索赔的理由	<0.6
			字面履约：承包人发现发包人提供的书面资料存在错误或疏漏的，及时通知监理工程师	0.6~0.8
			完美履约：承包人发现发包人提供的书面资料存在错误或疏漏的，及时通知监理工程师，并提出修改方案	0.8~1.0
14	发包人引起工期延误的情况	合同履行期间，由于下列原因造成影响全线开通的关键线路工点工期延误超过90天的，承包人有权要求发包人顺延超出部分的工期和（或）费用补偿。1. 征地拆迁；2. 规划调整；3. 因政府或发包人原因导致的暂停施工	机会主义：承包人利用信息不对称或发包人信息的滞后性，向发包人提出索赔	<0.6
			字面履约：由发包人引起的工期延误，承包人按约定进行工期索赔	0.6~0.8
			完美履约：由发包人引起的工期延误，承包人主动采取弥补措施，无法弥补的按约定进行工期索赔	0.8~1.0
15	单价包干项目的变更合同价款调整	因政府或发包人原因引起的相对于招标工程量清单发生的工程量变化和项目增减，按应予计量的实际完成工程量调整合同价款	机会主义：单价合同的已完工程量虚报	<0.6
			字面履约：按照招标工程量清单的工程量进行结算	0.6~0.8
			完美履约：承包人主动进行设计优化等减少工程量	0.8~1.0
16	承包人对风险包干项目的处理	风险包干范围（不适用于综合体同步实施工程）	机会主义：承包人将风险包干的事项作为发包人引起的可变更事项申请变更	<0.6
			字面履约：风险包干范围内的项目由承包人承担	0.6~0.8
			完美履约：风险包干范围内的项目由承包人承担，承包人并主动降低风险包干范围外的风险	0.8~1.0
17	合同进度款的修正	在对以往历次已签发的进度付款证书进行汇总和复核中发现错、漏或重复的，监理人有权予以修正，承包人也有权提出修正申请	机会主义：承包人借机上调工程进度款	<0.6
			字面履约：合同进度款据实修正	0.6~0.8
			完美履约：承包人公正对待进度款支付的修正，包括提出重复计算部分	0.8~1.0

序号	履约观测点	履约行为合同表现	履约行为分类		评分标准
18	岩土勘察、施工图设计的考核激励效果	施工图设计费的15%作为设计考核费，根据考核情况计付，考核标准和计付比例按发包人制定的设计考核管理办法执行。岩土工程勘察费将结合各阶段勘察工作考评结果进行，考评标准和支付比例按发包人制定的勘察质量考评办法执行	机会主义：承包人勘察设计以次充好		<0.6
			字面履约：承包人在初步设计的基础上进行施工图设计，不对初步设计做大的调整		0.6~0.8
			完美履约：承包人在初步设计的基础上进行施工图设计，主动进行设计优化，大幅提升效果或降低造价		0.8~1.0
19	概算调整的范围	因政府或发包人原因引起的规划调整、实施范围变化、重大方案变化、工法变化、地质灾害、政策性调整等属初步设计范围外项目	机会主义：承包人自行加大初步设计范围外的项目工程量，导致三超现象出现		<0.6
			字面履约：承包人进行限额设计，不发生调概现象		0.6~0.8
			完美履约：承包人进行限额设计，不发生调概现象，并进行设计优化		0.8~1.0
20	承包人的限额设计	在保证设计质量的前提下，承包人应按投资限额进行设计，严格控制施工图设计的变更，确保工程预算不突破限额目标	机会主义：承包人不进行限额设计，并任意增加功能设计，导致超概现象		<0.6
			字面履约：在保证设计质量的前提下，承包人按投资限额进行设计		0.6~0.8
			完美履约：严格控制施工图设计的变更，确保工程预算不超概		0.8~1.0
21	承包人的设计优化	承包人应承诺能够根据工程实施需要完善设计，对所承担项目设计的完整性、安全性、科学性、可实施性负责	机会主义：承包人任意扩大或减小设计		<0.6
			字面履约：承包人根据可施工性和可运营性进行设计优化		0.6~0.8
			完美履约：承包人根据可施工性和可运营性进行设计优化，并利用价值工程原理，大幅提升价值或较少造价		0.8~1.0
22	承包人的档案验收	承包人应负责档案验收全过程相关工作，包括但不限于设计阶段、施工阶段、单位工程验收阶段、试运营评审阶段、政府专项预验收及正式验收阶段	机会主义：承包人不注重档案的验收、存档管理，存在档案丢失现象		<0.6
			字面履约：承包人做好档案验收全过程相关工作		0.6~0.8
			完美履约：承包人做好档案验收全过程相关工作，并将档案及时归类整理		0.8~1.0

注：本观测点来源于广州地铁11号线合同，评分专家视具体情况进行打分。

由以上对项目层级再谈判效率的分析可知，对项目层级再谈判效率提升也应从技术效率提升和配置效率提升两方面进行，其中技术效率提升主要指和解调解再谈判程序调整方面的提升，配置效率提升则指和解调解再谈判的人员素质、物质资源、时间资源、成本资源等与再谈判内容的匹配。

我国工程实践中，争议解决方式首先选择和解调解，若和解调解失败，则直接进入诉讼或仲裁阶段，致使发承包双方均投入大量的诉讼或仲裁费用和时间成本等资源。这样不可避免地会造成部分事件的解决与投入资源错配的现象，使再谈判效率下降。因此，相对于诉讼和仲裁的解决方式，发承包双方均希望争议事件尽量通过和解调解这种项目层级再谈判方式处理。但与国际工程争端方式相比，我国和解调解再谈判需要从技术和配置方面进行改进，进而提升其效率。所以，对项目层级再谈判效率提出如下改进建议。

主要是对项目层级再谈判程序调整和人员专业素质方面的建议。对和解调解再谈判程序调整空间的扩大，即建议借鉴99版FIDIC合同条件中的争端解决方式——争端裁决委员会（DAB）的程序。发承包双方均选择经对方认可的具有深厚的争议解决经验的专家作为裁决委员会的成员，用于在合同履行过程中对发生的争议进行公平、公正和快速地解决。此方式提高了和解调解再谈判解决事件的能力，节约了双方的时间、成本和人力等资源。而委员会成员的任命，正是壮大了项目层级再谈判专业人员的队伍，整体提升了人员的素质。此即从技术效率和配置效率双重提高项目层级再谈判的效率。

第三节　地铁项目管理绩效改善措施

一、地铁项目管理绩效改善途径

（一）显性激励（报酬）对项目绩效的改善

基于承包商的管理绩效的报酬机制，对承包商的激励作用是明显且直接的。由于利益驱动性，目的就是追求利益的最大化，必然会使承包商依据管理绩效的激励机制，主动努力改善管理措施，不断提高管理能力，达到较高的管理绩效，从而获得最终的报酬奖励。因此，将承包商的管理绩效评价结果与其所获得的报酬挂钩的做法，对承包商的绩效评价既是给予承包商报酬奖励的依据，同时也是对承包商管理行为的有效引导。

在实际应用中，业主与承包商可以按国家有关规定或在合同中签订奖罚条款。按照地铁建设项目过程绩效评价的优、良、中、低、差五级来规定不同的奖罚档次，将过程绩效评价结果与所得的经济报酬紧密结合起来，以此来激励和引导每一过程的具体负责人及员工的管理行为，从而提高子过程的管理绩效。在过程绩效评价结果符合要求的前提下，如果该过程在实施过程中在技术或管理方面有突出贡献时给予该过程负责人适当的经济奖励，以激发其工作的积极性，否则给予正常的经济报酬；如果过程绩效评价结果出现不符合规定的要求时，将按照实际情况对该过程负责人给予适当的经济惩罚。即可以针对问题，通过过程绩效的评价结果找到问题的根源以及直接责任者，以便分析整改，加强管理，以促进项目管理绩效的改善，同时还可以解决在具体实施过程中责任不清、管理不明的问题。

（二）隐性激励（声誉）对项目绩效的改善

美国学者Davis曾经指出："任何一个团体组织要取得恒久成功，良好的声誉是至关重要的。"可见声誉的重要性，承包商维护自己的声誉是其在市场立足的根本。张维迎在法律制度的信誉基础中明确指出，声誉机制要发生应有的作用必须包含四方面条件：①博弈必须是重复的；②当事人必须有足够的耐心；③当事人的不诚实行为能够被及时观察到；④当事人必须有足够的积极性和可能性对博弈对手的欺骗手段以及行为进行识别和惩罚。从整体上看，由于公共诉求的长期性和连贯性，业主与承包商之间的交易可视为重复博弈，而重复博弈所包含的业主对承包商选择机会主义行为的惩罚机制将会使承包商自愿获得为了长期的项目代理收益而选择诚实行为的推动力，即主动去获得塑造声誉的积极性，从而减少博弈过程中信息不对称现象的出现，由此可见，声誉机制适用于地铁建设项目。

在地铁项目的建设管理模式中，若仅采用市场招标的方式来选择地铁项目的承包商，那么每一次合作都可以看作是一次独立的招标行为，其本质是一次性的博弈，承包商对一个项目的履约情况对其声誉建立的影响是很小的，因此，承包商更倾向于选择机会主义行为。而相关专家倡导的是名录制、俱乐部制等方式，通过"选择性进入"的方式组建企业承包商俱乐部或承包商名录库，不仅在名录库中的企业才可以获得承包商资格，更是对承包商自身实力和行业地位的体现。因此，承包商选择诚实守信并努力改善其管理行为，提高公共项目的管理绩效，以追求更高的声誉，得到更多的建设机会。

在实践操作中，政府相关部门可以通过过程绩效评价结果，按承包商的资质、规模、业绩、专业水平、管理水平等情况建立承包商名录库，便于在公共项目招投标时选择符合项目特点、资质及水平良好的承包商单位，提升项目管理水平。如承包商某一阶段存在一定问题，绩效评价结果为"良"，可以将此结果在承包商名录库中做详细记录，一方面可以激励承包商努力加强项目管理，提高管理水平；另一方面可以供其他公共项目建设单位在选择承包商时根据绩效评价结果参考选择承包商，促进地铁项目管理绩效的提高和改善。

二、地铁项目管理绩效改善建议

（一）建立基于过程绩效评价结果的承包商报酬机制

本书认为这种基于投资节余的报酬激励机制，只是对承包商在投资管理绩效方面的奖励是片面的。并且，由于片面强调公共项目投资管理的重要性，容易误导承包商一味追求节约投资，甚至以牺牲质量等其他绩效目标为代价，最终得不偿失，导致公共项目整体绩效的低下。在施工取费中单独划出一部分资金作为过程绩效评价结果优良的激励报酬，有利于提高每一子过程相关责任人对于项目管理的积极性，从而实现建设全过程管理绩效提高的目的。

因此，地铁建设项目应该建立基于过程绩效评价结果的报酬机制和奖励机制，即将基本管理成本和激励成本分别与报酬机制和奖励机制相对应，把承包商的过程绩效评价结果与其所得的报酬挂钩，而不只是基于投资结余的报酬，从而激励承包商采取有效措施，全面提高公共项目的建设管理绩效。

（二）建立基于承包商声誉管理及基于声誉的承包商选择机制

为实现基于过程绩效评价结果的承包商声誉对承包商的隐性激励，起到对地铁建设项目管理绩效的改善作用，需要两个方面的制度支撑。

首先，要建立地铁项目承包商的声誉管理机制，包括构建承包商基于管理绩效的声誉模型和声誉管理办法，及时根据对承包商管理绩效的评价结果更新承包商的声誉信息。也就是说，要实现基于管理绩效的承包商声誉信息管理和信息披露机制，这是过程绩效评价结果的总体体现，也是对承包商产生隐性激励效果的基础和前提。

其次，承包商的声誉只有在承包商与业主方形成多次博弈的情况下，才会对承包商有激励和约束作用。因此，要建立基于声誉的承包商选择机制，将承包商的声誉作为业主方选聘承包商的影响因素之一，例如设立承包商名录或俱乐部、构建承包商的准入、清出制度等等。

声誉机制要发挥作用，就必须做到信息的公开和透明，建议由政府或行业建立施工企业名录制。如果采取名录制，那么通过名录的查询，业主可以直接找到哪些施工企业是符合要求的，以便短时内找到符合地铁项目具体要求的施工单位。对于在由业主或行业建立的施工名录上的企业在获得施工资格的同时，还也可以体现了施工企业自身实力在行业中地位，在其他的建设项目中也会取得竞争优势，这就会使得施工企业主动维护自身的声誉，维护声誉建立机制。尤其是当自身声誉受到影响的时候施工企业将对这一信号做出及时反应，从而加强自身的管理，继续提高自己的竞争力。

基于声誉的地铁项目承包商名录的建立，可以是全国统一的，也可以是各省市、地方单独制定的，具体操作思路是：

（1）由政府或行业组建承包商名录管理机构。由该机构制定承包商名录及完成正常的基本管理工作。

（2）确定承包商标准及其评价方法。承包商标准应以工程施工行业的标准为基本依据，再根据不同专业进行详细分类。对于社会关注的焦点以及热点问题可以重点关注。其标准应该包括承包商历史业绩、技术及财务能力、信用等级等。

（3）按照相关程序完成承包商相关信息的采集和评价。由政府或行业组建承包商名录管理机构可以依托现有的项目建筑市场以及相关单位的资质管理和服务体系，通过采集、整理承包商已完成的建设项目的过程绩效评价结果，将收集到的进行整理，采用已确定的统一的具体的评价方法，对候选承包商进行评价。

（4）由政府或行业组建承包商名录管理机构形成基于声誉的地铁项目承包商名录。在第三步的评价工作完成以后，依据具体的评价结果形成承包商名录，凡是进入承包商名录的承包商都可以成为将来地铁项目建设的优先候选人。在建立承包商名录过程中应注意到管理的动态性，并及时更新承包商名录。

（5）承包商名录在动态管理的同时必须具有明确的管理及清除制度。对于违反管理原则的承包商针对不同性质的行为，可以采取降级、暂停资格、取消资格以及永久取消资格的处罚。

第四节　本章小结

本章基于不完全合同理论，项目合同的或然事件是承包人履约行为的反馈影响项目绩效。首先，作为事前约定与事后再谈判的核心主体，履约行为仅被定义是"明为可观察而不可证实"，而对于该主体的测度内容并没有得到揭示。其次，履约行为的改善已经成为广地铁通过工程合同条款设置实现主要目标之一。因此，本阶段的研究目标逐渐清晰：①确定工程合同中履约行为的存在形式；②构建与识别合同事后效率的履约行为概念模型与影响要素。为实现上述目标及研究内容的实现，并为信任—履约行为的路径揭示提供理论支撑，本书预继承性地设计并实施一种分阶段田野调查方式：其一，通过文献分析、内容分析构建合同履约行为的初始特征要素集合；第二，开展田野调查，建立基于发包人履约行为特征要素的案例数据库，构建工程项目中发包人履约行为的概念模型和评价指标体系；最后，给出地铁项目管理绩效的改善途径和改善建议。

参考文献

［1］ 曾晖，成虎. 重大工程项目全流程管理体系的构建［J］. 管理世界，2014（03）: 184-185.

［2］ Sun J, Zhang P. Owner Organization Design for Mega Industrial Construction Projects［J］. International Journal of Project Management，2011，29（7）: 828-833.

［3］ Alfons van Marrewijk，Stewart R. Clegg，Tyrone S. Pitsis，Marcel Veenswijk. Managing Public-private Megaprojects: Paradoxes，Complexity，and Project Design［J］. International Journal of Project Management，2007，26（6）.

［4］ Harty C，Goodier C I，Soetanto R，et al. The Futures of Construction: a Critical Review of Construction Future Studies［J］. Construction Management & Economics，2014，116（5）: 127-130.

［5］ Baccarini D. The Concept of Project Complexity-a review［J］. International Journal of Project Management，1996，14（4）: 201-204.

［6］ Bosch-Rekveldt M，Jongkind Y，Mooi H，et al. Grasping Project Complexity in Large Engineering Projects: The TOE（Technical，Organizational and Environmental）Framework［J］. International Journal of Project Management，2011，29（6）: 728-739.

［7］ Maylor，H. Project management，3rd ed［M］. FT Prentice Hall，Harlow，UK，2003.

［8］ 王珍. 人口资源与环境经济学［M］. 合肥: 合肥工业大学出版社，2006.

［9］ Xia W，Lee G. Grasping the Complexity of IS Development Projects［J］. Communications of the Acm，2004，47（5）: 68-74.

［10］ Huia L I，Yang N D，Guo X. Research on the Structure of the Complexity of Complex Project System［J］. Soft Science，2009.

［11］ Brockmann，C.，Girmscheid，G.，2008. The Inherent Complexity of Large Scale Engineering Projects. Project Perspec. 22-26.

［12］ 何清华，范道安，谢坚勋，等. 重大工程实施主体组织模式演化与博弈［J］. 同济大学学报（自然科学版），2016，44（12）: 1956-1961.

［13］ 彼得·蒙德尔，蒙德尔，胡代光. 经济学解说［M］. 北京: 经济科学出版社，2000.

［14］ 孙鸿烈. 中国资源科学百科全书［M］. 东营: 石油大学出版社，2000.

［15］ 贾广社，巩立志，丁小迪. 项目总控对大型政府投资项目治理绩效影响实证研究［J］. 科技进步与对策，2013，30（23）: 85-90.

［16］ 贾广社. 项目总控——建设工程的新型管理模式［M］. 上海: 同济大学出版社，2003.

［17］ 袁亮亮，王海英，王文义. 广州地铁: 以招标管理为手段在创新中提高建设项目综合

效益［J］. 建筑经济，2005（11）: 51–54.

［18］王彦越，尹贻林，陈梦龙. 工程项目履约风险对履约有效性的影响机理分析［J］. 建筑经济，2017，38（9）: 69–74.

［19］广州市地下铁道总公司. 广州市轨道交通十一号线工程可行性研究报告［R］. 2015.

［20］袁亮亮. 城市轨道交通建设项目投融资问题研究［D］. 华南理工大学，2017.

［21］管百海. 工程总承包商与分包商的收益分配研究［J］. 铁道工程学报，2010，27（3）: 123–127.

［22］Mayer，R. C.，Davis，J. H. and Schoorman，F. D. An Integrative Model of Organizational Trust［J］. Academy of Management Review，1995，20（3）: 709–734.

［23］Anna Kadefors. Trust in Project Relationships——Inside the Black Box［J］. International Journal of Project Management，2004，22（3）.

［24］Jan Terje Karlsen，Ketil Græe，Mona Jensvold Massaoud. Building Trust in Project–stakeholder Relationships［J］. Baltic Journal of Management，2008，3（1）.

［25］Yadong Luo. Contract，Cooperation，and Performance in International Joint Ventures［J］. Strategic Management Journal，2002，23（10）.

［26］Albertus Tjitse Laan. Building Trust–the Case of the Construction Industry［D］. Twente : the University of Twente，2009.

［27］Mike Bresnen，Linda Edelman，Sue Newell，Harry Scarbrough，Jacky Swan. Exploring Social Capital in the Construction Firm［J］. Building Research & Information，2005，33（3）.

［28］杜亚灵，李会玲，马辉. 中国管理情境下PPP项目中控制与信任的交互作用研究框架［J］. 项目管理技术，2015，13（09）: 9–16.

［29］Mcknight D H，Cummings L L，Chervany N L. Initial Trust in New Organizational Relationships［J］. Academy of Management Review，1998，23（3）: 473–490.

［30］杜亚灵，闫鹏. PPP项目中初始信任形成机理的实证研究［J］. 土木工程学报，2014，47（04）: 115–124.

［31］Zheng J，Roehrich J K，Lewis M A. The Dynamics of Contractual and Relational Governance: Evidence from Long–term Public–private Procurement Arrangements［J］. Journal of Purchasing & Supply Management，2008，14（1）: 43–54.

［32］WONG W K，CHEUNG S O，YIU T W，et al. A Framework for Trust in Construction Contracting［J］. International Journal of Project Management，2008，26（8）: 821–829.

［33］MENG X. The Effect of Relationship Management on Project Performance in Construction［J］. International Journalof Project Management，2012，30（2）: 188–198.

［34］孟宪海. 在项目参与方之间建立相互信任关系［J］. 国际经济合作，2007（09）: 63–65.

［35］刘家锋. 工程项目伙伴关系模式的信任增长模型［J］. 铁道科学与工程学报，2011，8（02）: 108–113.

［36］Barney J. B, Hansen. M. H. Trustworthiness as a Source of Competitive Advantage［J］. Strategic Management Journal, 2012（15）: 175-90.

［37］Fischer, Thomas, A, Huber, Thomas, L, Dibbern, Jens. Contractual and Relational Governance as Substitutes and Complements-Explaining The development of Different Relationships［C］. The 19th European Conference on Information Systems, 2011.

［38］王冬梅. 工程信任影响因素及建立机制研究［D］. 中南大学, 2008.

［39］祝丽娟. 项目经理胜任力与业主信任水平关系的研究: 来自公共工程数据［D］. 天津理工大学, 2015.

［40］Smith, K. G., CarrolL, S. J., Ashford, S. J. Intra and Interorganizational Cooperation: Toward a Research Agenda［J］. Academy of Management Journal, 1995, 38（1）: 7-23.

［41］Audley Harris, Larry C. Giunipero, G. Tomas M. Hult. Impact of Organizational and Contract Flexibility on Outsourcing Contracts［J］. Industrial Marketing Management, 1998, 27（5）.

［42］尹贻林, 徐志超, 邱艳. 公共项目中承包商机会主义行为应对的演化博弈研究［J］. 土木工程学报, 2014, 47（06）: 138-144.

［43］黎星. 建设工程施工合同柔性的内涵及其影响因素——基于扎根理论［J］. 建筑经济, 2016, 37（04）: 90-94.

［44］柯洪, 刘秀娜, 杜亚灵. 信任对工程合同柔性影响的实证研究［J］. 软科学, 2015, 29（06）: 139-144.

［45］Das, T. K., B. S. Teng. Risk Types and Inter-firm Alliance Structures［J］. Journal of Management Studies, 1996（33）: 827-843.

［46］Das, T. K., B. S. Teng. Trust, Control and Risk in Strategic Alliances: An Integrated Framework［J］. Organization Study, 2001（23）: 251-283.

［47］赵启. EPC项目选择承包商研究［D］. 北京: 清华大学, 2005.

［48］陈爽. 工程建设项目资格预审的评审方法探讨［J］. 科技信息, 2012,（03）: 475-476.

［49］柴毓谦. 工程项目投标资格预审中财务指标问题研究［D］. 北京: 华北电力大学（北京）, 2009.

［50］关夏. 工程总承包项目招标资格预审研究［D］. 北京: 北方工业大学, 2010.

［51］马婧溪, 徐霞. 国际工程承包中资格预审文件编制要点研究［J］. 施工技术, 2013,（04）: 111-113.

［52］位珍, 王雪青, 郭清娥. 基于模糊集理论的承包商资格预审模型［J］. 模糊系统与数学, 2012,（03）: 120-126.

［53］刘亮晴, 严薇. 基于人工神经网络的投标单位资格预审评价法［J］. 重庆建筑大学学报, 2005,（04）: 97-101.

［54］陈杨杨, 王雪青, 刘炳胜, 等. 基于直觉模糊数的承包商资格预审模型［J］. 模糊系统与数学, 2015,（01）: 158-166.

［55］王闻多，王旭峰. 经评审的最低投标价法中的资格预审［J］. 建筑经济，2004，（08）：63-66.

［56］孟卫军. 施工项目公开招标中资格预审对市场竞争的影响分析［J］. 建筑经济，2007，（09）：92-94.

［57］张连营，张杰，杨湘. 资格预审的模糊评审方法［J］. 土木工程学报，2003，（09）：1-6.

［58］位珍. 承包商选择中的资格预审问题研究［D］. 天津：天津大学，2015.

［59］胡兵. 基于层次分析法的工程招标资格预审方法［J］. 湖南交通科技，2005，（03）：135-137.

［60］邹喻，潘文，罗杏春. 公路工程招标资格预审管理系统的研究与开发［J］. 公路与汽运，2006，（06）：106-108.

［61］侯泽涯. 工程项目投标资格预审及其规范［J］. 交通世界，2016，（30）：92-93.

［62］曹丰. 模糊综合评判在工程招投标资格预审中的应用［J］. 煤炭工程，2002，（02）：56-59.

［63］樊烨，张兰，杜才超. 应用层次分析法（AHP）进行工程项目承包商资格预审［J］. 商品与质量，2010（S2）：86-87.

［64］杨亚卿. 工程项目投标资格预审文件编制的探讨［J］. 黑龙江水利科技，2011，（06）：133-135.

［65］宋媛媛，刘永强，史曦晨. 基于可变模糊决策模型的EPC项目总承包商选择研究［J］. 水利水电技术，2016，（10）：124-128.

［66］马增文. 石化项目EPC工程承包商选择的研究［D］. 长春：吉林大学，2016.

［67］杨晓辉. 绿色理念下EPC项目总承包商选择研究［D］. 哈尔滨：哈尔滨工业大学，2011.

［68］王显鹏，贾增科. 基于Vague集的EPC项目总承包商选择模型研究［J］. 项目管理技术，2011，（06）：13-16.

［69］柯世禹. CSG方坯连铸机EPC承包商选择研究［D］. 广州：华南理工大学，2012.

［70］刘倩. 工程项目承包商评价与选择研究［D］. 河南：河南理工大学，2012.

［71］邵军义，宋岩磊，曹雪梅，等. 基于TOPSIS改进模型的工程项目承包商选择［J］. 土木工程与管理学报，2016，（04）：12-17.

［72］刘晶. 层次分析法在EPC总承包商选择中的运用［J］. 科技创新导报，2008，（03）：165-166.

［73］胡续梅. 国际工程通用惯例对承包商的资格预审［J］. 科技情报开发与经济，2004，（11）：179-180.

［74］张玉萍. 规范工程项目招标投标市场从资格预审开始［J］. 中国市场，2006，（13）：6-7.

［75］傅瞿鸥. 港航工程招标合理设置资格预审条件的分析及探讨［J］. 港口科技，2011，（04）：31-34.

［76］宋玉茹. 基于不完全契约理论的专业工程暂估价柔性与初始信任的匹配研究［D］. 天津理工大学，2017.

［77］莫力科，陆绍凯. 工程项目伙伴组织的初始信任形成机理［J］. 深圳大学学报（理工版），2015，（05）：495–505.

［78］王冬梅. 工程信任影响因素及建立机制研究［D］. 长沙：中南大学，2008.

［79］任志涛，郝文静，于昕. 基于SNA的PPP项目中信任影响因素研究［J］. 科技进步与对策，2016，（16）：67–72.

［80］施绍华. 业主与承包商信任关系建立及影响因素研究［D］. 北京：华北电力大学，2013.

［81］叶飞，张嘉玲. 信任关系对IT匹配及信息共享的作用机理研究［J］. 工业工程与管理，2012（4）：71–78.

［82］Desrieux C, Beuve J. Relational Contracts as a Foundation for Contractual Incompleteness［J］. Economics Bulletin, 2011, 31（3）：2030–2040.

［83］刘启亮. 不完全契约与盈余管理［D］. 厦门：厦门大学，2006.

［84］聂辉华. 不完全契约理论的来龙去脉［N］. 中国社会科学报，2011–02–24（011）.

［85］R. H.Coase. The Nature of the Firm［J］. Economica, 1937, 4（16）：386–405.

［86］Grossman, Sanford, Oliver Hart. The Costs and Benefits of Ownership: A Theory of Vertical and Lateral Integration［J］. Journal of Political Economy, 1986（94）：691–719.

［87］Hart, Oliver, John Moore. Default and Renegotiation: A Dynamic Model of Debt［J］. Quarterly Journal of Economics, 1998（113）：1–41.

［88］Williamson, Oliver E. Transaction–Cost Economics: The Governance of Contractual Relations［J］. Journal of Law and Economics, 1979, 22（2）：233–261.

［89］Hart O, Moore J. Foundations of Incomplete Contracts［J］. Review of Economic Studies, 1999（66）：115–138.

［90］埃里克·布鲁索，让·米歇尔·格拉尚. 契约经济学：理论和应用［M］. 北京：中国人民大学出版社，2010：43.

［91］杨瑞龙，聂辉华. 不完全契约理论：一个综述［J］. 经济研究，2006，（02）：104–115.

［92］Hart O, Moore J. Incomplete Contracts and Renegotiation［J］. Econometrica: Journal of the Econometric Society, 1988：755–785.

［93］Tirole J. Incomplete Contracts: Where Do We Stand?［J］. Econometrica, 1999, 67（4）：741–781.

［94］Guasch J. L. Granting and Renegotiation Infrastructure Concessions: Doing it Right［R］. World Bank Institute（WBI）Development Studies, Washington, DC.2004.

［95］Cruz, C. O., Marques, R. C., Cardoso P. Empirical Evidence for Renegotiation of PPP Contracts in the Road Sector［J］. Journal of Legal Affair; & Dispute Resolution in Engineering

& Construction, 2014：1943–4170.

［96］孙慧，孙晓鹏，范志清. PPP项目中再谈判关键影响因素的研究［J］. 国际经济合作，2010，（03）：58–61.

［97］孙慧，孙晓鹏，范志清. PPP项目的再谈判比较分析及启示［J］. 天津大学学报（社会科学版），2011，（04）：294–297.

［98］王芳芳，董骁. 影响城市水业特许经营合同重新谈判的因素［J］. 城市问题，2014，（01）：95–100.

［99］徐中. 城市基础设施PPP项目中再谈判触发条件的研究［D］. 天津：天津理工大学，2015.

［100］陈富良，刘红艳. 基础设施特许经营中承诺与再谈判研究综述［J］. 经济与管理研究，2015，（01）：88–96.

［101］吴淑莲，孙陈俊妍. PPP模式再谈判风险规避策略——以土地整治项目为例［J］. 经营管理者，2016，（08）：319–320.

［102］马桑. PPP项目再谈判的博弈分析与模型构建［J］. 现代管理科学，2016，（01）：40–42.

［103］崔智鹏. PPP项目中再谈判对履约绩效影响研究［D］. 天津：天津理工大学，2016.

［104］娄黎星. 基础设施PPP项目再谈判影响因素及其治理研究［J］. 综合运输，2016，（04）：18–24.

［105］Guasch J. L. Straub S. Renegotiation of Infrastructure Concessions：an Overview［J］. Ann Public Coop Econ，2006，77（4）：479–493.

［106］Xiong W，Zhang X. Concession Renegotiation Models for Projects Developed through Public–private Partnerships［J］. Journal of Construction Engineering and Management，2014，140（5）：04014008.

［107］Roumboutsos A，Nikolaidis N，Roumboutsos A. A PPP Renegotiation Framework：a Road Concession in Greece［J］. Built Environment Project and Asset Management，2013，3（2）：264–278.

［108］Robert Osei–Kyei，Albert P. C. Chan. Review of Studies on the Critical Success Factors for Public–Private Partnership（PPP）Projects from 1990 to 2013［J］. International Journal of Project Management，2015（33）：1335–1346.

［109］Estache A，Guasch JL，Iimi A，Trujillo L. Multidimensionality and Renegotiation：Evidence from Transport–sector Public–private–partnership Transactions in Latin America［J］. Review of Industrial Organization，2009，35（1–2）：41–71.

［110］Guasch JL，Straub S. Corruption and Concession Renegotiations［J］. Utilities Policy，2009，17（2）：185–190.

［111］Brux JD. The Dark and Bright Sides of Renegotiation：An Application to Transport Concession

Contracts〔J〕. Utilities Policy，2010，18（2）：77–85.

〔112〕 Domingues S，Zlatkovic D. Renegotiating PPP Contracts：Reinforcing the P in Partnership 〔J〕. Transport Reviews，2015，35（2）：204–225.

〔113〕 娄黎星. 建设工程施工合同柔性的内涵及其影响因素——基于扎根理论〔J〕. 工程管理学报，2016，04（37）：90–94.

〔114〕 石莎莎，杨明亮. 城市基础设施PPP项目内部契约治理的柔性激励机制探析〔J〕. 中南大学学报（社会科学版），2011，17（06）：155–160.

〔115〕 杜亚灵，李会玲等. 初始信任、柔性合同和工程项目管理绩效：一个中介传导模型的实证分析〔J〕. 管理评论，2015，27（7）：187–198.

〔116〕 尹贻林，王垚. 合同柔性与项目管理绩效改善实证研究〔J〕. 管理评论，2015，27（09）：151–162.

〔117〕 王琦，刘咏梅等. IT外包项目中控制机制与合作绩效的实证研究——基于IT服务提供商的视角〔J〕. 系统管理学报，2014，23（2）：166–173.

〔118〕 周培，赵国杰，等. 合同柔性视角下工程项目发承包双方信任对合作的影响研究〔J〕. 管理现代化，2014，34（6）：108–110.

〔119〕 Lumineau F，Henderson J E. The Influence of Relational Experience and Contractual Governance on the Negotiation Strategy in Buyer–supplier Disputes〔J〕. Journal of Operations Management，2012，30（5）：382–395.

〔120〕 Caniëls M C J，Gelderman C J，Vermeulen N P. The Interplay of Governance Mechanisms in Complex Procurement Projects〔J〕. Journal of Purchasing & Supply Management，2012，18（2）：113–121.

〔121〕 Jean–Etienne de Bettignies，Thomas W. Ross. Public–private Partnerships and the Privatization of the Financing：an Incomplete Contracts Approach〔J〕. International Journal of Industrial Organization，2009，27（3）：358–368.

〔122〕 Zaghloul R，Hartman F. Construcion Contracts：the Cost of Mistrust〔J〕. International Journal of Project Management，2003，21（6）：419–424.

〔123〕 Soili Nystén– Haarala，Lee N，Lehto J. Flexibility in Contract Termsand Contracting Processes〔J〕. International Journal of Managing Projects in Business，2010，3（3）：462–478.

〔124〕 娄黎星. 建设工程项目柔性概念框架研究〔J〕. 工程管理学报，2014，28（04）：11–15.

〔125〕 柯洪，刘秀娜，等. 信任对工程合同柔性影响实证研究〔J〕. 软科学，2015，29（06）：139–144.

〔126〕 张亚娟. 合同柔性视角下的工程项目合同条款设计研究〔D〕. 天津：天津理工大学，2015.

［127］ 杜亚灵，闫鹏，等. 初始信任对工程项目管理绩效的影响研究：合同柔性、合同刚性的中介作用［J］. 预测，2014，33（05）：23-29.

［128］ 丰景春，杨圣涛，张云华. 异质性偏好视角下的PPP项目控制权分配研究［J］. 工程管理学报，2016，30（6）：95-100.

［129］ 杜亚灵，王剑云. BT模式下工程项目控制权的合理配置研究——基于多案例的比较分析［J］. 软科学，2013，27（5）：56-61.

［130］ 德姆塞茨，段毅才. 所有权、控制与企业［M］. 北京：经济科学出版社，1999.

［131］ 周其仁. 产权与制度变迁：中国改革的经验研究［M］. 北京：社会科学文献出版社，2002.

［132］ 徐霞，郑志林. 公私合作制（PPP）模式下的利益分配问题探讨［J］. 城市发展研究，2009，16（3）：104-106.

［133］ 叶晓甦，易朋成，吴书霞. PPP项目控制权本质探讨［J］. 科技进步与对策，2011，28（13）：67-70.

［134］ J T. Corporate Governance［J］. Econometrica，2001，69（1）：1-35.

［135］ 杜亚灵，王剑云. BT模式下工程项目控制权的合理配置研究——基于多案例的比较分析［J］. 软科学，2013，27（5）：56-61.

［136］ 严玲，张笑文，吴量，等. 代建人特征对项目控制权配置的影响研究——基于扎根理论的探索性分析［J］. 建筑经济，2016，37（3）：115-120.

［137］ 严玲，邓新位，邓娇娇. 基于关键项目治理因子的代建人激励实证研究：以项目控制权为调节变量［J］. 土木工程学报，2014（6）：126-137.

［138］ 郑小侠. PMC模式下项目控制权配置研究［D］. 天津理工大学，2016.

［139］ List J A. Do Explicit Warnings Eliminate the Hypothetical Bias in Elicitation Procedures？Evidence from Field Auctions for Sportscards［J］. American Economic Review，2001，91（5）：1498-1507.

［140］ Henrich J，Heine S J，Norenzayan A. Most People are not WEIRD［J］. Nature，2010，466（7302）：29.

［141］ Burnham T，Mccabe K，Smith V L. Friend-or-foe Intentionality Priming in an Extensive form Trust Game［J］. Journal of Economic Behavior & Organization，2000，43（1）：57-73.

［142］ Levitt S D，List J A. What Do Laboratory Tests Measuring Social Preferences Tell Us about the Real World？［J］. Journal of Economic Perspectives，2007，21（2）：153-174.

［143］ Falk A，Heckman J J. Lab Experiments Are a Major Source of Knowledge in the Social Sciences［J］. Science，2009，326（5952）：535-8.

［144］ Levitt S D，List J A. Field Experiments in Economics：the Past，the Present，and the Future［J］. European Economic Review，2008，53（1）：1-18.

［145］ Street D J. Fisher's Contributions to Agricultural Statistics［J］. Biometrics，1990，46（4）：

937–945.

[146] List J A, Rasul I. Chapter 2–Field Experiments in Labor Economics [J]. Handbook of Labor Economics, 2010, 4 (16062): 103–228.

[147] Social Experimentation [electronic resource] / JA Hausman, DA Wise – 1985.

[148] Duflo E. Scaling up and Evaluation [C] // Annual World Bank Conference on Development Economics. 2010.

[149] (Literature) –Use of Randomization in the Evaluation of Development Effectiveness E Duflo, M Kremer – 2003.

[150] Duflo E, Glennerster R, Kremer M. Chapter 61 Using Randomization in Development Economics Research: a Toolkit [J]. Handbook of Development Economics, 2006, 4: 3895–3962.

[151] Roe B E, Just D R. Internal and External Validity in Economics Research: Tradeoffs between Experiments, Field Experiments, Natural Experiments, and Field Data [J]. American Journal of Agricultural Economics, 2009, 91 (5): 1266–1271.

[152] Falk A, Heckman J J. Lab Experiments Are a Major Source of Knowledge in the Social Sciences [J]. Science, 2009, 326 (5952): 535–8.

[153] List J A. Why Economists Should Conduct Field Experiments and 14 Tips for Pulling One off [J]. Journal of Economic Perspectives, 2011, 25 (3): 3–15.

[154] Carpenter J P, Harrison G W, List J A. Field Experiments in Economics [J]. 2005, 70 (28): 439–442.

[155] Haigh M S, List J A. Do Professional Traders Exhibit Myopic Loss Aversion? An Experimental Analysis [J]. Journal of Finance, 2005, 60 (1): 523–534.

[156] Harrison G W. Estimating Individual Discount Rates in Denmark: A Field Experiment [J]. Artefactual Field Experiments, 2002, 92 (53): págs. 1606–1617.

[157] List J A, Rasul I. Chapter 2–Field Experiments in Labor Economics [J]. Handbook of Labor Economics, 2010, 4 (16062): 103–228.

[158] Harrison, Glenn W, List, et al. Naturally Occurring Markets and Exogenous Laboratory Experiments: A Case Study of the Winner's Curse [J]. Economic Journal, 2008, 118 (528): 822–843.

跋

大型项目投资总控：从被动控制到主动控制

尹贻林

《重大工程投资总控理论与实践——以广州地铁11号线为例》一书写成了，这是第一本论述大型项目投资总控的著作，是袁亮亮先生根据自己多年从事大型项目投资控制的经验提出投资总控的理念后再实践、再认识后主持编写的。这部专著的理论意义在于首次提出了基于信任的柔性投资总控系统，其实践意义在于为中国大规模基本建设投资管控建立了便于操作的标杆。大型项目投资巨大，技术复杂，投资管控的难度成倍增长。投资管控的要义在控制，控制首先需设定控制标准。英国DBB模式以分项工程所需工料数据即工程量清单作标准控制投资，美国EPC模式则以有序的市场竞争挤出真实成本，用合同总价控制投资，中国计划经济时期使用定额为标准控制投资，近年来采用工程量清单控制投资。

纠偏是管控的主旋律。古典控制论鼻祖维纳提出了反馈的设计，信息反馈就是指控制系统把投资实施过程中的数据输送到判断器，又把判断结论返送回来的动作。政府投资评审系统就是一种典型的古典控制系统，其本质是通过信息反馈来揭示实际与计划之间的差异，并采取纠偏措施，使政府投资稳定在预定的计划状态内。全世界的投资管控都是循着反馈—纠偏—控制的思路进行设计的控制系统。纠错防弊的内部控制是投资管控的基本方法。项目内部控制措施通常包括项目风险控制、授权审批的内部牵制等。工程造价咨询机构应当结合风险评估结果，采用主动控制（预防）与被动控制（纠偏）相结合的控制措施，将风险控制在投资计划之内。并通过内部牵制机制，实现项目纵向审批上下牵制，项目横向复核纠偏左右制约、相互监督，实现纠错防弊的管控功能。

上述传统的投资管控方法虽然有效但已经不能适应进入新时代后的中国大规模基本建设投资管控的需求。这种新的需求表现为：第一，新时代合作共赢的思维方式将改变传统的发承包双方零和博弈导致的对抗性思维；第二，新时代构建信任型社会的基本要求促使建筑业向EPC工程总承包和全过程工程咨询方向深化改革；第三，互联网时代的商业模式和黑硬科技的迅猛发展为柔性的投资管控提供了强有力的支撑。基于上述转变，袁亮亮投资管控团队提出的大型项目柔性总控理论有强大的生命力和广阔的实操前景。可以预见未来的大型项目投资管控的趋势必然沿着基于信任的柔性总控方向发展。

一、建立新时代有中国特色的投资管控范式

2018年已经过去，2019年已经到来，党的十九大指出，中国已经进入新时代。新时代

要求工程造价咨询产业转型为新咨询以适应新时代创新、改革开放新动能的要求。习近平主席在全国政协新年茶话会上指出："2019年是新中国成立70周年，是决胜全面建成小康社会关键之年。"我们工程造价咨询产业要响应习近平主席和党中央的号召，坚持改革开放和创新图强的精神，扎实推进企业发展壮大，创造新时代有中国特色的投资管控范式！

伴随中国改革开放四十年，中国工程造价咨询产业经历了由定额概预算制度向工程造价管理过渡，直至与国际惯例接轨的工程量清单计价和合同管控，积累了丰富的经验，为中国的改革开放和经济建设事业做出了重要贡献。今天，国内外政治经济形势已经发生重大变化，中国与发达国家之间的力量对比已经悄然改变，中国工程造价咨询产业有必要继续向上提升水平，进而对世界经济发展贡献力量。投资管控已经发生了根本性的变化，表现为以下9个方面。

1．从管控静态投资数量转向管控动态投资的时间成本

投资管控从静态向动态管控转变，即投资管控重点在于管控投资的时间成本。中国基本建设经过四十年高速发展和激烈竞争，直接工程费已经刚性化，间接费因管理水平和环保要求已不能压缩，唯一可压缩的是财务费用即投资的时间成本，表现为利息。

2．从管控承包商侧转向管控业主和工程师侧

时间成本管控的关键在工期的压缩。投资管控的重点已经从承包商侧转变为管控业主和工程师侧。这是因为业主和工程师本身的管理空间很大很容易压下来，而承包商经过几十年，甚至一百多年的竞争后其管理空间很难压缩。此外由于建筑市场五方责任主体法律责任的不断强化，压缩工期可能造成安全质量事故给业主带来很大法律风险。

3．从投资管控刚性手段转向柔性管控

投资管控理念由刚性向柔性转变，表现为对合同再谈判的承认也表现为对合同状态改变的补偿。由于中国的项目进展速度非常快，地方政府缩短招标采购时间的诉求非常强烈，迫使发承包双方加快缔约效率，同时放松合同硬性约束，向允许再谈判方向发展。再谈判诱发事件分为事件级和项目级，事件级即变更、调价和索赔；项目级即PPP项目补贴方式调整、使用价格调整、最小使用量调整和其他调整。

4．从投资碎片化管控方式转向集成管控

投资管控系统由碎片化向集成化转变，DBB倾向于向全过程工程咨询和总咨询师方向发展，而EPC倾向于向施工导向工程总承包和固定总价合同方向发展。这两个方向都是集成的思路，便于集约有序利用工程资源，省事省力省钱。今后投资管控是设计师与造价工程师、监理工程师、建造师共赢的结果：

全过程工程咨询=建筑师+造价工程师+监理工程师

EPC=建筑师+建造师+造价师+监理师

5．从管控投资支出转向全方位管控现金流

投资管控目标由减少投资数量向提高投资效益转变，表现为尽快尽早获得收入现金流。项目现金流策略，既要注意现金流量，也要关注现金流速。流速即回款节奏，要恰到好处，要满足企业用款需求和长期投资计划。我们咨询机构需要注意的是项目现金流，项目现金流的量主要是净现值和收入与支出年金，而项目现金流速主要是内部收益率和年金绝对值均等。追求项目现金流的流量与流速的均衡是我们的首要任务和目标。

6．从投资监控为主转向激励为主的管控

投资管控手段由监控向激励型转变，即动辄就罚款或不予支付向合理风险分担转变，合理风险分担是对承包商最大的激励。合理风险分担主要表现为变更补偿性定价、物价上涨合理幅度以上的调价和合同履行时状态改变后的状态补偿性索赔。

7．从重点管控施工阶段转向重点管控设计阶段

投资管控的重点由施工阶段转向前期，即管控重点在决策和设计阶段，以方案优化为主，优化目标是物有所值。我们不可能以技术对抗技术，我们用性价比寻找设计改进的方向，用限额设计约束建筑师的价值追求，用全生命周期成本（Life Cycle Cost，LCC）和可施工性分析优化投资分布。

8．投资管控的工具由传统手段向高科技转化

投资管控的传统工具：工程量清单、定额、信息价向科技含量更高的人工智能、区块链、云计算和大数据（即ABCD[①]）转化。大数据加BIM加AI就可以帮助工程造价咨询企业完成算量这种筑底业务，并且随着大数据的积累和发展就会使算量趋于"连蒙带唬"快捷获取工程量，并且保证很高的精确度。区块链将从比特币阴影中走出来，改变我们的合同控制方式。即能便捷地帮助业主挑选可信赖并且始终不渝的承包商形成伙伴式项目管理模式，抛弃中标合同价，拥抱战略合作价。使计价更简单便捷，迫使工程造价咨询企业向全过程工程咨询导向的全面项目管理转型。

9．投资管控的理论基础发生改变

传统路径是从信息不对称——信息披露方向寻找解决方案，出现了造价工程师专业人士充当业主的顾问，平衡了发承包双方信息地位，使交易趋向公平；现代路径是寻求从监管——信任放松监管方向发展，构建信用社会，鼓励企业诚信经营，从而使建筑市场由节约管控模式向增值管控模式发展；未来则可能从企业牟取私利——共享经济路径转移，使发承包双方合作共赢成为可能，促进社会大同，产生多方和谐共处、稳定发展趋势。

二、DBB分工范式下的投资管控

目前我国一直沿用三十年前创制的"四制"，即招标投标制、项目法人制、工程合同制和建设监理制。上述制度的经济学机理就是DBB发承包模式，即设计D、招标B、施工B三个阶段分立的发承包方式，英国称为传统模式。因其形成业主、咨询机构、承包商三足鼎立状态，也称其为三角模式，对应最著名合同条件为FIDIC红皮书。中国1983年在鲁布

---

① ABCD：A指人工智能（Artificial Intelligence），B指区块链（Block Chain），C指云计算（Cloud Computing），D指大数据（Big Data）。

革水电站项目采用，1987年由丁士昭先生倡导引入，称建设监理制，利用咨询机构消除承包商对发包人的信息优势，引入专业的顾问服务提高项目管理绩效。工程造价咨询机构就是各级政府的投资管控顾问单位，近年来发挥了重要的作用。近三十年来工程造价咨询机构总结了基于DBB模式的投资管控经验如下：

1．DBB变更是失控的主因

据统计DBB模式35%的失控由变更引起。有四种变更，第一是业主的需求改变；第二种是设计错误；第三是施工困难或不利现场；第四是承包商合理化建议。DBB前三种变更均应由业主承担价款改变的风险，第四种则应按价值工程条款评估，批准后跟承包商分成获利。顾问机构要注意承包商与设计人合谋人为制造变更获利，更应从前期入手抓设计优化。

2．管控的重点在前期

英国的价值管理之父凯利和伍同两人不约而同地发现投资管控的重点在前期，工程造价咨询机构应该把主要精力放在前期。采用的方法有价值工程、LCC和可施工性分析，尤其是工业项目或大型土木工程项目，采用新技术、新工艺、新材料的项目效果尤为显著。据统计，应用可施工性分析可缩短工期10%以上，减少投资5%以上，BIM是可施工性分析的利器。

3．闭口合同意味着项目价值折损

中国香港地区20世纪一直采用闭口总价包死合同，但是1999年发生的"短桩"事件中，承包商为避免损失，每根桩都短15m以上，直至房屋沉降不均才败露。事件导致拆除房屋，损失达2.5亿港元以上。后来地方政府成立调查组，给出报告，认为总价包干合同是帮凶之一，建议地下工程不宜闭口，应据实结算。承包商不可能自掏腰包弥补工程费用不足。

三、其他行业的投资管控

大型项目投资管控除自身积累了大量经验和案例外，也对其他仍实行纵向管理的各行业投资管控进行了全面借鉴。

1．施工图预算回归

公路工程投资管控创造了零号工程量清单，即初步设计完成后招标；施工图设计完成后招标人召集设计人、咨询方、承包商会商，最终出一份各方认可的工程量清单。这份清单称零号工程量清单，支付与结算均以清单量为依据。这种方法的本质是模仿施工图预算，把设计细节做到可施工程度，出工程量清单，按中标单价制定总价，实行总价包干。

2．三峡投资管控

1992年三峡工程静态投资概算为900.9亿元，三峡总工期为17年，考虑到物价上涨和利息因素，最终动态投资达到1800亿元。利息执行央行的利率，物价上涨因素则由国家计委（现为国家发展改革委）委托咨询公司根据当年的工作内容确定物价篮子的材料品种和权重，根据统计局的物价数据测算一篮子物价指数，乘以当年静态投资计划数即为当年动态投资额，国家据此下拨投资。

3．高铁投资管控

铁路有两个特殊环节，一个是概算检算，相当于施工图预算，检算不能超概算；另一个是概算清理，相当于竣工结算，两算责任主体均为勘察设计方。概算清理可增加部分包括变更、量差、政策性调整、新增等，如有异议交部鉴定中心处理。这种管控依赖定额，所以铁道定额所能获得巨额定额编制补助。这种管控无需咨询机构，勘察设计人是管控的第三方。

四、投资管控的理论问题

1．投资管控的柔性

为了应对未来的不确定性，缔约成本很高。为了降低缔约成本，中外均为合同注入柔性，即合同再谈判机制。最容易理解的柔性表现为：暂估价。如材料暂估价和专业工程暂估价都是为了加速缔约而设置的再谈判机制。合同的再谈判又分事件级与项目级两类。变更、调价、索赔均为事件级；和解、调解则属于项目级再谈判。投资管控机构掌握柔性则必执专业之牛耳。

2．招标两难

中国的招标早期采用低价中标原则，出现了赢者诅咒现象，即由于投标人的乐观偏见和对招标人套牢产生的敲竹杠行为；后来采用综合评估法，又出现合谋与围标现象，即价格卡特尔（垄断合谋）。这就是招标两难，投资管控对解决两难问题提出信任解决方案。首先，应建立信任规制，其次招标人按信任级别确定招标竞争烈度，配合上相应柔性等级的合同条件。

3．赢者诅咒

低价中标破坏项目价值和市场秩序，这个结论在理论上没有说服力。低价中标损害项目和市场根本利益的现象叫赢者诅咒，它破坏的机理是：招标人的逆向选择，即买方宁愿出低价选择一个反正也信不过的人，造成建筑市场劣币驱逐良币；投标人的道德风险，即卖方机会主义行为利用买方的漏洞获利。解决赢者诅咒的良方就是信任，用多次博弈克服机会主义。

4．投资管控的激励

政府投资管控一般沿着监管和激励两条进路设计，监管难度大，成本高，所以20世纪80年代后重视激励进路。项目激励与公司激励不同，因无剩余索取权，所以不能使用产权激励。项目的激励有四种，第一是信任，产生柔性风险分担效应；第二是公平，产生参照点效应；第三是关系，产生声誉效应；第四是权力，产生位势差效应。上述效应均可改善项目管理绩效。

5．投资管控的状态补偿

假设合同签订期是状态0，无风险执行是状态1，风险造成偏离是状态2，一般在状态

0时就必须预测到状态2，并约定状态2的价格。但纠结于缔约，成本加大。则应在合同中约定再谈判：一旦出现风险导致的状态2，只需确定状态2与状态1的差异并由买方予以补偿即可。工程合同的再谈判包括变更、索赔与调价，由发包人弥补状态差异，承包人完成项目，项目成功。

五、新项目管理模式的投资管控

中国经济进入新常态后，经济增长方式由过去的投资拉动需求模式转变为供应侧改革模式。具体改革措施为在基础设施投资领域实施政府与社会资本合作即PPP模式，在发承包模式中实施设计采购施工一体化模式即EPC。新的建设方式要求政府投资管控与时俱进，在观念和手段上全面创新。

1. EPC是基于信任的集成范式

三角模式零和博弈色彩太浓，发承包双方对抗。于是出现了EPC设计采购施工集成模式，即FIDIC银皮书。EPC的基础是合作，合作的前提是信任，信任表现为双方不利用对方的漏洞。因此，EPC也称交钥匙工程，付款与结算按约定总价及程序，一般不再审核。中国推行EPC缺乏信任基础，故用EPC集成之形，施严格管控之实，称为中国特色EPC。

2. PPP的投资管控

政府与社会资本合作模式的投资管控为我们提出了新的挑战：第一，PPP模式中项目控制权基本交给社会资本方，社会资本方对投资管控无积极性，但对成本控制有动力；第二，为吸引社会资本中央同意两标并一标，施工不招标，则对概算的精度提出更高要求；第三，PPP项目一般采用EPC模式，支付与结算方式改变，政府投资管控无抓手。针对上述三个难题，政府投资评审部门唯有抓住可行性研究不放，提高可研深度，建议采用初步可研和施工可研两阶段可研以提高精度。另外迅速建立已完工程数据库，作为PPP项目投资管控的标杆。

3. 政府投资管控专业人士的格局

政府投资管控专业人士与工程造价咨询企业的领袖一样应具备三种素质：其一是企业管理能力，包括战略、内部控制与激励、经营与市场、质量与成本等；其二是投资管控能力，必须有强烈的为委托人提供投资管控顾问服务的意识；其三是为项目增值的能力，要利用VM、LCC等工具优化项目。具备这三种素质的咨询机构领袖就会有宏大的格局，必然带领团队走向成功。

4. PPP项目全生命周期投资管控

PPP项目实质上属于政府投资项目，表面上看是社会资本投资并支付工程款，实质上是政府授予特许经营权并延期多次支付的投资行为。因为政府在提供公共品中采用PPP方式，确实向社会资本转移了大部分风险，其代价是向社会资本让渡了项目的大部分控制权。那么PPP项目的投资管控就具有了非常特殊的形式和内容，即通过可用性和绩效考核两种形式进行，考核标准是物有所值。从可用性评价看，主要是评价资产是否虚化。两标并一标后的利润可以算是资产形成，但设计优化形成的节约能否形成资产争议很大，如果虚报冒领、偷工减料形成资产则绝对不能允许。政府对可用性评价的控制手段主要是投资评审和投资审计，通过扣减社会资本履约保函和扣减可用性资产额（从而扣减可用性付费）来实现目的。至于对绩效考核则主要是考核以设计参数为基础制定的运营绩效考核指标实现程度进行。

袁亮亮先生等主编的《重大工程投资总控理论与实践——以广州地铁11号线为例》一书审时度势，根据我国进入新时代的特点和其团队进行大型项目投资管控的经验总结提炼了投资总控的理论体系，给出了可供实操的对标规范，是一部高水平的著作。该书填补了国内投资管控领域的空白，将对中国实施"一带一路"倡仪和配合政府投资项目投资管理提供全方位的操作建议及分析，必将对国内乃至世界重大工程管理理论与实践产生深远的影响。